Antonia Grunenberg

DER SCHLAF DER FREIHEIT

Politik und Gemeinsinn im 21. Jahrhundert

Rowohlt

Lektorat Frank Strickstrock
Umschlaggestaltung Philippa Walz

1. Auflage Juni 1997

Satz aus der Sabon (Linotronic 500)
Gesamtherstellung Clausen & Bosse, Leck
Printed in Germany
ISBN 3 498 02477 9

INHALT

Widmung

Dieses Buch widme ich all denjenigen, mit denen ich während seiner Entstehung diskutiert habe, die ihre Neugier bekundet, mich mit Anregungen und Kritik bedacht haben. Dies sind weit mehr, als hier namentlich erwähnt werden können.

Ein Teil der Ideen hat sich während meines zweijährigen Aufenthalts in den Vereinigten Staaten konkretisiert. Dick Howard hat mir während unserer wechselseitigen Zusammenarbeit den «amerikanischen Horizont» nahegebracht. Dafür danke ich ihm.

Kurt Lenk, Horst Domdey, Joachim Lehmann, Cora Stephan und Zoltan Szankay haben das Manuskript in Teilen gelesen; ihnen habe ich für wertvolle kritische Hinweise und Ermutigung zu danken. Frank Strickstrock hat viel Geduld gezeigt und eine nicht endende Zuversicht.

Last but not least widme ich dieses Buch dem Gedenken an Nuxe und Ulrich Gembardt.

Einleitung

> Der Sinn von Politik ist Freiheit.
>
> HANNAH ARENDT

Der Wind des Wandels fährt über den Globus. Seit 1989 ist er zum Sturm geworden. In jeder Nation, in jeder politischen Ordnung, in jedem Land der Erde ist er spürbar: Er hat Kräfte in Bewegung gesetzt, die einer quasi naturhaften Dynamik zu folgen scheinen und dem Verstehen trotzen, weil sie uns und unserer Geschichte enteilen. Beschleunigung ist zum Prinzip der Entwicklung geworden.[1] Inzwischen ist die Beschleunigung nicht nur zum globalen Bewegungsprinzip geworden, sondern auch quasi zum zentralen Wert der Moderne erhoben worden; Form als Inhalt. Der Sturm des Wandels erfaßt alles: Natur, Menschen, die Werte, das Denken, das Handeln, den Arbeitsplatz, Schule, Universität, Freizeit. Alles ist im Umbruch begriffen. Wer sich dem entzieht, wird hinausgeschleudert, steht bald im Abseits. Das daraus entspringende Denken kann menschliche Aktivitäten, Kultur, Ökonomie und Politik nur in den Kategorien des Vorwärtstreibens erfassen, des Aufsteigens vom Niederen zum Höheren, vom Besonderen zum Allgemeinen. Dieses Denken ist uns im Prinzip seit dem 17. Jahrhundert vertraut. Es ist unlösbar mit der Vorstellung eines ins Unendliche schreitenden kulturellen und wirtschaftlichen Fortschritts verbunden. Es ist ein Denken, das denkt, um zu... Es ist das Denken der Zweck-Mittel-Relation: «Ich denke, um das oder jenes zu erreichen.» Man begegnet ihm in den Büros der wirtschaft-

1 Darauf hat schon 1987 Peter Sloterdijk hingewiesen, vgl. Peter Sloterdijk: Eurotaoismus. Zur Kritik der politischen Kinetik, Frankfurt/M. 1989, Kap. 1 und 2

lichen Eliten ebenso wie bei den Computer-Freaks auf den Daten-Autobahnen des Internet-Zeitalters und an den Elite-Universitäten des Westens. Seine Vertreter denken in allgemeinen System-Kategorien, in globalen Modellen und nicht in individuellen oder einmaligen oder partikularen Konstellationen.

Gleichzeitig spürt man allenthalben Unruhe und Unzufriedenheit, ein Bedürfnis nach (Selbst-)Vergewisserung: Wer sind wir? Wo stehen wir? In welche Richtung treiben wir?

Die Kräfte des Stillstands, des bewußten Inbeziehungsetzens, die Vermögen des Urteilens und des Unterscheidens scheinen vom Sog des Wandels verschlungen worden zu sein. Ein Denken, das bestimmt ist vom Innehalten im Strom, um Räume zu schaffen, vom zweck-losen Reflektieren, vom Nachdenken über Sinnhaftigkeiten, über politische Freiheit, scheint überflüssig. Dieses Denken, das einst die abendländische Denktradition begründete, von Aristoteles und Platon gepflegt wurde und noch unter der Schirmherrschaft des Christentums gültig war (contemplatio), dieses Denken in der begrenzten Jetzt-Zeit, immer mit Blick auf das Jenseits, gebunden an den Kreislauf der Natur, an Gebürtlichkeit und Sterblichkeit, dieses «schwache Denken» (Gianni Vattimo) hat keine Konjunktur. «Starkes» Denken ist angesagt.

Und doch wirkt keine dieser Kräfte, dieser Strömungen für sich allein. Weder herrschte «früher» Stillstand und heute Dynamik, noch dominiert das eine, während das andere nur unterliegt. Beide stellen vielmehr verschiedene Seiten der Moderne dar, die sich immer wechselseitig ergänzen, widersprechen und stützen, mal stärker und mal schwächer sind. Die Wirklichkeit stellt sich nicht als Entweder-Oder dar, sondern als komplexes Geflecht, ein Sowohl-als-auch, mit wechselnden Gleichgewichten.

In diesem Buch werde ich fragen, was politische Freiheit eigentlich unter den Bedingungen beschleunigten Wandels meinen kann, in den die Politik und ihre Repräsentanten ebenso hineingerissen sind, wie die Bürgerinnen und Bürger von ihm erfaßt werden. Was Freiheit meinen kann in einer Zeit, in der sie einerseits als selbstverständlicher, universaler Wert vom Westen behauptet wird (was von anderen Kulturen und politischen Ordnungen nachdrücklich und gewaltsam bestritten wird) und andererseits so vielfach funktionalisiert wird, daß kaum jemand noch einen präzisen Begriff von ihr hat.

Das heutige Denken arbeitet zwangsläufig mit Begriffen, die belegt oder abgenutzt, im besten Falle vieldeutig sind.

Alltagsverständnis, politischer Sprachgebrauch und wissenschaftliche Definition, geschichtlicher Horizont und subjektives Wollen überlagern sich und sind nur schwer – mitunter gar nicht – voneinander zu trennen. Die folgenden Erörterungen trachten danach, sich dem Sog zu entziehen, der auf die Vermengung von individueller, privater Dimension der Freiheit einerseits und von öffentlicher, ziviler Dimension andererseits zuläuft. Natürlich ist diese Vermengung auch ein Nebeneffekt der Globalisierung von Alltagskultur. Die grenzenlose Freiheit der Zigaretten-, Jeans- und Medien-Kultur steht für die Kommerzialisierung im Sinne der freien Wahl. Diese Freiheit hat insofern eine indirekte öffentliche Dimension, als sie für eine Identifizierung von politischer Freiheit mit individueller Wahlfreiheit steht. Aber politische Freiheit ist mehr. Sie ist Verfassung im doppelten Sinne: Sie ist die politische Verfassung, verkörpert in den Institutionen, und sie ist das lebendige Gemeinwesen des öffentlichen Austauschs, in das die Bürgerinnen und Bürger eingreifen.

Im ersten Kapitel werden die Bedingungen von Politik und Freiheit heute beschrieben: Was meint das Stichwort von der «Globalisierung» und dem Verfall des Nationalstaats, das plötzlich in aller Munde ist? Wenn alle Grenzen fließend werden, wo ist dann der politische Raum, den menschliche Gemeinschaften benötigen, um zu politischen Gemeinwesen zu werden?

Wie hat sich die Wahrnehmung der Welt durch die neuartige Dynamik verändert, und welche Auswirkungen hat dies auf das Verstehen von Politik, auf die Politiker, auf die Bürgerinnen und Bürger? Welche Auswirkungen hat es auf das Verständnis von politischer Freiheit? Wen immer man heute fragt nach der Bedeutung von Freiheit, die Kette der Assoziationen beginnt beim Individuum, seiner Arbeit, den Lebensgewohnheiten und Bedürfnissen. Dabei geht es mehr um Frei-Sein und Freiheit von etwas als um die Freiheit selbst und das Frei-sein zu etwas. Freisein als Sich-Freimachen oder als persönlicher Dispositionsraum ist ein selbstverständliches, individuelles Recht – und ein kostbares Gut der Moderne dazu. Aber daraus entsteht noch keine politische Freiheit.

Im zweiten Kapitel kommen jene zu Wort, denen wir die politischen Begriffe der Moderne zu verdanken haben. Es wird beschrieben, wie die Denker der Aufklärung die individuelle Freiheit des Willens entdecken und sie in Relation zur Gesellschaft der Bürger setzen. Freiheit basiert für sie auf der Spannung zwischen individuellem Bewegungsraum und der Einbindung des einzelnen in das Netz der politischen Beziehungen. Freiheit stiftet den Sinn des Gemeinwesens. Ich werde den historischen Ausformungen des Freiheitsdenkens, seinen Bedingungen und Tiefen-Dimensionen nachgehen und immer wieder fragen: Warum ist es in deutschen Landen so schwer, die Freiheit politisch – und nicht nur philosophisch – zu verankern?

Das zu wissen kann nützlich, daraus für das 21. Jahrhundert zu lernen folgenreich sein. Nach den Vergangenheiten zu fragen ist ebenso wichtig wie nach den Zukünften. Wie wir geworden sind, was wir sind und was wir dabei verloren und gewonnen haben sagt mehr über unsere Zukunftschancen aus als alle Prognosen aus der bloßen Perspektive der Jetzt-Zeit. Erbschaften der Vergangenheit lassen sich im übrigen nicht ausschlagen wie im bürgerlichen Privatrecht. Man muß sie antreten, sonst verfolgen einen die Geister der Verstorbenen und die Trümmer des einmal Gewesenen auf unwillkommene Weise.

Denn die Dynamik, der Strom der Moderne, die «Entwicklung», bringen neue Formen der Freiheit nicht von selbst hervor. Sie schaffen Formen; aber diese bleiben leer – oder entleeren sich –, wenn sie nicht gefüllt werden.

Unter welchen Bedingungen diese Formen leer blieben, dafür ist die Weimarer Republik ein Lehrstück. Es gilt noch immer als ausgemacht: Die Republik von Weimar war von Anfang an zum Scheitern verurteilt. Der wohlfeilen Kritik, die ein Gutteil der Legitimation für den westdeutschen Nachkriegsstaat lieferte, will ich im dritten Kapitel nachgehen und fragen, was damals den (freiwilligen und unfreiwilligen) Gründern in den Wirrnissen des ausgehenden Ersten Weltkriegs, des Bürgerkriegs und des Klassenkampfs durch den Kopf gegangen ist, wo Freiheit ihren Raum haben sollte. Natürlich geht es – spätestens – hier auch um die Feinde der Freiheit und um jene Kritiker der Republik, die sich die Konstitution der Freiheit nur in einem anti-westlichen, anti-liberalen Kontext vorstellen konnten. Weimar ist jedoch nicht nur an seinen Feinden, sondern auch an einem neuen Phänomen zugrunde gegangen: der Anti-Politik, die Geschichte und Zukunft zur Tabula rasa erklärt.

So demokratisch gefestigt die Bundesrepublik ist, so unklar scheint heute – im Jahre sieben nach dem Fall der Mauer – zu sein, was politische Freiheit meint. Unter den Bedingungen der Blockspaltung war Freiheit einerseits eine Negativbestimmung. Sie war das Andere zu Diktatur und Totalitarismus. Freiheit war und ist außerdem Verfassungsordnung und Gewaltenteilung und vieles andere mehr. Aber diese institutionalisierten Formen sind augenscheinlich nicht die ganze Dimension der Freiheit.

Mehr und mehr scheint es, als sei das Gemeinwesen zu einem Verwaltungsapparat geworden, dem sich die Bürgerinnen und Bürger anheimgeben müssen, ob sie es wollen oder nicht. Jener *public spirit*, den die Gründer westlicher Republiken einst als das Verbindende zwischen den Bürgern priesen, ist in unserer Republik zu einer Leerstelle geworden. Bei Festtagen und Brandanschlägen wird davon geredet, aber eigentlich weiß keiner und keine so recht, worum es geht. Die Freiheit schläft.

An ihre Stelle sind die beiden anderen Losungen aus der Erbmasse der Französischen Revolution getreten: Gleichheit und Solidarität. Freiheit ist nur als Freiheit der sozial Gleichen hierzulande vertretbar. Solidarität zielt auf die Gleichstellung von bisher Ungleichen. Das heißt, Freiheit ist die Bewegungsfreiheit der sozial Gleichgestellten, zu tun und zu lassen, was sie wollen. Dies betrifft aber nicht eigentlich die Sphäre des Gemeinwesens. Freiheit als das Konstituens der republikanischen Demokratie entsteht aus der Spannung zwischen dem freien Willen der Bürger und dem Gemeinwesen; sie ist zwischen den Polen des individuellen Glücks und des «öffentlichen Glücks» angesiedelt. Es gibt eine Bezogenheit zwischen beiden, aber keine Unterordnung des einen unter das andere. Daher braucht politische Freiheit eine Schutzaura, einen öffentlichen Raum, um sich darstellen zu können. Wo ist dieser Raum? Das ist das Thema des vierten Kapitels.

Wie und wo könnte Politik ansetzen, um jene politische Freiheitsdimension neu erfahrbar zu machen, die im Laufe der Moderne in den Hintergrund getreten ist? Was sind die neuen Aufgaben und Herausforderungen für eine Politik der Freiheit? Und gestalten die Professionalisten überhaupt noch Politik, oder ist diese längst in jene globalen Sphären entschwunden, von denen im ersten Kapitel die Rede ist? Diese

Fragen stehen im Mittelpunkt des letzten Kapitels. Politik muß die Ideen formulieren können, mit denen das politische Gemeinwesen sich ständig neu erfinden kann. Aber dies wird nur möglich sein, wenn sie selbst von einem politischen Gemeinsinn getragen wird, dessen Bindungskraft auch aus der Bürgergesellschaft kommt. Sie muß dieses Band pflegen und dafür Sorge tragen, daß es nie ganz zerreißt. Der Wind des Wandels stellt die Politik am Beginn des 21. Jahrhunderts vor große Zerreißproben. Sie muß das Unmögliche denken, damit es vielleicht möglich werden kann – ein politisches Gemeinwesen, das mit dem globalen Wandel Schritt hält und gleichzeitig seinen Bürgern Sicherheit und Orientierung bietet. Das setzt voraus, daß jene Bezüge wieder geknüpft werden, die im Zuge des Wandels bis auf eine diffuse Erwartungshaltung der Individuen in den Staat zusammengeschrumpft sind: die wechselseitigen Bezüge zwischen den freien Bürgern und dem freien Gemeinwesen.

I. DIE WELT IST KEIN ORT

Globale Zeiten oder Die verschwimmenden Konturen des Gemeinwesens

Von heute aus gesehen kann man den Eindruck gewinnen, als sei die Eiszeit des Kalten Krieges ein goldenes Zeitalter für Europa gewesen. Die beiden großen Blöcke bedrohten sich mit ihren Atomwaffenarsenalen derart, daß sie sich gegenseitig blockierten. Im Innern der Blockordnung herrschte Stillstand. An ihren Rändern freilich war Bewegung. Nun sind die Begrenzungen aufgehoben, Dynamik hat die Zonen des Stillstands erfaßt. Verstehen tut not.

Seit dem Ende der Blockordnung sind Intellektuelle, Wissenschaftler und Politiker weltweit auf der Suche nach neuen Orientierungen. «Wir werden Euch etwas Furchtbares antun, wir werden Euch den Feind nehmen», hatte Georgij Arbatow, einer der intelligentesten Kritiker in der Perestrojka-Phase der auseinanderbrechenden Sowjetunion, gesagt[1] und mit diesem Sarkasmus gemeint, daß der «Westen» sein Profil zum Gutteil aus der Gegnerschaft zum «Osten» bezogen habe und daher aus dem Epochenwechsel nicht ungeschoren hervorgehen werde. Wohl wahr. Nachdem die chaotische Dynamik im ehemaligen sowjetischen Machtbereich und das Emporwachsen einer weiteren ökonomischen Weltmacht im südostasiatischen Raum den Westen immer mehr in den Bann zog, wurde deutlich, daß das Paradigma «Westen» eine Art Behälter ist, dessen Inhalt unter ungeklärten Umständen geleert worden ist.

So treten jetzt zusätzlich zu den Unsicherheiten im globalen

1 Zit. nach Joachim Fest: Die schwierige Freiheit, Berlin 1993, S. 15

Macht- und Sicherheitsgefüge Schwächen zutage, die vorher unter der Bedrohung durch den sowjetischen Machtblock verdeckt waren. Zwei dieser Probleme auf der politischen Ebene sollen hier kurz angerissen werden:

- die Veränderung im Gefüge der Nationalstaaten und die Schwächung des Nationalstaates im Sog der Globalisierung;
- die Veränderungen im Innern der Demokratien, das Schwächerwerden der Impulse, die von der politischen Verfaßtheit der Staaten auf ihre Politik ausgehen.

«Wir sollten uns nun bewußt machen», schreibt Jean-Marie Guéhenno, «daß die Idee der Nation, die Europa der Welt beschert hat, vielleicht nur eine kurzlebige politische Form darstellt, eine europäische Ausnahme, die schwankende Brücke zwischen dem Zeitalter des Königtums und dem ‹neoimperialen› Zeitalter.»[2] Der französische Politikwissenschaftler und Diplomat argumentiert mit Blick auf die schleichende De-Nationalisierung nationaler Politiken, die insbesondere die Wirtschaft, die Steuereinnahmen und die Sicherheit betrifft, die klassischen Domänen des Nationalstaats seit dem 17. Jahrhundert. Guéhenno behauptet, die neuen Formen der Modernisierung benötigten keinen territorialen Nationalstaat mehr. Für bestimmte Regionen dieser Erde sei der Nationalstaat ohnehin nie ein gangbares Modell gewesen.

In der Tat ist, was etwa den afrikanischen Kontinent angeht, der Nationalstaat, das Überbleibsel der Kolonialherrschaft, keineswegs die allgemein anerkannte Staatsform. In Europa und Asien sieht es allerdings anders aus. Der Zusammenbruch der Sowjetunion hat zu einer Explosion nationalstaatlicher Gebilde geführt. Zum einen rekonstituierten sich

2 Jean-Marie Guéhenno: Das Ende der Demokratie, München und Zürich 1994, S. 21

Vorkriegsstaaten, die nach dem Zweiten Weltkrieg dem sogenannten sowjetischen Sicherheitsbereich zugeschlagen wurden: so die baltischen Staaten, Polen, Ungarn, die Tschechoslowakei (die sich danach friedlich in einen tschechischen und einen slowakischen Staat gespalten hat), Bulgarien, Rumänien und die zum ehemaligen Jugoslawien gehörenden Gebiete, die im Krieg ethnisch begründete Nationalstaaten wiederauferstehen ließen. Zum anderen renationalisierten sich die zur Sowjetunion gehörenden Territorien und Staaten: so die Ukraine, Weißrußland, Moldawien, die mittelasiatischen Staaten und Kasachstan. In vielen dieser Staaten haben nationalistisch orientierte, ehemalige kommunistische Eliten oder religiös-fundamentalistisch orientierte Gruppen die Macht ergriffen.

Es handelt sich also um gegenläufige Strukturen. Die Schwächung nationaler Hoheiten (im Westen) wird durch eine Wiederbelebung des Nationalstaats im Osten konterkariert. Einerseits sind die fortgeschrittenen westlichen Nationen aufgrund ihrer globalen Vernetzung gezwungen, sich zu öffnen und traditionelle Souveränitätsbereiche aufzugeben. Andererseits werden neue Nationalstaaten gegründet, deren Perspektive im internationalen Machtgefüge ungewiß ist. Oder, um es in einem Bild auszudrücken: Prozesse der Öffnung von Nationalstaaten zu supranationalen Einheiten sowie ihre Schwächung durch globale (wirtschaftliche, rechtliche, finanzpolitische, technologische) Einflüsse verlaufen gleichzeitig zu Prozessen der Schließung von Territorien, die jahrzehntelang übernational organisiert waren, zu Nationalstaaten. Noch gibt es kein anderes politisches Paradigma, das gleichzeitig beide Entwicklungsrichtungen einbegriffe. Alle Unabhängigkeitskämpfe von Völkern und Minderheiten in Teilstaaten und Regionen laufen auf das Ziel der Neugründung von Nationalstaaten hinaus. Eine andere Frage ist freilich, wie viele dieser Staaten selbständig auf Dauer überleben können, wenn sie nicht autonom wirtschaften und ihre Sicherheit nicht allein organisieren können.

Während hier in absehbarer Zeit neue Formen nicht in Sicht sind, sieht es auf anderen Seiten schon sehr viel differenzierter aus. Daß die großen westlichen Nationalstaaten, einst gegründet auf der Gleichrangigkeit von Nation und Demokratie, unter dem Einfluß eigener Integrationspolitiken und als Folge der Verflechtung globaler Finanz-, Technologie- und Wirtschaftsströme hoheitlicher Rechte verlustig gehen – beim Steuererhebungsmonopol, der Verteidigung, der nationalen Wirtschaft, dem Währungssystem – ist nur eine Seite der Entwicklung. Die andere ist, daß sie der politischen Dimension ihrer Gemeinwesen verlustig gehen: durch Ökonomisierung der Politik, durch Populismus und Ethnisierung der Politik, durch neuartige Phänomene wie die Aushöhlung nationaler Souveränität durch internationalen Drogenhandel und eine international geschäftsmäßig organisierte Kriminalität, die die Autorität schwacher Nationalstaaten in Lateinamerika (oder in Süditalien) geradezu aushebelt.[3] Diese Prozesse sind seit Jahrzehnten im Gange; sie treten aber seit der Auflösung der Blockordnung in Verbindung mit der Frage, welche Akzente der Westen der neuen Welt geben will, schärfer in den Vordergrund.

Der klassische politische Universalismus der europäischen Demokratien geht dabei verloren. Es war ein politischer Universalismus, von dem selbst der Eroberer Napoleon zehrte, als er deutschen Staaten die bürgerliche Rechtsordnung qua Oktroi aufzwang. Er war internationalistisch orientiert, seine Basis war aber der abgegrenzte Nationalstaat.

Was in den letzten Jahrzehnten jedoch stattfindet, ist nicht die Universalisierung demokratischer Bürgerrechte, sondern die Internationalisierung von Verfahrensregeln und Institu-

3 Vgl. Guéhenno, a. a. O., S. 34 ff

tionen, die die Globalisierung der Wirtschaft fördern, auf Demokratie im weiteren Sinne jedoch nicht angewiesen sind. In diesem Prozeß entstehen neue Räume, die von den politischen Gemeinwesen nicht besetzt worden sind, aber eigentlich Räume der Freiheit wären. Dies gilt zum Beispiel für die Bildung der Europäischen Union, wenn auch hier die Hoffnung besteht, den damit verbundenen Verlust an politischer Orientierung wieder aufzuholen.

Grundsätzlich aber ist die Internationalisierung der Staaten offenkundig nicht an ihre Demokratisierung gebunden; die Verflechtung von Finanz- und Wirtschaftsimperien kann auch diktatorische Regimes einschließen. Demokratie läuft Gefahr, auf die Verfahrensregeln einer Interessenpolitik reduziert zu werden, die den demokratischen Begründungszusammenhang nicht mehr neu stiften muß, sondern ihn als historisches Beiwerk nur noch zitiert.

Jihad vs. McWorld

Die Versuche, den Wandlungsprozeß zu verstehen, in dem sich die demokratischen Staaten gegenwärtig befinden, haben zu einem neuen Paradigma geführt: Der Begriff der Globalisierung, der gegenwärtig in aller Munde ist, bezeichnet freilich nur die Wahrnehmung, daß sich Räume und Reichweiten ausdehnen. Er deutet auf die Leerstellen im Innern der demokratischen Nationalstaaten hin. Der Begriff selbst erklärt den Wandel nicht.

Sicher ist: Der Globus ist nicht mehr bipolar strukturiert, sondern längst multipolar. In den Vereinigten Staaten hat man dies früher begriffen als in Europa. Es haben sich inzwischen andere Machtzentren herausgebildet, in Südostasien, in Lateinamerika, in Nahost.

Auch ist Europa keine Einheit mehr, wie zu der Zeit, als es auf West-Europa zusammengeschrumpft war. Der Kontinent ist zersplittert; neuartige Dynamiken, Begriffe, Denkweisen, die verdächtig an alte Zeiten erinnern, tauchen wieder auf: War nicht «der Balkan» schon immer eine «unruhige» Gegend? War nicht Rußland schon vor der Errichtung der Sowjetunion ein Angstgegner Deutschlands, den man umbuhlte und fürchtete? Der deutsche Nationalkonservatismus witterte vorübergehend Morgenluft. Man durfte wieder in Räumen denken. Darf man wieder? Handelt es sich um die Wiederkehr des Denkens in Einfluß- und Machtsphären, wie in «alten Zeiten»?

Planetarische Politik statt Nationalstaatspolitik sei nun angebracht, meint der konservative Denker Panajotis Kondylis. Mit Blick auf die neuen Nationalstaaten in Mittel- und Osteuropa argumentiert er: «Durch das massive Aufkommen neuer, rechtlich untereinander gleicher Nationen und Staaten gewinnt nun die planetarische Politik eine analoge Dichte und Mobilität wie die Massengesellschaften bzw. -demokratien, die auf den oligarchischen Liberalismus folgten.»[4]

Doch auch «planetarische Politik» ist zunächst einmal keine politische Kategorie. Wo aufgrund der Auflösung der Nationalstaaten kein politisches Gemeinwesen mehr existiert, da ist auch keine Politik. Richtig ist, daß die Berechenbarkeit der Politik geringer geworden ist. Die Multipolarität setzt zentrifugale Tendenzen frei, die auch an den Ankern der scheinbar so gefestigten demokratischen Nationalstaaten zerren.

Der ehemalige Ostblock ist dafür ein gutes Beispiel. Die Renaissance der kommunistischen Parteien, in Rußland, in Polen, im Baltikum, in Rumänien, Bulgarien ist nicht nur Zeichen der Widerstandsfähigkeit der alten Eliten, sie wird auch getragen von einer verunsicherten Bevölkerung, die den neo-

4 Panajotis Kondylis: Planetarische Politik nach dem Kalten Krieg, Berlin 1992, S. 10

liberalen Wirtschaftsreformern nicht traut, weil von denen nur die Verschlechterung ihrer Lebensbedingungen zu erwarten ist, während die Kommunisten versprechen, vieles beim alten zu lassen und ein Minimum an Staatsprotektion zu bewahren.

Daß dies nicht als Rückkehr der alten politischen Systeme zu werten ist, sondern als Reaktion auf Unsicherheit, auf den Zerfall der Gesellschaften, auf das Wegbrechen gewohnter Ordnungen und Lebensverhältnisse und auf den immer stärker werdenden Sog der Globalisierung, das haben selbst ihre Propagandisten inzwischen begriffen. Zum Davos-Forum 1996 luden sich die Wirtschafts- und Technologie-Bosse den russischen Kommunistenführer Gennadij Sjuganow ein, um von ihm zu erfahren, wie die Lage in Rußland sei und wie es um seine Bereitschaft für die Weltmärkte stehe. Ironisch kommentierte die *New York Times*: «Man stelle sich vor: Das Davos-Forum ist das kapitalistische Gipfeltreffen schlechthin. Es ist der jährliche Festakt der Globalisierung... Die Wirtschaftsführer und die Politiker hier scheinen intuitiv zu begreifen, daß Mr. Sjuganow für den Beginn eines neuen globalen Trends steht – für die Gegenbewegung zur globalen Integration und ihren Freihandelsabkommen, die zwar viele Gewinner hervorgebracht hat, aber auch viele Verlierer.»[5]

Die Verlierer stemmen sich gegen den Sog, nicht weil sie eine andere Strategie hätten, sondern weil sie um den Verlust der letzten Bastion fürchten, die sich im auseinanderbrechenden Kommunismus noch halten konnte: den Nationalstaat, den Staat überhaupt.

Im Untertitel seines Buches «Jihad vs. McWorld» (deutsch: «Coca Cola und Heiliger Krieg»)[6] diagnostiziert der amerikanische Politikwissenschaftler Benjamin Barber

5 New York Times, 7. Februar 1996

6 Benjamin Barber: Jihad vs. McWorld, New York 1995; in deut-

den Zustand der Welt: «How the planet is both falling apart and coming together and what this means for democracy» (in der deutschen Ausgabe: «Wie Kapitalismus und Fundamentalismus Demokratie und Freiheit abschaffen»). Genau darum geht es gegenwärtig: das Auseinanderfallen der traditionellen Gesellschaften bewirkt andernorts neues Zusammenkommen, aus der Auflösung gehen neue Synthesen hervor; solche altertümlichen Werte wie Freiheit laufen dabei scheinbar mit und geraten doch ins Abseits.

Barber beschreibt, wie sich in einer sich immer mehr öffnenden Welt die Kräfte von McWorld und die von Jihad ergänzen und bekämpfen. McWorld, das meint die kulturelle Kolonialisierung des Globus unter dem Zeichen von Hollywood, MTV und Internet. Jihad, das meint die Kräfte der alten Wertewelt, das ist christlicher Fundamentalismus ebenso wie muslimischer, das sind die Kräfte des Regionalismus und der Absonderung gegen den Sog von McWorld. McWorld ist der Kulminationspunkt der Modernisierung, Jihad ist provinzieller, partikularer Wertesubstanzialismus. McWorld als das neue weltbewegende Prinzip, so Barber, ziehe Politik und Wirtschaft, Kultur und Alltagsleben ganz in seinen Bann. Demnach wäre 1989 nicht der große Wendepunkt gewesen, sondern nur sein symbolisches Datum, der letzte Schritt einer Entwicklung, die längst den Globus erfaßt hat.

Barbers These besagt schlicht, daß im Zeitalter der globalen Information die wirtschaftlichen, kulturellen, politischen Unterschiede, Grenzen, Besonderheiten der Nationen, Gesellschaften, Kulturen verschwinden. Es entsteht eine neue Weltkultur der Gleichzeitigkeit, Transparenz, auch Eintönigkeit und Gleichartigkeit. Ob nun McDonald's in Moskau

scher Übers.: Coca Cola und Heiliger Krieg, Bern, München, Wien 1996; zitiert wird nach der dt. Ausg.

oder Peking, in Kuala Lumpur oder Bagdad, Maputo oder Helsinki steht, die Differenzen sind gering. Das große M leuchtet überall. McDonald's steht noch in der hinterletzten Provinz für die neue Kultur der Gleichzeitigkeit, und das ist nicht nur Jugendkultur. McDonald's aber ist nur ein Symbol; wichtiger sind die Auflösung der Zeitunterschiede, die Gleichzeitigkeit (Vernetztheit) der globalen Informationsströme in Internet-, e-mail- und Mobilfunk-Verkehr. Wichtiger ist die Entstehung neuer Kommunikationsformen, die, angefangen von der Erziehung über den Arbeitsplatz bis zum Familienleben, von der Medizin bis zur Sozialwissenschaft, alle menschlichen Beziehungen verändern, verschieben, teils überflüssig machen. Es wird, so Barber, keine nationalen Wirtschaften mehr geben; dieser Prozeß ist schon in vollem Gange. Die Verlagerung von Produktionsstätten ins Ausland ist dann nicht nur unter dem Aspekt des Billiglohnes zu sehen, sondern unter dem Aspekt einer neuen Qualität von globaler Arbeitsteilung, die die führenden Industrienationen im besten Falle zu hochtechnologisierten Wissens- und Koordinationsstätten macht – und gleichzeitig einen Großteil ihrer Arbeitsbevölkerung für immer aus dem Produktionsprozeß hinauswirft.

Es verändern sich aber auch alle Sparten der Kultur inklusive der politischen Kultur. Inzwischen gehören zu dieser Weltkultur die Film- und Video-Industrie, die Musik-Industrie, die Autoindustrie und vor allem die Informationsindustrie. Weil sie am mobilsten ist und die meisten Kulturen aufsaugen kann, hat die amerikanische Populärkultur inzwischen den Globus erobert. Was in den sechziger Jahren noch ein Bindeglied zwischen der europäischen Studentenbewegung und der Hippiekultur an der Westküste der USA zu sein schien, jener Gleichklang der *favourite songs*, der Hängekleider, Miniröcke und der Jeans, ist inzwischen (ohne Hängekleider) zu einer Weltkultur geworden, die selbst im nochkommunistischen Riesenreich China Einzug gehalten hat. China ist deshalb ein so treffendes Beispiel, weil hier zu sehen ist, daß diese Art von Globalisierung tatsächlich keine ideologischen Grenzen kennt. Sie löst diese Grenzen von innen her auf, ohne jedoch die totalitären Machtstrukturen in Frage zu stellen. Dies haben die chinesischen Machthaber begriffen, und deshalb ließen sie sich auf einen «kontrollierten Kapitalismus» ein, dessen Folgen und Auswirkungen sie inzwischen nicht mehr kontrollieren können, der aber auch noch nicht machtbedrohend ist.

Globalisierung und Nationalstaat

Mindestens ebenso folgenreich wie die äußere Wirkung sind die Konsequenzen der Globalisierung für das Innere der klassischen Nationalstaaten: Die Bedeutung des politischen Körpers der republikanischen Demokratie nimmt ab; Entscheidungen werden in transnationalen Körperschaften getroffen und dann im nationalen Rahmen ausgeführt. Die wachsende gegenseitige Abhängigkeit der Nationalstaaten läßt in den Demokratien selbst die Reichweite der im politischen Gemeinwesen getroffenen Entscheidungen im unklaren – wie überhaupt die Frage, wer politische Entscheidungen verantwortet, obsolet zu werden scheint.

Sind Politiker noch in der Lage, das zu kontrollieren, was von ihnen in Gang gesetzt oder gebilligt wird? Die Verlagerung von Entscheidungsebenen macht Bürger und Bürgerinnen unsicher, auf was und wen sie sich noch verlassen können. Die Wahrnehmung der Politik verändert sich, Erwartungshorizonte verschieben sich. Bürger, die in der klassischen Konzeption der Demokratie per Vertrag und freiwillig aus dem Stand der Unmündigkeit in den Stand der Freiheit getreten sind, sehen sich nun nicht mehr wahrnehmbaren Institutionen und Einflüssen ausgesetzt, die ihnen nicht zugänglich sind. Der Durchlöcherung der Sphäre autonomer Freiheit nach außen hin folgt die Verflüchtigung ihrer Dichte im Inneren.

Wie erfährt Politik, wie erfahren Politiker diese zunehmende Grenzenlosigkeit ihres Denk- und Handlungsraums? Treffend umschreibt der sozialdemokratische Politiker Freimut Duve das Tableau: «Alle diese zivilisatorischen Regelwerke, die in der Tat eine Riesenleistung sind, rechneten mit einer abgegrenzten Einheit Gesellschaft. Wir erleben jetzt aber, daß diese kompakten Identitäten namens Gesellschaft, Volk, Staat alle in einem ganz tiefen, fast materiellen Sinne nicht mehr kompakt bezeichenbar sind. Wir haben soviel Globalisierungsphänomene aller Art, angefangen von der Veränderung der Wahrnehmung, über die Kultur und die Satellitensender bis hin zur Ökonomie. Das hat niemand von denen, die sich diese zivilisatorischen Regelwerke mal ausgedacht haben, je sich vorstellen können, daß es die positiv umzäunbare Gesellschaft eines Tages vielleicht nicht mehr gibt... tagtäglich wird die Kompaktheit (der Gesellschaft – AG) von uns, die wir zivil sind, unterlaufen durch eine Globalisierungswirklichkeit.»[7]

Was Duve beschreibt, nehmen viele wahr, in Politik und Wissenschaft: Die Erfahrung der Auflösung von umgrenzten, eingehegten sozialen und politischen Gebilden verändert nicht nur die Politik als Verfahren, Regelwerke, Institutionen, die mit einer veränderten Welt-Realität und mit einer veränderten Welt-Wahrnehmung verbunden sind, sondern auch die Politiker selbst. Treffend schreibt Peter Sloterdijk, der Ausbruch der schrankenlosen Globalisierung erfordere

7 «In einer Zeit, in der das Politische sehr verachtet wird». Über die wiederentdeckte Faszination des Denkens von Hannah Arendt. Eine Gesprächsrunde mit drei Politikern, moderiert von Antonia Grunenberg, in: Frankfurter Rundschau, 4. Dezember 1995, S. 12

einen Politikertypus, den es noch gar nicht gibt. Was von ihm erwartet werde, lasse sich in folgendes Anforderungsprofil kleiden: «Beruf: Politiker. Hauptwohnsitz: Unübersichtlichkeit. Programm: Zusammengehören mit denen, mit denen zusammenzugehören schwerfällt. Moral: Kleinarbeiten von Überforderungen. Leidenschaft: ein Verhältnis zum Unverhältnismäßigen haben. Werdegang: Selbstrekrutierung aus Einsicht, die sich in Initiative verwandelt.»[8]

Was Sloterdijk hier auf so überraschende Weise umreißt, das ist die Verdichtung jenes Spannungsfelds, das Barber als gleichzeitiges Auseinanderstreben und Zusammenkommen beschreibt: Heutige Politiker müssen sich in einem Dickicht von Verfahrensregeln zurechtfinden; müssen vorgeben, eine universale Sprache selbst mit jenen zu finden, die Bürger- und Menschenrechte mit Füßen treten (siehe der «kritische Dialog» mit den Machthabern im Iran oder mit der chinesischen Regierung); müssen die Weltprobleme auf die Dimensionen der Nationalstaaten und den Erwartungshorizont ihrer Wähler herunterarbeiten; müssen das Unmögliche zu denken wagen; müssen ihre individuelle Verantwortungsethik (Max Weber) in Initiative gegenüber anonymen Institutionen und Verfahren umwandeln.

Das Dilemma der Politiker nicht nur in den Augen der Bürger, sondern auch in ihrem eigenen Bewußtsein, beschrieb die Grünen-Politikerin Antje Vollmer: «Ich meine, was uns allen das Handeln so schwierig macht. Es gibt eine Verachtung des Politischen, die aus der Politik selbst kommt. Das ist z. B. die Politik der Verbürokratisierung, des Regelweges, des Aussitzens. Aber es gibt natürlich auch einen unglaublichen populistischen Trend... (gegenüber den Politikern – AG) Seit etlicher Zeit empfinde ich diese Art Populismus, der nicht mehr zur Verbesserung der Qualität beiträgt, sondern nur noch zur

8 Sloterdijk: Eurotaoismus, a. a. O., S. 56

Vergrößerung der Angst und zur Abwertung des Politischen überhaupt beiträgt, fast demokratiegefährdend.»[9]

Die Beschreibung des Phänomens ist treffend. Ihr Spiegelbild ist die Verachtung des Politischen, die aus populistischen Bewegungen kommt. Sie suggeriert jedoch, es gäbe Verhaltens-Alternativen zur herrschenden Politikpraxis, die nur ergriffen werden müßten. Erst langsam dämmert es, daß jene so pathetisch daherkommende Prophezeiung des Meisters der modernen Soziologie, Max Weber, die Moderne werde durch «Bürokratisierung als Schicksal» geprägt, eine schlichte Tatsache enthält: Der Zusammenhalt der auseinanderstrebenden Massen-Gesellschaften kann nur um den Preis ihrer immer stärker werdenden Abstraktheit gewährleistet werden. Dann wäre die «Verachtung des Politischen» ein Reflex auf diese Abstraktheit, die um so mehr zunimmt, je größer die Fülle der Aufgaben, je weltumspannender der Blickwinkel, je globaler und interdependenter die Probleme werden – und der eine «Politik des Willens» nichts entgegensetzen kann. Dann allerdings wäre die «Verachtung des Politischen» das unbewußte, auf jeden Fall nicht reflektierte Ergebnis einer Erfahrung: daß der Kontakt, die Verbindungen der Individuen zum allgemeinen Ganzen abgebrochen sind oder sich nur sporadisch beleben lassen. Dann wäre die Verachtung des Politischen, der Politiker, eher eine zwar subjektiv verständliche, aber doch auch höchst ignorante Reaktion, weil sie sich gegen etwas richtete, das es so gar nicht mehr gibt: Politik als autonomes Handeln zum Wohle der Wähler auf der Grundlage einer individuellen und kollektiven Verantwortungsethik.

Die Frage ist aber: Welches sind die Auswirkungen dieser wirtschaftlichen und informationellen Globalisierung auf die modernen Demokratien?

9 Antje Vollmer, in: «In einer Zeit, in der das Politische sehr verachtet wird», a. a. O.

Es ist schon erwähnt worden, daß der Globalisierungssog Leerstellen im Innern der politischen Gemeinwesen hinterläßt. Die Diskussion darüber wird gegenwärtig auf zwei Aspekte konzentriert:

- auf den Mangel an Solidarität, Gemeinschaft und Kommunitarismus;[10]
- auf den symbolischen Zusammenhang der Bürger untereinander, der in der politischen Öffentlichkeit entsteht.[11]

Die Diagnose der Entleerung der öffentlichen Dimension des Gemeinwesens führt zur Suche nach verbleibenden Elementen, die soviel Bindekraft entfalten können, daß sie den zunehmenden Verlust an Wahrnehmungsfähigkeit auffangen könnten: Was nicht mehr im Lande stattfindet, sondern nur noch als Auswirkungen anonymer Prozesse zu vermerken ist, kann auch nicht bis auf die Ebene der Bürgerinnen und Bürger konkretisiert werden. Gleichwohl spüren die Bürger die Auswirkungen. Die Verunsicherung, die dadurch entsteht, zeigt sich im Vertrauensverlust gegenüber dem demokratischen Parteiensystem, in der oben erwähnten «Verachtung» der Politiker, in der Hinwendung zum Populismus. Populis-

10 Vgl. hierzu: Benjamin Barber: Starke Demokratie, Hamburg 1994, Kap. 5 und 6; Michael Walzer: Sphären der Gerechtigkeit, Frankfurt und New York 1992; Michael Walzer: Zivile Gesellschaft und amerikanische Demokratie, Berlin 1992, S. 139 ff. und 228 ff; ders.: Kritik und Gemeinsinn, Berlin 1990; Christel Zahlmann (Hg.): Kommunitarismus in der Diskussion, Hamburg 1994

11 Vgl. Claude Lefort: Vorwort zu *Eléments d'une critique de la bureaucratie*, in: Ulrich Rödel (Hg.): Autonome Gesellschaft und libertäre Demokratie, Frankfurt/M. 1990; ders. und Marcel Gauchet: Über die Demokratie. Das Politische und die Instituierung des Gesellschaftlichen, in: Rödel, a.a.O.; Cornelius Castoriadis: Gesellschaft als imaginäre Institution, Frankfurt/M. 1990, zweiter Teil; Fred Dallmayr: Postmetaphysics and Democracy, in: Political Theory, February 1993; Paul Ricœur: Lectures I, Paris 1991, S. 33 ff

mus kann in den verschiedensten Formen auftauchen: Als Hinwendung zum Regionalismus (das Anti-Europäertum bayerischer Politiker zum Beispiel); als Festklammern an Leitbildern des Nationalstaats; als Rückkehr zu ethnischem und Rassedenken; als Zurücktreten des politischen Denkens zugunsten des Gemeinschaftsdenkens, der sozialen Bedürfnisse.

Es müssen also einerseits neue Bereiche der Erfahrbarkeit, der Sichtbarkeit und Hörbarkeit geschaffen werden, in denen Bürger miteinander in Beziehung treten können. Die Tatsache, daß auf Globalisierungstrends immer wieder Regionalisierungstrends folgen, hat eben diese Ursache, daß der Erfahrungsraum des Politischen nicht beliebig ins Abstrakte erweitert werden kann. Andererseits muß es gelingen, dem sozialen Druck, der auf die Politik ausgeübt wird, ein neues Konzept des Politischen gegenüberzustellen. Die Verwobenheit wirtschaftlicher, sozialer und politischer Interessen vernebelt gegenwärtig die Umrisse des politischen Gemeinwesens derartig, daß Politik als Folgeerscheinung unabwendbarer wirtschaftlicher Prozesse erscheint. Politik stopft die Löcher, die die Wirtschaft reißt. Und selbst dieser Blickwinkel stimmt nicht mehr. Es gibt keine Löcher mehr zu stopfen, weil der ganze Bau wankt.

Thema Nummer eins der Debatten in der Bundesrepublik ist laut Umfragen die strukturelle Arbeitslosigkeit, die ständig weiter zunehmen wird. Langsam wird deutlich, daß sich unser Verständnis von Gesellschaft als Arbeitsgesellschaft, vom Menschen als Absolventen einer «Normalarbeitsbiographie» auflöst. Mehr noch, es wird deutlich, daß das soziale Sicherungswerk von einer historisch vorübergehenden Form der Arbeit abhängt. Wenn die normale Bürgerin, der normale Bürger ab 40 keine Arbeit mehr bekommen oder in ihren Zwanzigern gar nicht erst in den Arbeitsmarkt hineingelangen können, dann beginnt das Bild vom Menschen *und* vom Bürger zu wanken. Selbst-Bild, Lebensauffassung, ja Lebensordnung lösen sich auf. War und ist nicht Mensch-Sein in erster Linie an Arbeit geknüpft? Wie kann, um mit Finanzminister Theo Waigel zu reden, das alles finanziert werden? Es ist nicht tröstlich, daß alle westlichen Gesellschaften von diesen Prozessen erfaßt werden. Im Gegenteil, das macht die Lage womöglich noch bedrohlicher. Wenn der Verlust der Arbeitsplätze bzw. die Verlagerung der Arbeitsgesellschaften in den osteuropäischen oder südostasiatischen Raum den ganzen Westen erfaßt, dann gibt es kein Gegenmittel. Und selbst die von westlicher Arroganz getragene Ansicht, daß die hohen Technologien doch immerhin an westliches *Know-how* gebunden sind, schlägt nicht mehr durch. Im Gegenteil, amerikanische High Tech-Unternehmen kaufen Computerfachleute aus Singapur, Malaysia und China ein und unterlaufen damit den einheimischen Arbeitsmarkt *at the top*. Um so absurder ist die Klage der Unternehmerverbände über die zu teuren Arbeitskräfte, derentwegen sie nach Osteuropa und nach Südostasien ausweichen mit ihren Produktionsstätten. Als wenn Produktionsstätten hierzulande wieder angesiedelt würden, wenn es nur noch Nullrunden im Tarifstreit geben würde. Die nationalen Ökonomien sind in einen globalen Prozeß hineingetrieben worden, aus dem sie nicht mehr herauskönnen. Noch profitieren die westlichen Gesellschaften davon, auch der einzelne, sofern er hauptsächlich als Konsument auftritt. Deshalb wird im Alltag oft vergessen, daß sich hier etwas Umstürzendes tut; alle sind damit beschäftigt, die Folgen abzudämpfen.

Zu den Folgen gehört aber, daß sich das Verständnis von Mensch und Gesellschaft allmählich verschiebt. Die Selbstwahrnehmung und langfristig auch das Bild der Öffentlichkeit werden sich verändern. Das Menschenbild wird sich von der «Normalarbeitsbiographie» lösen, zunächst in die Richtung, daß Arbeitslose zu Nobodies werden, später, vielleicht, in die Richtung der Erfindung einer neuen sozialen Wertigkeit, die unabhängiger vom Arbeitsplatz ist. Dies setzt allerdings die Bereitschaft zu einer Reform des Sozialgefüges und der Wahrnehmungsweise von Bürger und Gesellschaft voraus; für die aus dem «Normalarbeitsleben» Herausfallenden muß ein neuer sozialer Status gefunden werden, der die Verkoppelung von Arbeit und sozialer Wertigkeit ersetzen kann und ihm ein unabhängiges Bürger-Sein ermöglicht.

Gegenwärtig jedenfalls sind Politik und Politiker noch damit beschäftigt, die Folgen abzudämpfen. Eine Perspektive wie die oben skizzierte ist noch nicht in Sicht. Das Dilemma gegenwärtiger Politik besteht darin, daß ihre «Macher» Zeugen der globalen Dynamisierung und des Wegrutschens der nationalen Arbeitsmärkte sind, aber dennoch an ihrem alten Selbstbild, an ihrem alten Konzept von liberaler Politik festhalten: Politik sei dazu da, der wirtschaftlichen Entwicklung freie Bahn zu räumen, ihre unbeabsichtigten sozialen Folgen abzudämpfen und die persönliche Freiheit des einzelnen zu garantieren. Diese Ratio des Liberalismus, diese Grundfeste der westlichen Werteordnung stellt sich jetzt selber in Frage. Auch der neoliberalistische Wohlfahrtsstaat, der gerade die Untiefen des klassischen marktorientierten Liberalismus vermeiden wollte, stößt an seine Grenzen.

Politik ist gefangen im Netz der sozialen Nöte, Bedürfnisse, Notwendigkeiten. Politiker müssen Lücken schließen, die immer größer werden, oder sie müssen zumindest so tun als ob. Denn die Wählerinnen und Wähler sitzen ihnen auf den Fersen.

Politik hat keine Visionen mehr, klagen die Leute. Sie kann aber keine Visionen produzieren, weil auch sie ihr Selbstverständnis verliert, den Blick und das Gefühl dafür, was sie «meint», was sie in Bewegung setzen kann und wo ihre Grenzen liegen. Politik wird erdrückt durch die Bürde des Sozialen. Da gibt es kein Entrinnen. Das ist eine selbstgestellte Falle.

Das gilt in nationalem Maßstab, wo die Politik dem wegrutschenden Arbeitsmarkt hinterherläuft, zwischen Gewerkschaften und Arbeitgebern vermitteln muß, das Gesundheitssystem reformieren, den Rentensockel reparieren, Flüchtlingsprobleme lösen und allgemeine Zufriedenheit herstellen will. Oberstes Ziel: sozialer Frieden. Diese Lektion haben wir gelernt. Wir wissen ja in Deutschland, wohin sozialer Unfrieden geführt hat: zum Erfolg der Nationalsozialisten. Also ist dies alles richtig, und eine taugliche Alternative nicht in Sicht. Das Problem ist aber, daß auch dieses Verständnis von Politik nicht mehr trägt. Es paßt nicht zusammen, die großen Visionen des Politischen einzuklagen und gleichzeitig den Raum für freies Denken über den Sinn des Zusammenlebens von Menschen nahezu völlig durch wirtschaftliche und soziale Probleme zu verstellen.

Die Konturen des Gemeinwesens sind unklar geworden. Wenn «das Politische zunehmend vom Wirtschaftlichen (und Sozialen – AG) her verstanden und gehandhabt (wird), während die traditionell vorrangige Frage nach dem besten Staat und der besten Verfassung in den Hintergrund» rückt,[12] dann weiß eigentlich niemand mehr, was das ist, ein Gemeinwesen.

Die Lage wird nicht einfacher dadurch, daß die Dominanz des Sozialen über das Politische ein globales Problem ist. Entscheidend ist, daß der traditionelle westliche (zumal der europäische) demokratische Universalismus zu schwach geworden ist. Die liberalen Werte sind nicht mehr notwendig Folge oder Begleiterscheinung der weltweiten wirtschaftlichen Dynamik. Sie treten zurück zugunsten eines verschwommenen sozialen Humanismus, wie das Beispiel Bosnien zeigt.

12 Panajotis Kondylis: Planetarische Politik, a. a. O., S. 103

Dieser Krieg, der weder vom deutschen Außenpolitiker Genscher noch religiösen Fanatikern freigelassen wurde und vor dessen atavistischen Bildern die westlichen Gesellschaften mit Entsetzen und Erstaunen wie festgefroren saßen, er hat die Grenzen unseres Verständnisses von Politik ebenso aufgezeigt wie die Grenzen der politischen Praxis als Problemmanagement. Hierzulande sind die politischen Dimensionen dieses Krieges (die Ersetzung von politischen, rechtsstaatlichen Ideen durch ethnische Ausrottungsfeldzüge im Namen einer völkischen Identität) hinter seinen sozialen Dimensionen zurückgetreten: Das Elend von Vergewaltigung, Vertreibung und systematischer Ermordung wurde zum alleinigen Politikum erklärt. Die Vernichtung des demokratischen Universalismus in der Mitte Europas geriet darüber zum minderschweren Ereignis. Mindestens ebenso bedrohlich ist, daß dieser Krieg Kategorien und Dimensionen in unsere politische Realität wieder eingeführt hat, die in den Hintergrund getreten waren: Krieg, Rasse, Raum, Rache. Wie wirkt sich die Wiederkehr des Krieges in Europa aus? Bisher schien der Krieg gebannt, er tauchte in den fünfziger Jahren als Furcht vor einem Dritten Weltkrieg, in den siebziger und achtziger Jahren als nukleares Trauma auf. Darüber hinaus fand der Krieg immer bei «den Anderen» statt, den «Dummen» oder «Unterentwickelten», die aufgrund ihrer Unterentwicklung nicht aus den atavistischen Handlungshorizonten herausfinden und sich daher gegenseitig abschlachten: in Afrika zum Beispiel. Seit Bosnien ist er zurückgekehrt.

Die westlichen Werte scheitern gegenwärtig aber auch an einer machtpolitisch oder ethnisch geprägten Kulturidentität. Gegen westlichen Werteuniversalismus wird östlicher Kulturpartikularismus gestellt. Wenn die chinesischen Machthaber erklären, daß sie den Dissidenten Wei Jingsheng nicht freilassen, «und trotzdem steigt Chinas Ansehen in der Welt», dann liegen sie insofern richtig, als sie erkennen, daß die westliche Politik mehr von ihrem Investitionshunger getrieben wird als vom Bürger- und Menschenrechtsuniversalismus (und dies nicht nur aus Profitgier, sondern weil die sozialen Probleme in den Kernländern den Drang nach außen verstärken). Wenn der frühere Staatschef von Singapur erklärt, daß an den Grenzen seines Reiches die universalen Bürger- und Menschenrechte ihre Gültigkeit verlören, denn diese würden zu Dekadenz und Werteverfall der einheimischen Kultur führen, dann ist das mehr als bloße Rhetorik. Das Überlegenheitsgefühl speist sich hier nicht aus einer Ideologie (wie im Falle der früheren sozialistischen Staaten), sondern aus der Erfahrung, daß wirtschaftliches Wachstum ohne Bürger- und Menschenrechte genauso bewirkt werden kann, und daß diese Rechte für Unruhe und Unzufriedenheit sorgen können.

Erst recht greift der demokratische Universalismus nicht mehr in sozialer Hinsicht. Weltweit die Armut beheben zu wollen, ist zunächst kein politisches Projekt, sondern eine globale soziale Aufgabe mit politischen Implikationen, die weder durch Lebensmitteltransporte noch Entwicklungshilfe bewerkstelligt werden kann, wenn gleichzeitig der Weltmarkt und der globale Arbeitsmarkt sich immer mehr verengen. Man kann sich zwar auf den Standpunkt stellen, daß der Westen sich dies alles durch die Verbrechen des Kolonialismus und Imperialismus selbst eingebrockt habe und nun Verantwortung für die Folgen selber zu übernehmen habe, das heißt im Klartext, mit den Folgen sich abfinden und sie akzeptieren müsse. Das hilft aber wenig bei der Formulierung der politischen Dimensionen der Probleme. Politiker denken noch immer in den Kategorien des 19. Jahrhunderts: Ihr logisches Denkmuster heißt: Armut abschaffen, Fortschritt, Entwicklung und Gleichheit. Und dies zu einer Zeit, die nicht von *einer* Geschwindigkeit, sondern von mehreren gegenstrebigen Zeiten bestimmt wird. Das Neue an der gegenwärtigen

Lage ist aber nicht mehr, wie man hierzulande noch bis in die sechziger Jahre glauben konnte, daß die Zeit des Westens zur dominanten Zeit wird und daß die Kategorien des Begreifens von Mensch, Gesellschaft und Welt überall die gleichen werden. Dies gilt trotz des Zusammenbruchs des Kommunismus, der so offensichtlich die Dominanz des Westens zu beweisen schien.

Der dominante Westen selbst ist in eine Dynamik geraten, die sich selbst fortträgt und von keinem Politiker aufgehalten werden kann. Ein Ausweg aus dieser Sackgasse bietet nur die Rückbesinnung auf die großen Aufgaben der politischen Gemeinwesen, um die es seit der Antike geht: Freiheitliche Selbstverfassungen für die im Wandel befindlichen Nationalstaaten zu finden, die den geschilderten Dynamiken Rechnung tragen. Das wäre ein neues Paradigma. Dazu gehören Mut und Entschlossenheit.

II. ZEITBRÜCHE

Vom Erbe der Freiheit und der Schwierigkeit, es anzunehmen

«Die Forderung des Idealen waltete in der Art eines Polizeipräsidiums über allen Äußerungen des Lebens.»

ROBERT MUSIL[1]

Um den Zusammenbruch der DDR ging es auf einer wissenschaftlichen Tagung 1990, dem Jahr der Vereinigung. Die Teilnehmer wirkten hilflos, manche wie unter Schock stehend. Jahrelang hatten sie ihr Forscherleben der DDR gewidmet – und nun kam ihnen ihr Gegenstand abhanden, und ihre wissenschaftlichen Begriffe gerieten ins Wanken. Plötzlich rief ein französischer Kollege in den Raum: «Ich verstehe euch Deutsche nicht. Wenn diese Geschichte bei uns in Frankreich passiert wäre, dann wären die Tagungsteilnehmer singend und den gallischen Hahn vor sich hertragend ins Tagungsgebäude eingezogen.» Kein befreiendes Lachen brach aus. Mit dieser Pointe konnten die wenigsten etwas anfangen.

In der französischen Nationalgeschichte hat das nationale Bewußtsein als Bewußtsein der Freiheit seinen festen Platz. Für den französischen Kollegen waren der Fall der Berliner Mauer im November 1989 und der in Aussicht stehende Zusammenschluß der beiden deutschen Staaten Anlaß genug, die gewonnene Einheit als gewonnene Freiheit zu feiern. Die Reaktion seiner Zuhörerinnen und Zuhörer spiegelte das Unvermögen vieler Deutscher wider, die Vereinigung als Neukonstitution der Freiheit in Deutschland wahrzunehmen.

1 Robert Musil: Der Mann ohne Eigenschaften, 2 Bde., Reinbek 1990, Bd. 1, 15. Kapitel, S. 54

Es liegt eine Eigentümlichkeit in dem Zeitbruch von 1989: Der Westen schien nicht in der Lage, die Ankunft der Freiheit in der Mitte und im Osten Europas politisch anzunehmen. Zu sehr hatte man sich an die Teilung Europas gewöhnt, ja, sie sogar für wünschenswert gehalten – um des lieben Friedens in Europa willen.[2] Dabei war nach dem Zusammenbruch des realen Sozialismus 1989 einen historischen Augenblick lang die Freiheit greifbar. Hatte nicht der Westen, der in den vergangenen 45 Jahren immer das Banner der Freiheit gegen die Unrechtssysteme im Osten erhoben hatte, im Wettkampf mit der sozialistischen Welt gesiegt? Nicht von ungefähr tauchte in den Festreden und politischen Abhandlungen jener ersten Zeit nach 1989 ein Motiv immer wieder auf: In den postsozialistischen Ländern sei jetzt die Freiheit (wieder) eingekehrt. Nach dem Motto: Und nun kann alles so weitergehen wie bisher! Es stellte sich aber heraus, daß der Westen – ungeachtet des historischen Bewußtseins vom Wert der Freiheit – eine Vorstellung von der Freiheit nur gegen die Regimes der Unfreiheit hatte, das Selbstbewußtsein der Freiheit aber nur schwer öffentlich artikulieren konnte. So war zwar ein Raum der Freiheit entstanden; aber es war keine Sprache vorhanden, ihn zu beschreiben. Die westlichen Wirtschaftsführer (wenn auch zögerlich) ebenso wie die östlichen Machteliten begriffen diesen Raum schnell als neu zu beackerndes Feld. Der Weg der Organisierung von Marktwirtschaften westlichen Typs wurde alsbald eingeschlagen, wenn auch mit un-

2 Ein Protagonist dieser Politik war Egon Bahr, der Vordenker der Ostpolitik, vgl. Egon Bahr: Zu meiner Zeit, München 1996; auch die Präsidenten und Regierungschefs der Nachbarstaaten hatten sich, aus etwas anderen Gründen, mit der Spaltung Europas nicht nur abgefunden. Sie war ihnen politisch sogar sehr bequem. Ein schwaches, weil geteiltes Deutschland war besser für Europa, dies war allgemeiner Konsens und erklärt die Irritationen in Frankreich und England anläßlich der deutschen Vereinigung.

geheuren sozialen Kosten. Immer noch herrscht in vielen neudemokratischen Ländern wilder Manchesterkapitalismus. Teile der ehemaligen sozialistischen Eliten begriffen schnell, daß es galt, das Machtvakuum zu besetzen. Nur die einheimischen Bürgerrechts- und Oppositionsbewegungen waren eigentümlich schwach; sie hatten die Freiheit nicht als politische Machtfrage thematisiert.

Die westliche Politik beschränkte sich darauf, die Bildung demokratischer Institutionen nach dem Vorbild ihrer eigenen Verfassung zu unterstützen und schien ansonsten zu erwarten, daß die Demokratie im Schlepptau wirtschaftlicher Gesundung von selbst komme. In Verkennung des Umstands, daß es sich bei den meisten dieser Länder um den Ersteintritt in das demokratische Zeitalter handelte, wurde so getan, als ginge es um eine Anpassung an schon vorhandene Normen und Standards.

Nur wenige im Westen haben mit jener Dimension von Freiheit, die sich so plötzlich in den Ländern des ehemaligen Ostblocks eröffnete, etwas anfangen können. Zu stark war der Impuls, die Unruhe, die mit dem neu entstandenen Freiheitsraum entstanden war, schnellstens in institutionelle Bahnen einzufangen und einzubinden. Es gab Vorschläge von Akademikern wie etwa den, die Völker in den ehemaligen Diktaturen müßten sich nach amerikanischem Vorbild um ein gemeinsames Verfassungsprojekt scharen und damit ihren Willen als freier politischer Körper öffentlich kundtun.[3] Es gab und gibt Versuche, den politischen Liberalismus als den der westlichen Freiheitsvorstellung angemessenen politischen Überzeugungskanon in den neudemokratischen Ländern wachzurufen. Der konkrete Verlauf und die Entfaltung jenes sogenannten «Transformationsprozesses» in den «be-

3 Vgl. Bruce A. Ackerman: Ein neuer Anfang für Europa, Berlin 1993, S. 11 f

freiten» Ländern und die Rolle, die der Westen darin übernahm und noch einnimmt, legte offen, daß jene Dimension der Freiheit, die über die Errichtung der demokratischen Institutionen in Wirtschaft und Verwaltung hinausgeht, undeutlich ist. Freiheit schien zu der Formel: Parlamentarische Demokratie plus Anschluß an den westlichen Markt zusammengeschrumpft zu sein. Ein Gründungsprozeß, wie ihn die westlichen Staaten (Amerika, England, die westeuropäischen Länder mit Frankreich an der Spitze) jahrzehnte-, wenn nicht jahrhundertelang durchlaufen haben, ist mit dem Zeitbruch von 1989 nicht eingeläutet worden. War dafür keine Zeit – oder gibt es kein öffentliches Bewußtsein mehr für die Notwendigkeit einer politischen Selbstkonstitution?

In den Ländern, die sich auf dem Wege aus der Diktatur befinden, ohne daß sie schon demokratisch wären, war Freiheit die vergangenen Jahrzehnte über als Befreiung von Unterdrückung präsent, als Bewahrung eines politischen und zivilisatorischen Horizonts, den die totalitären Inhaber der Macht auslöschen wollten, als Sehnsucht nach Reisefreiheit und persönlicher Sicherheit vor staatlicher Willkür, als Bedürfnis nach einer größeren Konsumgüterauswahl... Gegenwärtig reduziert sich dort die reale Erfahrung der Freiheit auf eine Mischung aus neu gewonnenen Menschen- bzw. Bürgerrechten und wildem Manchesterkapitalismus (mitunter ohne Rechtssicherheit, wie in Rußland), aus der Rückgewinnung von Individualität und einer Angst erregenden Individualisierung, gegen die der autoritäre sozialistische Fürsorgestaat in den Augen vieler Menschen im nachhinein ein geradezu menschliches Antlitz annimmt.

Bezeichnenderweise haben viele Bürger in Mittel- und Osteuropa an der institutionellen Demokratie, an Wahlen, Parlamenten, Politikern wenig Interesse. Die außerordentlich niedrigen Wahlbeteiligungsraten sprechen hier eine deutliche

Sprache.[4] Vereinzelt hört man Stimmen laut werden, die fragen: Und das soll alles gewesen sein? Die Bürger sind frustriert von der Mühsal des Übergangs. Es sind nicht nur die materiellen Härten. Die Enttäuschung rührt auch daher, daß sich die lange ersehnte Freiheit auf einen simplen Anpassungsvorgang reduziert und zudem noch nicht einmal mit sich bringt, was sie dem Westen gebracht hat: Wohlstand und wirtschaftliche Sicherheit. Ernüchterung tritt ein, wo sich die Euphorie über das Ende der Diktatur und den Aufbruch zur Freiheit so schnell gelegt hat. Es ist kein Zufall, daß in dieser Situation des politischen Machtvakuums und der fehlenden öffentlichen politischen Kultur die ehemals herrschenden Eliten in neuen Konstellationen und unter neuen Legitimationen zum Teil wieder an die Macht gekommen sind, wie man dies in der UdSSR, in Polen, in der Slowakei, teilweise auch in Ungarn beobachten kann.

Doch in der Enttäuschung ist *ex negativo* das Bewußtsein präsent, daß Demokratie etwas mit öffentlichem, gemeinsamem Zusammentun zur Freiheit zu tun hat. Die frustrierte Reaktion ganzer Bevölkerungsgruppen weist auf die «Leerstelle Freiheit» hin. In der ablehnenden Reaktion auf die hastige Etablierung demokratischer Institutionen zeigt sich zum einen, daß Demokratie keine Selbstläuferin im Gefolge der Marktwirtschaft ist (auch wenn es so scheint, als sei dies in Westdeutschland nach 1945 anders gewesen). Zum anderen aber wird deutlich, daß Demokratie dort schwer entstehen kann, wo sie von keiner aktiven politischen Kultur begleitet wird. Wo keine lebendige Parteienlandschaft existiert, sondern Parteien wie aus der Retorte entstehen und vergehen, wo

4 Damit soll nicht gesagt werden, daß eine niedrige Wahlbeteiligung generell auf abnehmende Demokratiebereitschaft schließen läßt; in einer funktionierenden Demokratie kann sie auch Ausdruck von politischer Zufriedenheit sein.

sich keine öffentliche Diskussionskultur entfalten kann, wo sich Bürger nicht selber und auch ohne ihre Repräsentanten zu Wort melden, wo alte Kaderseilschaften sich nur umbenennen, wo vor der Etablierung der Demokratie das Ausfechten von Bürgerkriegen oder ethnisch motivierter Kriege steht; da tut sich eine junge Demokratie schwer. Wo auf lokaler Ebene die alten Autoritäten herrschen, weil sie über das *Know-how* verfügen und auf die Unerfahrenheit und Ängstlichkeit ihrer Klientel rechnen können, da können (noch) keine neuen demokratischen Werte, Verfahrensweisen, Einstellungen und Aktivitäten entstehen, allenfalls semidemokratische. Es kommt hinzu, daß in weiten Teilen der Bevölkerungen ein zweifaches Mißverständnis über die Dimensionen, Perspektiven und persönlichen Auswirkungen der Freiheit herrschte:

▷ Befreiung sei identisch mit Freiheit; so wird Befreiung an die Stelle von Freiheit gesetzt. Die politische Dimension der Freiheit, jene Fähigkeit zur Selbstgestaltung des politischen Gemeinwesens kann so gar nicht erscheinen. Nicht umsonst sollten im antiken Politikverständnis alle, die an der Gestaltung des Gemeinwesens teilnähmen, von den täglichen Sorgen und Nöten, von eigennützigen Interessen, von Habgier und Besitzsucht befreit sein.

▷ Der Inhalt von Freiheit sei Gleichheit. Gleichheit aber bedeute die Gleichstellung des Lebensniveaus zwischen West und Ost wie auch innerhalb der Gesellschaften zwischen ihren Schichten und Gruppen.

Das Mißverstehen ist aus der Gegenüberstellung von Freiheit und totalitärer Herrschaft historisch erklärbar. Es entstand aus der mangelnden Erfahrung dessen, was politische Freiheit ist. Keines der 1989 «befreiten» Länder kann auf eine demokratische Tradition zurückblicken. Der relative soziale Frieden, das Arrangement der Bürgerinnen und Bürger mit dem sozialistischen Gewaltstaat nährte dabei die Erwartung, der sozialistische könne in einen sozialen Fürsorgestaat verwandelt und mit der westlichen Marktwirtschaft kombiniert werden. Die Bürgerrechtsbewegungen waren entweder am Ideal eines «anderen Sozialismus» orientiert (DDR), oder ihre Stärke lag mehr in der symbolischen Präsenz (CSSR, Ungarn). Einzig in Polen schien es so, als sei die Gewerkschaftsbewegung Solidarnoŝĉ stark genug, um eine unabhängige zivile Sphäre zu schaffen. Die Entwicklung seit 1989 bewies dann, daß die gegen den sozialistischen Staat gerichtete Bewegungs-Kultur nicht in der Lage war, sich in ein repräsentatives Gebäude zu verwandeln.

Unter diesen Voraussetzungen mutierte Freiheit zu einem sozialen Wert. Sie war einerseits äußerer Rahmen, äußere Voraussetzung; andererseits Medium des Strebens nach einer sozialen Sicherheit, die die «Vorteile» des sozialistischen Systems mit den angenehmen Seiten der westlichen Marktwirtschaft verbinden sollte. Daß dies so war, ist freilich nicht «Schuld» der Bürger in jenen Ländern. Es ist ebenso Teil eines mitteleuropäischen Erbes, wie es Bestandteil des westlichen Verständnisses von Demokratie ist.

Am Beispiel der deutschen Vereinigung läßt sich das Mißverständnis der Freiheit veranschaulichen. Der öffentliche Diskurs über die historischen Tiefendimensionen, die unterschiedlichen Konnotationen und die Perspektiven der deutschen Einigung verschwand von Anfang an hinter einem Pragmatismus, der das wirklich Neue gar nicht wahrnehmen konnte. Denn was 1989 geschah, war ja keine Wiedervereinigung in einem politischen Sinne, sondern allenfalls in einem geographischen. 1945 war ein zerstörtes, traumatisiertes Land auseinandergerissen worden, dessen Bewohner eine lebendige und friedliche Bürger-Demokratie nie kennengelernt hatten. Was 1989 also anstand, war der Beginn eines friedlichen und bewußten Einstiegs in eine neue Republik, und dies zum ersten Mal in der deutschen Geschichte. Zu leicht vergißt man heute, daß die erste deutsche Demokratie aus einem Weltkrieg hervorging, ihre Inauguration von Bürgerkrieg begleitet war und ihr Ende von bürgerkriegsähnlichen Auseinandersetzungen eingeläutet wurde (vgl. Kapitel III).

Der Pragmatismus, den führende deutsche Politiker in Rücksicht auf «das Ausland» und seine Bedenken an den Tag legten, kann nur denen als wohltuend erscheinen, die sich nicht der schwierigen und unebenen Ausgangslage stellen wollten, sondern ein Verständnis von Politik vorzogen, das die Einigung als rein verwaltungsrechtlichen Schritt, als *business as usual* betrieb.

Der demonstrativen Normalität auf Regierungsebene stand die übertriebene und vorauseilende Furcht vor einem neu erwachenden deutschen Nationalismus (nach dem Motto: «Der Schoß ist fruchtbar noch, aus dem das kroch») gegenüber, die Teile der Öffentlichkeit erfaßt hatte. Weil es an politischem Instinkt und Wagemut fehlte, blickte ein großer Teil der deutschen Intellektuellen seinerzeit vor Schreck lieber zurück als nach vorn. Statt die Gedanken auf die politische Ausgestaltung des neuen Raums zu richten, klammerten sich viele, die es besser wissen müßten, an die Geschichte, um aus ihr abzulesen, daß die Deutschen erstens die Freiheit nicht verdient hätten und zweitens ohnehin immer dazu tendieren würden, den Weg in die Katastrophe einzuschlagen.

Eine andere Sache ist, daß die westlichen Demokratien – und dies nicht zu Unrecht – den Bevölkerungen im Osten die Marktwirtschaft als Ausweis der Freiheit stets vor Augen gehalten hatten. Was über die Fernsehkanäle und später via Satellitenschüssel in die Wohnstuben Mittel- und Osteuropas kam, war eben jene auf Globalisierung orientierte Marktordnung, die Benjamin Barber so eindrücklich beschrieben hat (vgl. Kapitel I) und die auch Teil der Selbstdarstellung der Freiheit ist. In Europa ist soziale Gleichheit zum Bestandteil der politischen Nachkriegsordnungen geworden und gehört zur Marktwirtschaft und zur Ordnung der Freiheit.

Als 1994 in einer Allensbach-Umfrage in der ehemaligen DDR auf die Frage nach der Höherwertigkeit von Gleichheit oder Freiheit 51 Prozent der Befragten für Gleichheit votierten,[5] wurde dies im Westen Deutschlands – nicht ganz zu Unrecht – als Erbe des Staatssozialismus interpretiert. In den Antworten der Ostdeutschen schien sich eine Mentalität zu manifestieren, die in der sozialen Nivellierung des autoritären Fürsorgestaats die Erfüllung der Gleichheitsforderungen der Französischen Revolution erblickte und im individuellen Arrangement mit den Verhältnissen das höchst erreichbare Glück. In Wirklichkeit reflektierte sich in den Antworten der Ostdeutschen – und man weiß, wie suggestiv mitunter in Befragungen vorgegangen wird – das Streben nach Gleichstellung mit dem westlichen Teil Deutschlands, der die Errungenschaft einer größtmöglichen sozialen Gleichheit als Aushängeschild seiner freiheitlichen Bonität benutzt hatte.

Das Mißverständnis der Freiheit in Mitteleuropa und Ostdeutschland beruht also nicht nur auf den illusionären Hoffnungen und Erwartungen vieler «Ostler» in bezug auf die sofortige Gleichstellung des Lebensstandards, sondern auch auf der Selbstdarstellung des Westens. Es scheint so, als sei die politische Dimension der Freiheit im Westen selbst nurmehr vermittelt (in den politischen Institutionen der Freiheit und der Marktordnung) vorhanden. Gewiß ist sie Teil des westlichen Selbstverständnisses, wird aber in der Praxis eher

5 Vgl. Elisabeth Noelle-Neumann: Wenig Neigung zur Demokratie, Frankfurter Allgemeine Zeitung, 28. Juni 1994

als Kanon «schöner Ideen» wahrgenommen. In Deutschland kann sie zudem nur auf eine kurze konstitutionelle Geschichte zurückblicken.

So mag es nicht verwundern, daß auf den witzig-ironischen Zuruf des französischen Kollegen eine gescheite Antwort ausblieb: Die Dimension der politischen Freiheit wurde 1989 in Deutschland nur von wenigen wahrgenommen. Großen Teilen der Öffentlichkeit blieb sie verborgen.

Freiheit von – Freiheit zu ...

Die beschriebenen Reaktionen sind auch Teil eines europäischen Erbes, das erschlossen werden muß, wenn man verstehen will, warum sich die Deutschen mit der politischen Freiheit so schwertun. Hier wirken fest verwurzelte Denk- und Rezeptionsweisen der Vergangenheit, Ideen, Erfahrungen, Projektionen und Mentalitäten. Daher soll im folgenden von der europäischen Gestalt der Freiheit und ihrer deutschen Ausprägung die Rede sein. Es geht mir dabei nicht um die Wiederauflage jener selbstanklägerischen These, daß die Deutschen zur Freiheit nicht fähig seien. Das Verschwinden der Freiheitsdimension hinter der Verwaltung des Gemeinwesens ist ein westliches und nicht nur deutsches Erbe. Meine Frage zielt in die andere Richtung: Wie entsteht das europäische Freiheitsverständnis, welche Konnotationen hat es in Deutschland, und was unterscheidet es beispielsweise von dem in den Vereinigten Staaten?

Unser modernes Denken ruht auf historischen Tiefendimensionen. Wenn wir heute über Freiheit, Politik, Macht sprechen, denken wir vor und mit dem Hintergrund der langen Geschichte dieser Ideen, Vorstellungen und Begriffe. Es handelt sich um ein Erbe, in dem verschiedenartige Traditionen, Legitimationssprachen und Paradigmen fortwirken, ohne die die Begriffe nicht zu verstehen sind und die die Begriffe immer wieder verändert haben.[6] Das Erbe wirkt selbst dann «unter der Haut» fort, wenn es nicht angetreten oder negiert wird. Es wird zu verschiedenen Zeiten unterschiedlich rezipiert, ja, es wird auch «gemacht», produziert. Es ist also im folgenden von Fiktionen wie von Realitäten die Rede.

Historisch gehört zum Erbe, daß Freiheit zunächst auf das Außenverhältnis der politischen Machtfigurationen bezogen war. Vor der Aufklärung gab es keine Vorstellung von individueller oder gar von staatsbürgerlicher Freiheit. Niccolò Machiavelli, einer der politischen Vordenker der Moderne Anfang des 16. Jahrhunderts, setzte Freiheit mit der Befreiung, Unabhängigkeit und Stabilität des Stadtstaates Florenz gleich. Zu einer Zeit, in der die Zentralisierung der staatlichen Gewalt und die Herausbildung des modernen europäischen Nationalstaats erst in den Anfängen steckte, wäre es unvorstellbar gewesen, ein Konzept der Freiheit auf die Idee der Volkssouveränität zu gründen. Wo das staatliche Überleben der italienischen Stadtstaaten grundsätzlich in Frage stand, ging es vor allem um Unabhängigkeit nach außen und Stabilität und Kontinuität nach innen. In der humanistischen Vorstellungswelt eines Niccolò Machiavelli fußte die Vorstellung vom Menschen darauf, daß er Teil einer Gesamtschöpfung sei, die ihm von Natur aus weder einen guten noch einen bösen Charakter verliehen habe. Daher bedürfe er entschiedener politischer Lenkung und Leitung.[7] Es gibt gleichwohl eine Vorstellung vom Bürger als Individuum, aber sie ist nicht an die Vorstellung sozialer Gleichheit geknüpft. Das spätere kontinental-europäische, entscheidend vom französi-

6 Vgl. David Boucher: Texts in context. Revisionist methods for studying the history of ideas, Dordrecht, Boston 1985, S. 155

7 Vgl. Machiavelli: Discorsi, in: ders.: Politische Schriften, hg. von Herfried Münkler, Frankfurt/M. 1990, S. 178ff; vgl. auch John G. A. Pocock: The Machavellian Moment, Princeton 1975, S. 183ff

schen Denken beeinflußte Konzept der Freiheit ist an die Subjekthaftigkeit des Menschenbilds und an die Vorstellung der natürlichen Gleichheit gekoppelt. Voraussetzung für diese Individualisierung war der Siegeszug des naturwissenschaftlichen, von der Mathematik und der Mechanik geprägten Denkens. Descartes' Diktum: *Cogito ergo sum* (Ich denke, also bin ich) enthält *in nuce* den freiheitlichen Entwurf der Neuzeit: Der Mensch entwirft denkend sich selbst, seine Umgebung und die Welt.[8]

Dieses auf das philosophische, naturwissenschaftliche Erkennen der Außenwelt gerichtete neue Denken, das zunächst in Theologen- und Gelehrtenkreisen für Aufsehen sorgte, zog mit so namhaften Denkern wie Voltaire, Condorcet, Montesquieu, Diderot und Rousseau immer weitere Kreise. In seinem Gefolge veränderte sich alles: das Zusammenleben, die Auffassung von Liebe und Tod, die Kultur, die Politik, die Ökonomie. Die Vorstellung des Individuums als autonome Person, als Persönlichkeit, hat hier ihren Ursprung. Mit Descartes' «Entdeckung» werden Kultur und Politik des Abendlandes in einer unvorstellbaren Weise revolutioniert. Das metaphysisch-theologische Weltbild wird quasi von innen ausgehöhlt; tradierte Vorstellungen von der weltlichen Ordnung werden brüchig. Der Raum, den Descartes mit seinem «Discours de la méthode» 1637 öffnete oder besser gesagt: dem er einen Ausdruck gab, erweiterte sich über anderthalb Jahrhunderte hin, ehe er in der Revolution von 1789 in der Politik ankam.

Es sind mehrere sich überschneidende und miteinander kommunizierende Ebenen von Freiheit, die sich von der Frühaufklärung her entwickeln:

8 Vgl. Richard Münch: Die Kultur der Moderne, 2 Bde., Bd. 2, Frankfurt/M. 1986, S. 537f

▷ Die Verlagerung der Freiheitsverfassung von außen nach innen; *Freiheit von…* Fremdherrschaft, Okkupation erscheint nun als *Freiheit zu…* einer politischen Ordnung neuen Zuschnitts. Nicht die Existenz oder der Fortbestand einer Herrschaftsordnung schlechthin sind wichtig, sondern die Begründung einer Ordnung der Freiheit.

▷ Der Einfluß des naturwissenschaftlichen, philosophischen und literarischen Denkens auf die Individualisierung (und *vice versa*), der enorme Einfluß der Kategorie der Willensfreiheit auf die Konzeption von individueller Freiheit ebnet der Vorstellung von der autonomen Persönlichkeit, vom Staatsbürger, vom *citizen* oder *citoyen* den Weg.

▷ Politische Freiheit hat ihren Ursprung in der Sicherheit der Person und des Lebens, insofern diese die Voraussetzung für ein friedliches Zusammenleben von Menschen unterschiedlichen Interesses ist. In den politischen Theorien des 16. und 17. Jahrhunderts steht der Schutz des Lebens im Vordergrund. Dies gilt für den vom englischen Bürgerkrieg geschädigten Thomas Hobbes ebenso wie für seinen Kritiker John Locke und für den Deutschen Samuel von Pufendorf. Da die Vorstellung von der Person nie nur das Individuum, sondern immer auch dessen Eigentum meint, das erst die Persönlichkeit begründet, ist politische Freiheit in der Folge eng mit der wirtschaftlichen Freiheit verkoppelt. Freiheit impliziert damit nicht nur Kapitalakkumulation schlechthin, wie dies Marx später verkürzt behaupten wird, sondern immer auch die Kombination von Sicherheit und Eigentum oder *vice versa*.[9]

9 Auf den Unterschied zwischen Eigentum und Besitz hat Hannah Arendt in der Kritik an Marx hingewiesen. Arendt macht darauf aufmerksam, daß Eigentum historisch zunächst die Sicherheitszone, die

▷ Schon in den frühen Theorien (etwa bei Hugo Grotius) gibt es Vorstellungen von politischer Gleichheit der Bürger gegenüber dem Herrscher, dem Souverän. Diese Gleichheit setzt sich später um in die Theorie von der Gleichheit aller Bürger vor dem Gesetz; sie entpersonalisiert sich. Diese politische Gleichheit, die von Machiavelli, aber auch von den französischen Revolutionären mit Blick auf das Altertum festgestellt wird, unterscheidet sich von

▷ Freiheit als sozialer Gleichheit. Erstmals in der Französischen Revolution erscheint Freiheit als soziale Gleichheit, eine Maxime, die später von Karl Marx zum Grundgedanken seiner politischen Theorie erhoben wird, Ziel der Arbeiterbewegung wird und schließlich Eingang in die sogenannte «bürgerliche Politik» findet. Die Anerkennung des Anspruchs auf soziale Gleichheit wird zur Grundlage der Verfassungen des 20. Jahrhunderts; in Deutschland ist sie zur großen Lehre aus dem Fall der ersten Republik und dem Nationalsozialismus geworden.

▷ Die Bestimmung von Freiheit war verbunden mit der Vorstellung eines linearen, universal sich ausbreitenden Fortschritts. Freiheit sollte immer mehr werden. Parallel zu den naturwissenschaftlichen Entdeckungen, den Expeditionen in fremde Erdteile, der Unterwerfung (und Ausrottung) fremder Völker sollte Freiheit sich immer mehr ausdehnen.

«Aura» meint, die Menschen benötigen, um Abstand voneinander zu halten, Respekt zu wahren, einander nicht zu töten. Diese Aura wird durch den Landbesitz gewährleistet, jenes Stück Land, das der einzelne um sein Haus herum sein eigen nennt und von dem er sich ernährt; Besitz meint demgegenüber einmal das akkumulierte, vermehrte Eigentum und zum zweiten das, was über den persönlichen Verbrauch hinausgeht. So ist Besitz mehr an die moderne Ära gebunden, die mit der Allgegenwart und All-Tauschbarkeit des Geldes einsetzt. Vgl. Hannah Arendt: Vita Activa, München 1989, S. 57ff

▷ Freiheit wird als öffentliches Gut angesehen, dessen beste Form in öffentlicher Debatte, in These und Gegenthese diskutiert wird. Natürlich spielt hier die Verbreitung und Säkularisierung des Buchhandwerks eine große Rolle, aber auch die Kultur der öffentlichen und halböffentlichen Debatten (in Salon, Parlament und Klub).

▷ Das europäische Konzept von Freiheit war immer universal gemeint. So war mit Freiheit zugleich immer ihre «natürliche» Ausdehnung gemeint. Auf dieses Freiheitskonzept konnte sich noch der Imperator Napoleon berufen.

Äußere Freiheit – Innere Freiheit

Die Veränderung des Innen-Außen-Verhältnisses innerhalb der neu in Europa sich konstituierenden Nationalstaaten ist eine der Grundvoraussetzungen wie auch Folge dieser neuzeitlichen Dimension der Freiheit. Noch während sich einige Staaten (Frankreich, Spanien, die Niederlande, England) als Nationalstaaten allmählich konsolidierten, also genau jene Voraussetzung erfüllt wurde, an die Machiavelli noch gar nicht zu denken gewagt hatte (die Konstituierung des italienischen Nationalstaats kam erst nahezu 400 Jahre später), verlagerte sich die Dynamik dieser Staaten nach innen. Freiheit galt nicht mehr nur als Selbstbehauptung gegen ein anderes, konkurrierendes Herrscherhaus oder Staatsgebilde, bedeutete nicht mehr nur Unabhängigkeit und Selbständigkeit. Freiheit wurde mehr und mehr zu einer inneren Angelegenheit. Darauf beziehen sich die vielen Abhandlungen seit dem Beginn des 16. Jahrhunderts über den Naturzustand der Menschen, warum dieser unbefriedigend sei und in einen politisch verfaßten Zustand verwandelt werden müßte. Wie unterschiedlich etwa die Interpretation dieses Zustands auch sein mag (etwa bei Hobbes oder Montesquieu) und wie sehr er auch Metapher für die zeitgenössischen Bürgerkriege und Machtauseinandersetzungen ist, es bleibt doch festzuhalten, daß diese Verlagerung von außen nach innen eine Rechtfertigung brauchte. Diese Rechtfertigung lautete, daß der vorherige Zustand des Zusammenlebens lediglich ein Übergangszustand gewesen sein konnte.

Der Säkularisierungsprozeß, der mit der Reformation begonnen hatte und in den Naturwissenschaften, der Philosophie, Rechtstheorie und Literatur weiter voranschritt, beförderte ein Selbstbild der Gesellschaften, das weit über die Selbstwahrnehmung etwa der Höfe und des Adels hinausreichte. Die technischen und die mathematischen, die astronomischen und die physikalischen, die medizinischen und die psychologischen Entdeckungen hatten die alte Herrschaftsordnung und ihr Weltbild von innen her ausgehöhlt und ließen die Frage aufkommen, wie nun diese neuen Gesellschaften mit all ihrem Wissen sich selbst begreifen sollten.

Freiheit hieß nun Freiheit von der Herrschaft der Kirche und von unbegründeten weltlichen Herrschaftsansprüchen. Es genügte für weltliche Herrscher nicht mehr, sich auf göttliche Fügung oder Vorsehung zu berufen, wenn sie die Legitimität ihrer Herrschaft beweisen wollten. Infolge der immer tiefer greifenden Entzauberung der Welt entstanden überhaupt erst Vorstellungen von gesellschaftlichem Zusammenleben nach Maßgabe einer weltlichen (im Unterschied zur göttlichen) Ordnung. Nicht länger mehr war Gesellschaft ein Korpus, dessen oberster Herrscher zugleich ein Beauftragter Gottes war und daher der Menschen Zustimmung nicht bedurfte. Nicht länger mehr galt Unterordnung des Menschen unter eine Hierarchie als gottgewollt und unabänderlich. Der Platz Gottes und der Vorsehung mußte neu besetzt werden.

Dadurch entstand ein neuer Gestaltungsraum der Freiheit. In ihm veränderten sich das Bild des Menschen und das Bild der Gesellschaft von sich selbst. Man stellte sich das damals auch bildlich vor. So schrieb der Engländer John Locke, daß der Geist des Menschen bei Geburt und Kindesalter aus «leeren Räumen» bestünde, die es dann zu füllen gelte.[10] Aus Lockes Worten spricht auch das Staunen angesichts der Leere, die sich im Gewahrwerden des Verlusts der göttlichen Ordnung einstellt. Der Mensch, der vorher wie selbstverständlich ein «Gefäß Gottes» (Luther) war, erscheint nun als leerer Behälter, der auf einen neuen Inhalt wartet. Natürlich erweitert sich im Zuge dieser Denköffnungen auch der Handlungsraum des Menschen. Dieser neu gewonnene Raum wurde von den Zeitgenossen als Raum der Freiheit beschrieben. Die rationale Begründung von politischer Organisation folgt einerseits aus einer über Jahrhunderte währenden Debatte unter Gelehrten, andererseits erschien sie in politischen Bewegungen und Aufständen. Und sie war – *last but not least* – Folge eines gesellschaftlichen Entfaltungsprozesses, innerhalb dessen sich rationale Marktbeziehungen herausbildeten. Darauf hat Max Weber so eindrücklich verwiesen.[11] Norbert Elias hat diesen Prozeß als Vorgang der Verinnerlichung gesellschaftlicher Werte und Normen bis in die Tischsitten und Verdauungsriten hinein beschrieben.[12] So begann sich eine Vorstellung herauszubilden, in der Freiheit auf die politische Verfaßtheit der Gemeinwesen und auf die Konzeption des Menschen selbst hin gedacht wurde. Daraus entstanden später die modernen Verfassungsdebatten.

Diese Erweiterung der Binnensicht, die Entstehung von

10 Zit. nach Gottfried Küenzlen: Der neue Mensch. Zur säkularen Religionsgeschichte der Moderne, München 1994, S. 95

11 Vgl. Max Weber: Protestantische Ethik I. Eine Aufsatzsammlung, hg. von Johannes Winckelmann, Gütersloh 1991, S. 165 ff

12 Vgl. Norbert Elias: Prozeß der Zivilisation, 2 Bde., Frankfurt/M. 1977, Bd. 1, zweites Kapitel, S. 65 ff

Vorstellungen darüber, was ein gesellschaftliches Gebäude sei (immerhin gibt es den Gesellschaftsbegriff im heutigen Sinne erst seit der Entstehung der Soziologie im 19. Jahrhundert), ist nur möglich, weil sich das Bild des Menschen von sich selbst verändert.

Freiheit meinte im 17. und 18. Jahrhundert auch eine größere Bewegungsfreiheit des Individuums. Das ist einerseits wörtlich zu nehmen – man reiste mehr und trieb weiträumiger Handel – und verweist andererseits auf das sich erweiternde Weltbild. Allmählich wurden Menschen nicht nur als Sünder, Untertanen oder Sachen behandelt, die ins Jenseits, zu einem Dorf oder zu einem Herrscher gehörten. Die Vorstellung, daß jeder Mensch eine Individualität habe, war ähnlich revolutionär wie die Erkenntnis Galileis, daß die Erde sich um die Sonne dreht.

Freiheit und Gleichheit

Einer der Vordenker dieser Subjektivierung des Menschen war Denis Diderot. Er hatte 1751 nach langjähriger Arbeit zusammen mit Voltaire und Rousseau, mit d'Alembert, Montesquieu, Turgot, Condorcet und anderen den ersten Band einer «Encyclopédie ou Dictionnaire raisonné des sciences, des arts et des metiers» erarbeitet und herausgegeben. Bis 1780 erschienen 35 Bände. Was in ihnen geschrieben stand, repräsentierte das Wissen der Zeit. Und es war öffentlich; jedermann, der die Sprache der Gelehrten lesen konnte, konnte sich dieses Wissen aneignen. Die Welt war hier als Wissen präsentiert. Die Enzyklopädie – ein Buch, das den Geist der Zeit in Worten und Gedanken faßte. Das unterschied sie etwa vom Wirken früherer Werke wie Descartes' «Discours de la méthode», das damals nur kleinen Kreisen bekannt werden konnte. Diderot und seine Kollegen faßten so nur zusammen, was unter Eingeweihten längst bekannt und kontrovers debattiert wurde – und schafften Öffentlichkeit.

Diderots Freiheitsbegriff ist auch in anderer Hinsicht revolutionär. Seit Beginn des modernen Nachdenkens über gesellschaftliches Zusammenleben hatten stets der Selbsterhaltungstrieb und das Interesse im Mittelpunkt der Erörterungen über gesellschaftliche Ordnung gestanden. Die großen Fragen, die Hobbes, Locke, Montesquieu und viele andere debattierten, hatten gelautet: Wie kommt überhaupt Gesellschaft zustande? Warum muß sie gegründet werden? Wie vollzieht sich der Übergang von Nicht-Gesellschaft (Natur) zu Gesellschaft? Warum sollen Menschen (Ritter, Landadelige, Vermögenshalter) sich in eine Bindung begeben, die sie auch einschränkt? Bei Hobbes schließen sich die Menschen aus Furcht vor dem Tod zusammen, bei Locke aus Vernunft und weil die Schwächen des Naturzustands dies nahelegen. Die verschiedenen Motive lassen sich auf einen Begriff bringen: Menschen haben ein ureigenes Interesse an der Gründung von geregelten Lebenszusammenhängen und Kommunikationswegen, da sie nicht in der Lage sind, diese Bereiche individuell (bzw. privat) zu regeln.

Diderot hingegen zielt auf das neue Menschenbild und fragt: Wie ist der Mensch beschaffen, der dieses Interesse hervorbringt? Seine Antwort lautet: Der Mensch hat einen Willen. Im Mittelpunkt seines Freiheitsbegriffs steht der individuelle Wille. Freiheit wird so zur Willensfreiheit.

Welchen Durchbruch dies für das Denken und den gesellschaftlichen Umgang bedeutete, kann nur ermessen, wer berücksichtigt, daß noch hundertfünfzig Jahre zuvor, im Zeitalter des Christentums, der Inquisition und der personalen Herrschaft von Gottes Gnaden, der individuelle Wille unbekannt war oder als sündig, weil widerständig angesehen worden war – wie überhaupt die Vorstellung von einem autonomen Individuum ketzerisch erschien.

Nicht zufällig bezieht Diderot Willensfreiheit auf Geist *und* Körper. Der Durchbruch zum neuen Weltbild war von den Naturwissenschaften und der Mechanik geleistet worden. Es schien folgerichtig, den Sitz der Freiheit auch ins Gehirn zu verlegen. Freiheit des Willens und Wille zur Freiheit werden nun sowohl zur Sache des Denkens als auch der physischen und psychischen Ökonomie des Körpers erklärt. Sie ist Sache des Gehirns, des Körpers und der Seele. Indem Freiheit quasi zu einer naturwissenschaftlichen Tatsache erhoben und damit den natürlichen, bei der Geburt des Menschen mitgegebenen Eigenschaften zugeschlagen wird, wird sie der willkürlichen politischen Herrschaft, die auf Einschränkung, Unterordnung und Hierarchie drängt, entzogen.

Im Unterschied zu den Materialisten seiner Zeit, die das Freiheitsbestreben von der Gesundheit des Gehirns abhängig machten, gehört für Diderot zu den unverzichtbaren Bedingungen der Freiheit, daß sie auch innerstes Seelenbedürfnis ist. «Freiheit ist die Gesundheit der Seele (und nicht nur des Gehirns – AG)», schreibt Diderot.[13] Indem er – anders als seine materialistischen Zeitgenossen – den Körper nicht auf ein mechanisches Regelwerk reduziert, öffnet er den Zugang zu einer symbolischen Dimension der Freiheit. Denn die Seele ist zwar im Körper beheimatet, aber sie ist doch zugleich mehr als das Organische.

Diderot argumentiert mit einem Kreismodell: Die Vorstellung von der Freiheit legitimiert die Existenz des Menschen ohne Gott in der Welt, wie umgekehrt erst Willensfreiheit den Menschen zum Menschen macht. Seine Willensfreiheit emanzipiert ihn von der Vorsehung Gottes und den anderen dunklen Banden der Fatalität. Diderots Freiheit ist die des

13 Denis Diderot: Artikel «Freiheit», in: ders.: Enzyklopädie. Philosophische Texte aus der «Encyclopédie», mit einem Vorwort von Ralph-Rainer Wuthenow, München 1969, S. 270

einzelnen Menschen, des Ich, das sich aus den Verpuppungen traditioneller Bindungen allmählich herausschält und zu einem eigenen Willen findet.

Gegen die Anhänger der Lehre, daß alles menschliche und gesellschaftliche Leben der Vorsehung unterliege, wettert Diderot: «Hebt die *Freiheit* auf, so ist die ganze menschliche Natur auf den Kopf gestellt, und es gibt dann in der menschlichen Gesellschaft keine Spur von Ordnung mehr. Wenn eine unvermeidliche und unüberwindliche Notwendigkeit uns zwingt, all das zu wollen, was wir wollen, so ist unser Wille nicht mehr verantwortlich für unser Wollen, ebensowenig wie die Triebkräfte einer Maschine für die Bewegung, die ihr aufgezwungen ist.»[14] Wie eine Paraphrase auf den Totalitarismus liest sich heute, zu welchen Schlußfolgerungen Diderot im Streit mit den Anhängern der Vorsehungslehre gelangt: «Der Zusammenbruch der Freiheit wirft zugleich alle Ordnung und Gesittung um, vermengt Laster und Tugend, berechtigt zu jeder abscheulichen Schandtat, löscht alles Schamgefühl und alle Reue aus, erniedrigt und schändet rettungslos die ganze Menschheit. Eine so ungeheuerliche Lehre sollte nicht in der Schule geprüft, sondern vom Gericht bestraft werden.»[15]

Uns interessieren hier weniger die Gegner Diderots, die jenen vergangenen Horizont der gottgewollten Herrschaftsordnung verteidigten. Hier interessiert mehr die fast schon beschwörend anmutende Annahme, daß Freiheit von Natur aus gegeben sei. Die Natur «will» es so oder, wie Diderot es ausdrückt, Freiheit habe «doch alle Merkmale einer primären Wahrheit»[16]. Diderot meint damit,

– daß diese natürliche Freiheit auch im gesellschaftlichen Zustand anerkannt werden müsse,

14 Diderot, a. a. O., S. 277
15 Diderot, a. a. O., S. 178
16 Diderot, a. a. O., S. 174

– daß sie mit Willensfreiheit gleichzusetzen sei und
– daß die Gesellschaft eine aus dem freien Willen (Wollen) der vielen einzelnen zustande kommende soziale Ordnung sein solle.

Nur durch die Willensfreiheit des einzelnen, sagt Diderot, sind die Menschen imstande, sich selber zu lenken, als einzelne und als Gesellschaft: «Wir sind Herr im eigenen Haus – nicht wie Gott in der Welt, sondern wie ein weiser Fürst in seinen Staaten oder wie ein guter Familienvater in seinem Heim.»[17]

Hier taucht auch jene vorhin erwähnte Dimension der natürlichen Gleichheit auf: Indem alle über freien Willen verfügen, werden auch alle vergleichbar. «Darin liegt natürlich auch der Grund für die Attraktivität des Begriffs», schreibt Ernest Gellner. «Die in ihm enthaltene Theorie löst das Begründungsproblem. Einer Welt ohne Glauben an die transzendente Grundlage von Werten scheint der menschliche Wille ein natürliches, plausibles, vielleicht sogar der einzige geeignete Erbe. Was könnte denn außer unserer Zustimmung gesellschaftliche Einrichtungen rechtfertigen? ‹Demokratie› konnte dann als Name für die einzige plausible Grundlage gesellschaftlicher Macht angesehen werden.»[18]

Diderot freilich dachte nicht in Richtung Demokratie. Man wird in seiner Abhandlung über die Freiheit vergeblich nach Vorstellungen über die politische Verfassung der Gesellschaft suchen. Man wird daher auch keine Vorstellung von politischer Freiheit finden. Aus Diderots Denken ergibt sich nur eine Vorstellung von Gesellschaft als Konglomerat der vielen einzelnen, die sich zusammenfinden, weil sie das wol-

17 Diderot, a. a. O., S. 284

18 Ernest Gellner: Bedingungen der Freiheit. Die Zivilgesellschaft und ihre Rivalen, Stuttgart 1995, S. 194

len und weil sie von Natur aus der Vernunft und der Freiheit folgen, aber kein Konzept der Verfassung. Die Frage bleibt, wie der Raum ausgestaltet wird, der durch die vielen einzelnen Willen gebildet wird.

Diderot war hier aus zwei Gründen so wichtig: weil er das freie, willens- und entscheidungsfähige Subjekt begründet, von dem nun alle Erörterungen über politische Freiheit ausgehen, und weil seine Vorstellung von Freiheit Folgen für das Verständnis von politischer Freiheit als Freiheit des kollektiven Willens (Rousseau) hat. Schließlich enthält Diderots Beschreibung auch die Verbindung von Freiheit und Gleichheit, die so zentral für die Bestimmung von politischer Freiheit wird. Wenn alle Menschen freien Willen haben, dann sind alle Menschen gleich. Die moderne Vorstellung von Freiheit ist immer auch mit der Vorstellung von Gleichheit gekoppelt:

▷ Gleichheit gehört zu den natürlichen Ausgangsbedingungen (alle sind frei geboren). Im Naturzustand ist Freiheit selbstverständliches Attribut menschlicher Existenz.

▷ Der individuelle freie Wille schafft Gleichheit auch im gesellschaftlichen Zustand: alle verfügen über freien Willen. Hieraus entsteht dann die Vorstellung der Gleichheit aller vor dem Gesetz. Denn wenn alle Individuen gleich sind in ihren Willen, dann kann nicht der eine (Herrscher-)Wille gegen sie gesetzt werden. Es bedarf einer «höheren», das heißt abstrakten, nichtpersonalen Instanz. Diese Instanz ist das Gesetz – oder das Gesetzeswerk.

▷ Schließlich folgt die mit dem 19. Jahrhundert und der aufkommenden Massengesellschaft entwickelte Vorstellung von der Einheit von formaler und sozialer Gleichheit, die dann in die sozialen Bewegungen und Ideologien des 19. Jahrhunderts eingeht.

Freiheit, Besitz und Fortschritt

Liberale und konservative Theoretiker sind sich darin einig, daß Freiheit und Sicherheit zusammengehören. Sicherheit ist Voraussetzung für Stabilität der Lebensbedingungen. Sie ist gleichbedeutend mit Freiheit von Bedrohung, Instabilität, Unsicherheit, Unwägbarkeiten. In der Geschichte des Freiheitsbegriffs geht es nicht nur um die Erschließung neuer Räume, sondern auch um die Bewahrung überschaubarer Verhältnisse. Ob man nun wie Pufendorf die Notwendigkeit von Sicherheit aus der Not der «Nacktheit und Verkommenheit» im ungewissen Naturzustand ableitet oder gelassen wie Montesquieu formuliert: «Die politische Freiheit des Bürgers ist jene Ruhe des Gemüts, die aus dem Vertrauen erwächst, das ein jeder zu seiner Sicherheit hat»[19], Sicherheit wird zur unabdingbaren Voraussetzung für die Verfassung der Freiheit. Sicherheit meint immer die Sicherheit der Person und des Eigentums zugleich. Hier liegt einer der großen Unterschiede in der Freiheitsbestimmung der Antike und der Neuzeit. Aristoteles ging davon aus, daß der Bürger ohne Sorgen und Nöte sein muß (also wohlhabend), damit er freie Politik betreiben kann. Die Vorstellung, daß sich die Politik mit Eigentums- und Sicherheitsgarantien befassen solle, wäre seinem Denken als widersinnig erschienen. In der Neuzeit entwickelt sich politisches, freiheitliches Denken hingegen rund um die Frage, wie die an Zahl immer mehr zunehmenden Bürger als Eigentümer geschützt werden können.

Die enge Koppelung von Freiheit, Sicherheit und Eigentum meinte: Sicherheit durch staatlichen Schutz und durch Gesetze für das freie geschäftliche Wirken des freien Kaufmanns. Damit war aber auch der Zweck des Staates bzw. des

19 Montesquieu: Vom Geist der Gesetze, 2 Bde., hg. von Ernst Forsthoff, Tübingen 1992, Bd. 1, S. 215

menschlichen Zusammenlebens verändert worden: «Der Sitz der Tugend verschob sich eindeutig von der bürgerlichen (civic) zur zivilen (civil) Sphäre und somit vom Politischen und Militärischen hin zu jener Mischung des Ökonomischen, Kulturellen und Moralischen, die wir gemeinhin das Soziale nennen.»[20] Dies konnte nur geschehen, nachdem die starre, auf Adel und Militär gründende politische Ordnung erweitert wurde. Nicht mehr nur «Stand» zählte, sondern das Geschäft wurde zur Ehrenhaftigkeit erhoben. Handel und Manufaktur veränderten die Gesellschaft; sie veränderten die Sitten und Gebräuche, die Lebensweisen, die Kommunikation, das Denken. So mußte alles neu geregelt werden, durch die Kunst der Gesetze.

Dies ist das liberale Paradigma. Man findet es in den Schriften vieler Moralphilosophen und Juristen aus dem 17. und 18. Jahrhundert, bei John Locke ebenso wie bei Thomas Hobbes, bei Charles de Montesquieu ebenso wie bei David Hume oder später bei Adam Smith oder David Ricardo.[21] «Das politische Bild des Menschen wurde abgelöst von einer Vorstellung des Menschen und der Politik, die von der Sphäre des Sozialen und der geschäftlichen Transaktionen getragen war.»[22] Freiheit war nun sowohl die freie Bewegung und der freie Wille des Individuums als auch die freie Bewegung der Geschäfte, die durch Gesetz und Autorität geschützt waren. Der Raum der Freiheit war größer geworden, aber auch unübersichtlicher. War damit die Lehre des Aristoteles in den

20 John G. A. Pocock: Die Schule von Cambridge und die schottischen Philosophen. Zum Verhältnis der bürgerlich-humanistischen und der zivilrechtlichen Interpretation des sozialen Denkens des 18. Jahrhunderts, in: ders.: Die andere Bürgergesellschaft. Zur Dialektik von Tugend und Korruption, Frankfurt/M., New York und Paris 1993, S. 168

21 Vgl. Pocock, a. a. O., S. 169

22 Pocock, a. a. O., S. 172

Raum jener unwirklichen Utopien verbannt, wie etwa Campanellas «Sonnenstaat» oder Fouriers «Finistère» oder Thomas Morus' «Utopia»?[23]

Die Spannung zwischen der Sicherheits- bzw. Eigentumsbindung und der Willensbindung wird den Diskurs über Freiheit durch die Jahrhunderte begleiten. Dennoch reduziert es die Komplexität dieser Spannung unzulässig, wenn wohlmeinende Kritiker behaupten, Freiheit sei im Zuge der Aufklärung zum Recht des einzelnen geworden, andere von seinem Eigentum auszugrenzen.[24] Diese in der marxistischen Theorie dann in der Forderung nach Abschaffung des Besitzes an Produktionsmitteln gipfelnde These setzt zum einen den Besitz an die Stelle von Eigentum; zum anderen vernachlässigt sie, daß auch durch Eigentum menschliche Beziehungen gestiftet werden, nicht nur durch Besitz. Richtig ist jedoch, daß sich jene auf Eigentum basierende Freiheitsvorstellung aufgrund der Entstehung von Geld- und Kapitalbesitz derartig verändert, daß sie im 19. Jahrhundert eine Art Gegenbewegung hervorruft. Quasi in Reaktion auf die Erfahrung, daß Freiheit für den einzelnen in der Realität eben nicht allgemein verfügbar oder erwerbbar ist, entsteht die Forderung nach politischer Freiheit auf der Grundlage von sozialer Gleichheit. Dies wird durch die Zentralisierung und Monopolisierung von (Kapital-)Besitz noch verstärkt und kann durch die egalisierende Wirkung der Gesetze nicht mehr ausgeglichen werden. Dieses neue, das 19. und 20. Jahrhundert prägende Paradigma ist

23 Um Mißverständnissen vorzubeugen: Es geht hier nicht um die Klage über den Verlust des antiken Freiheitsverständnisses, das ohnehin an den überschaubaren Raum von ein paar tausend Menschen gebunden war und gar nicht auf moderne Gesellschaften übertragbar ist. Allenfalls geht es um eine Dimension dieser antiken Freiheit, daß nämlich das öffentliche Räsonieren über die Verfassung der Freiheit nicht von sozialen Nöten und Bedürfnissen unmöglich gemacht werden sollte.

24 Rudolf zur Lippe: Freiheit die wir meinen, Reinbek 1991, S. 151

jedoch nicht nur eine Folge der gravierenden Unterschiede in der Besitzverteilung, die sich im Laufe der Industrialisierung immer mehr vergrößern. Denn die sozialen Bewegungen des 19. Jahrhunderts, die sozialistische Arbeiterbewegung und ihre Wortführer Ferdinand Lassalle, Karl Marx, Friedrich Engels und August Bebel sind ja nicht nur Kinder des Industriezeitalters, sondern auch der Aufklärung. Sie sind vom Erbe eines Freiheitsverständnisses als einer «Politik des Willens» (François Furet) ebenso geprägt wie vom Mitleiden mit den verarmten Arbeitermassen.

Zum ersten Mal kommt dieses Verständnis von Freiheit als sozialer Gleichheit in der Französischen Revolution zum Tragen. Von dem berühmten Dreieck «Freiheit, Gleichheit, Brüderlichkeit» haben die ersten beiden Paradigmen überlebt und sind eine Symbiose eingegangen. Zum bedeutendsten Inhalt von Freiheit wurde in der nachfolgenden Zeit formale *und* soziale Gleichheit. Die Auswirkungen dieser Verschiebung des Freiheitsbegriffs auf die Gesellschaften des 20. Jahrhunderts bezeichnet François Furet als «zwanghafte Vision der Gleichheit».[25]

Eine Begleiterscheinung der Verbindung von Freiheit und Gleichheit war freilich auch die Vorstellung, daß Freiheit, zumindest ihre politische Dimension, öffentlich stattfinde. Diese Dimension ist im französischen Denken besonders ausgeprägt. Die große französische Enzyklopädie ist nicht denkbar ohne das Selbstverständnis der daran beteiligten Denker und Wissenschaftler, daß sie der Öffentlichkeit, der Gesellschaft, ja der Welt etwas mitzuteilen hätten. Freiheit als öffentliches Ereignis meint eine Debattierkultur, die in *city halls* und in Zeitungen, in Parlamenten oder in Klubs und Zirkeln stattfindet. Das französische Freiheits- und

25 Vgl. François Furet: Das Ende der Illusion. Der Kommunismus im 20. Jahrhundert, Paris 1995, s. 23

Politikverständnis ist ohne die öffentlich geführte Rede und Rhetorik, ohne die Tradition der politischen Klubs und Zirkel nicht denkbar. Die Französische Revolution wurde in den Pariser Intellektuellen-Klubs intellektuell vorbereitet. Die Verlagerung der politischen Debatten aus dem Arkanum der königlichen Kabinettspolitik in die Öffentlichkeit der Pariser Gesellschaft prägte nachhaltig das Selbstverständnis der Gesellschaft und vertiefte jenen Dualismus zwischen Gesellschaft (Öffentlichkeit) und Staat (Arkanum der Staatsgeheimnisse), der für das bürgerliche Zeitalter bestimmend wird.

Verzahnt mit dem neuen Öffentlichkeitsverständnis wurde Freiheit nun auch zu einem Ausdruck des Fortschritts. Die Koppelung der Idee der Freiheit an die des Fortschritts ist vor allem dem Marquis de Condorcet zu verdanken. Er setzte damit ein Bild von Gesellschaft frei, das mit einer bis dahin nicht gekannten Dynamik verbunden war. Fortschritt war eingebettet in ein Verständnis von menschlicher Geschichte, die sich, von immer neuen Erkenntnissen getrieben, vorwärtsbewegte. Freiheit war einerseits der neu gewonnene Raum, in dem Geschichte fortschritt, andererseits war sie der Raum des Menschen, in dem die Befreiung von alten Fesseln stattfand. So eng verband Condorcet den Fortschritt der Natur mit dem der Freiheit, daß er glaubte zeigen zu können, «durch welche Bande die Natur den Fortschritt der Aufklärung mit dem der Freiheit, der Tugend, der Achtung vor den natürlichen Rechten des Menschen unaufhaltsam verknüpft hat».[26] Freiheit in dieser Einbettung in den Lauf des Fortschritts meinte: Je mehr die Geschichte fortschritt, desto

26 Condorcet, Antoine: Entwurf einer historischen Darstellung des Fortschritts des menschlichen Geistes, hg. von Wilhelm Alff, Frankfurt/M. 1963, S. 36f; zitiert nach Küenzlen: Der neue Mensch, a.a.O., S. 104

mehr Freiheit werde sein. Die Vorstellung, daß Geschichte eine aufsteigende Entwicklungslinie sei, die von Fortschritten der Wissenschaften und der Menschen vorwärtsgetrieben werde, diese Vorstellung machte Freiheit zur automatischen Folge des Fortschritts. Freiheit wurde hier also nicht mehr als vorhandener Raum bestimmt, den es zu gestalten gelte, sondern als sich ständig erweiternder Raum, dessen Dimensionen sich quasi im Selbstlauf immer mehr vergrößerten. Verstärkend wirkte die Vorstellung, daß dieser Prozeß auf Universalität angelegt sei, daß Freiheit ein von der Natur angelegtes Gut sei, das sich universal ausbreite. Gerade weil die Aufklärer die Natur als Ursprung ideeller Güter (wie der Freiheit) entdeckten, lag die Universalität der Freiheit nahe. Denn wenn Freiheit in Natur eingebettet war, dann war auch sie allumfassend, eben universal.

Dieses Konzept von Gesellschaft als in Natur- und Menschengeschichte eingebettet, als eine zu immer größerer Vervollkommnung aufsteigende Entwicklungslinie wurde später in der Französischen Revolution aufgegriffen. Der deutsche Philosoph Georg Wilhelm Friedrich Hegel verdichtete es zu einem geschichtsphilosophischen und ästhetischen System. Karl Marx wollte es «vom Kopf auf die Füße stellen», indem er der Geschichte ein anderes Ziel gab: die Befreiung des unterdrückten Proletariats.

Freiheit ist Können statt Wollen: Montesquieu

Diderots Artikel über die Freiheit und Condorcets Vorstellungen über den Fortschritt dokumentieren einen Paradigmenwechsel des modernen Denkens und des Verständnisses von Politik und Herrschaft in doppeltem Sinne. Die Gleichsetzung von Fortschritt, Willen und Freiheit wird zum «schwarzen Erbe» der Aufklärung, insofern sie Freiheit auch als Ergebnis des Willens ansieht.[27] Politik des Fortschritts als Politik des Willens ist jenes Verständnis gesellschaftlicher Beziehungen und Kommunikation, das davon ausgeht, daß Gesellschaft «gemacht», «produziert» wird. Sie fußt auf einem Gesellschaftsparadigma, das sich aus der Mechanik herleitet und gesellschaftliche Zusammenhänge als Regelwerke (oder als ein Regelwerk) betrachtet. Dem Gesellschaftsbild liegt ein Menschenbild zugrunde, das auch den Menschen als der Mechanik nachempfundenen Organismus begreift. Ein mechanisches Regelwerk aber kann «eingestellt», manipuliert werden; ihm können verschiedene Geschwindigkeiten zugeordnet und Ziele gesetzt werden. Der Mensch selbst kann als Maschinenersatz begriffen werden. Von hier lassen sich Verbindungslinien zum Politikverständnis der Jakobiner, zur Grande Terreur und zum Konzept der Gesellschaft als Erziehungsdiktatur ziehen.

Armer Condorcet, armer Diderot; sie wären zutiefst erschrocken, wenn sie gewußt hätten, daß ihnen nun die ganze nachfolgende Geschichte aufgebürdet werden soll. Sie sprechen freilich nur aus, was die Zeitgenossen denken und was die Wissenschaft sie glauben macht, deren Vertreter sie sind. Ihr Freiheitsbegriff ist ein anschauliches Beispiel für die ambi-

27 Darauf verweist zur Lippe, a.a.O., S. 39; das ist auch das Thema von Dick Howard, der anmerkt, welche verheerenden Folgen das für das Verstehen von Politik hat (vgl. Dick Howard: Zur Politik der Urteilskraft, in: Antonia Grunenberg und Lothar Probst (Hg.): Einschnitte. Hannah Arendts politisches Denken heute, Bremen 1995, S. 67 ff). Welche Konsequenzen die bedeutende Rolle des Willens für die moderne Politik hat, unterstreicht vor allem auch François Furet, wenn er schreibt, daß diese «Erfindung» der Französischen Revolution «veranschaulicht, ja garantiert..., daß die Menschen sich ihrer Vergangenheiten entledigen können, um sich eine neue Gesellschaft zu ersinnen und aufzubauen.» (François Furet: Das Ende der Illusion, a.a.O., S. 49)

valenten Folgen der Säkularisierung und der Ausbreitung der Wissenschaften: Einerseits fußt Diderots Freiheitsbegriff auf der Loslösung des politischen Denkens vom religiösen Glauben. Denker wie Descartes, Voltaire, Condorcet und Diderot vermitteln radikale Anti-Religion. Andererseits gehen sie neue erkenntnistheoretische Abhängigkeiten ein, deren Auswirkungen sie nicht überblicken können. Indessen ist die Aufklärung in Schutz zu nehmen vor der einseitigen Kritik, mit der ihre Denker als Verursacher eines neuen, modernen Sündenfalls angeprangert werden.[28] Das Erbe der Aufklärung ist mehrdeutig, nicht eindeutig.

Dies wird deutlich an jener anderen, zweiten Linie der Aufklärung, die mit Montesquieus politischem Denken verbunden ist. Montesquieu, Mitverfasser der großen Enzyklopädie, fand zu einem explizit politischen Begriff der Freiheit, der dem der Willensfreiheit diametral entgegensteht. Bei ihm finden sich Spuren jenes antiken Begriffs von Freiheit: Freiheit als Vermögen der Bürger. Montesquieu hatte sein berühmtestes Werk «L'esprit des lois» 1748 veröffentlicht, nur wenige Jahre vor Erscheinen der Enzyklopädie. Wenn Diderot die individualistische und rationalistische Linie der Aufklärung repräsentierte, so stand Montesquieu für ihre auf Zivilität und Relativität ausgerichtete Linie. Seine Erörterungen über das Verstehen, die Gestalt und den Gebrauch der Freiheit, die vor allem im ersten Band seines «Esprit des Lois» enthalten sind, gehen von der Relativität und Funktionalität der Freiheit aus. Diese kann, so Montesquieu, in verschiedenen Regierungssystemen verschieden bestimmt und eingesetzt werden bis hin zur Bemäntelung des Unrechts.[29] Freiheit ist ihm also kein normativer Substanzbegriff.

28 Zur Ambivalenz des Erbes der Aufklärung vgl. auch Hartmut und Gernot Böhme: Das Andere der Vernunft, Frankfurt/M. 1985

29 Vgl. Montesquieu: Vom Geist der Gesetze, Bd. 1, a.a.O., S. 211 f

Montesquieu geht von der Existenz zweier Dispositionen zur Freiheit aus, der individuellen – die er relativ kurz und schmucklos definiert – und der zivilen, auf die er sein ganzes Werk verwendet. Freiheit des einzelnen sei, «das tun zu können, was man wollen darf, und nicht gezwungen zu sein, zu tun, was man nicht wollen darf.»[30] Freiheit ist Handeln im Rahmen der Gesetze. Anders als bei Diderot oder bei Hegel wird hier der Wille des Subjekts weder empirisch noch metaphysisch verabsolutiert. Freiheit hat, wie bei allen politischen Denkern, eine Grundvoraussetzung: sie ist an Sicherheit gebunden.[31] Freiheit meint die Sicherheit, sich auf die Gesetze verlassen und danach handeln zu können.

Der relativ kargen Ausstattung des individuellen Freiheitsbegriffs entspricht eine um so ausgefaltetere Bestimmung des politischen Gemeinwesens. Für unseren Zusammenhang wichtig ist, daß Montesquieu durch seine Erörterungen hindurch einer Grundannahme folgt: Gesellschaften – wie auch Bürger – müssen in einem Zustand des Gleichgewichts leben, um auf Dauer bestandsfähig zu sein. So erhebt Montesquieu auch bei der Verfassungskonstruktion die Balance zum Grundprinzip. Dies findet sich in seiner Lehre von der Gewaltenteilung ebenso wieder wie in seinen Gedanken zu einzelnen Regierungsformen. Die verschiedenen Kräfte in der Gesellschaft müssen gegeneinander so verschränkt werden, daß sie sich gegenseitig daran hindern, auszuufern. Seine Idee, daß man die drei politischen Gewalten (die legislative, die judikative und die exekutive) in ein Verhältnis setzt, in dem diese sich nicht blockieren, aber auch nicht dominieren können, ist bis heute Grundlage demokratischer Verfassungen.

Ausdrücklich hebt Montesquieu hervor, daß dies nun kein

30 Montesquieu, a. a. O., S. 213
31 Vgl. Montesquieu, a. a. O., S. 258

statisches, sondern ein dynamisches Modell sein solle, in dem die drei Gewalten ständig von neuem in Beziehung zu treten gezwungen seien: «Aber da sie durch die notwendige Bewegung der Dinge gezwungen sind, fortzuschreiten, werden sie genötigt sein, dies gemeinsam zu tun.»[32]

Das Prinzip der Balance hat Montesquieu den Naturwissenschaften entnommen. Er argumentiert genau entgegengesetzt zu den großen Subjektivisten: vor die Grenzenlosigkeit des freien Willens, dessen einziger Maßstab der Fortschritt ist, setzt er die Bedürftigkeit und das Interesse des Menschen, sich mit anderen, den anderen Gleichen, in Beziehung zu setzen. So wird schließlich seine Vorstellung von Freiheit zu der des Ausgleichs der Interessen innerhalb der Gesellschaft. Dieser Ausgleich geht in die Verfassung ein, aber er kann dies nur, weil er aufgrund der Bedürftigkeit in den Menschen selbst erforderlich ist. Hinter Montesquieus Freiheitstheorie verbirgt sich also das Gegenstück zum rationalistischen Menschenbild: Der Mensch ist nicht nur das autonome Subjekt des freien Willens, sondern ein bedürftiges Wesen, das angewiesen ist auf das Miteinander, auf die Abstimmung mit anderen. Es gilt also, Mäßigung zu organisieren, Temperamente zu zügeln, Leidenschaften zu bändigen, nicht, um einen Zustand des Stillstands herzustellen, sondern um das Ganze der menschlichen Beziehungen in Bewegung und Balance zu halten.

Mäßigung, Ausgleich, Bewegung: Montesquieus Begriffe sind dynamisch und relational zugleich. Ihre Bedeutung besteht in ihrer Zeitlosigkeit, welche nicht eine Gleichgültigkeit gegenüber den historisch unterschiedlichsten Verhältnissen ist, sondern die unterschiedlichen Formen auf immer wiederkehrende Beziehungen zwischen Menschen zurückführt. Montesquieus Denken atmet den Geist der barocken Musik.

32 Montesquieu, a. a. O., S. 226

Seine Theorie folgt dem Beispiel der Harmonielehre. Dem In-Beziehung-Setzen der Töne und Leittöne, der Akkorde, Leitmotive, Themen, Tonarten, der Harmonien und Disharmonien zueinander entspricht das Zusammenspiel menschlicher Beziehungen. Keiner kann absolut sein, weil jeder seine Relation zu anderen findet. Diese Relation ist nicht identisch; sie wird ständig in wechselnden Konstellationen neu geknüpft. Daraus aber ergibt sich Größeres und Kunstvolleres, als es einzelne vermögen herzustellen.

Mit Blick auf Montesquieu bemerkt Hannah Arendt: «Die politische Freiheit unterscheidet sich also von der philosophischen Freiheit dadurch, daß sie eindeutig eine Sache des Ich-kann und nicht des Ich-will ist. Da sie dem Bürger und nicht dem Menschen überhaupt zukommt, kann sie sich nur in Gemeinschaften zeigen, wo die vielen Zusammenlebenden in Wort und Tat miteinander verkehren, geregelt durch viele rapports – Gesetze, Sitten, Gebräuche und Ähnliches. Mit anderen Worten, die politische Freiheit ist nur möglich in der Sphäre der menschlichen Pluralität und unter der Voraussetzung, daß diese nicht bloß eine Erweiterung des dualen Ich-und-ich zu einem pluralen Wir ist.» [33]

Für das kontinentaleuropäische Verständnis von Freiheit ist jedoch Jean-Jacques Rousseau womöglich noch bedeutsamer als Montesquieu. Ähnlich wie Diderot, mit dem ihn Freundschaft und später Feindschaft verband, ist Rousseau Protagonist des Individualismus.[34] Seine Gesellschaftstheorie ist ohne die Stärke seines Individualismus nicht nachzuvollziehen.

Aufgrund der mehrdeutigen Lesbarkeit seiner Texte haben

33 Hannah Arendt: Vom Leben des Geistes, 2 Bde., Bd. 2, Das Wollen, München, Zürich 1978, S. 190

34 Vgl. Jean-Jacques Rousseau: Bekenntnisse, Frankfurt/M. und Leipzig 1985

ihn sowohl radikaldemokratische wie sozialistische Theoretiker reklamiert; sein Axiom vom «allgemeinen Willen», der dem individuellen Willen in jedem Fall übergeordnet sei, hat immer wieder auch zur Legitimation für die Diktaturen des 20. Jahrhunderts gedient.

Aufschlußreich ist, wie sich Rousseau auf Diderot und Montesquieu bezieht. Mit Diderot verbindet ihn, daß er die Willensfreiheit ins Zentrum seiner Erörterungen über die politische Freiheit stellt. Von Diderot trennt ihn, daß er einen politischen «Körper», eine «Staatsmaschine» formen will und daher aus den vielen einzelnen freien Willen *(la volonté de tous)* einen allgemeinen Willen *(la volonté générale)* konstruieren muß. Aus vielen unterschiedlichen Interessen will Rousseau Einheit und Einstimmigkeit herstellen. In einem einzigen existentiellen Akt, quasi einem exemplarischen Vertrag, sollen die zukünftigen Bürger den allgemeinen Willen konstituieren. Der Rousseausche Entwurf einer Republik fußt auf einer symbolischen allgemeinen Verzichts- oder Abtretungsleistung aller. In diesem Akt verzichten die einzelnen auf die Durchsetzung ihres je einzelnen Willens. Dieser Akt kann auch erzwungen werden («...daß jeder, der dem allgemeinen Willen den Gehorsam verweigert, von dem ganzen Körper dazu gezwungen werden soll; das hat keine andere Bedeutung, als daß man ihn zwingen werde, frei zu sein»[35]). Einmal geleistet, konstituiert der nun entstandene allgemeine Wille die freie Verfassung, die Souveränität des Volkes.

Der Akt der politischen Freiheit besteht also im kollektiven Verzicht auf die Ausübung des je freien Willens, das heißt auch der besonderen Interessen.

Hier finden sich Übereinstimmungen und Differenzen mit

35 Jean-Jacques Rousseau: Vom Gesellschaftsvertrag oder Grundsätze des Staatsrechts, Stuttgart 1977, S. 21

den Vertragstheorien von Thomas Hobbes und John Locke. Tiefgreifende Unterschiede lassen sich in den Vorstellungen über den politischen Körper selbst finden. Rousseau lehnt entschieden jede Teilung der Volkssouveränität in unabhängige Gewalten ab. Ebenso lehnt er das Prinzip der gestaffelten Repräsentation ab. Eben darin erweist er sich als eigentlicher Antipode Montesquieus. Nicht nur, daß Rousseau die absolute, erzwingbare Vereinheitlichung der politischen Willensbildung zum obersten Zweck des politischen Körpers erhebt, der politische Körper selbst wird zum reinen Ausführungsorgan des allgemeinen Willens.

Die obersten Maximen des politischen Körpers sind: Freiheit und Gleichheit. Diese werden durch ihn garantiert, wie sie Voraussetzung seiner Gründung sind. Politische Freiheit meint dann die Fähigkeit zum Ausüben des allgemeinen Willens; diese kann jedoch nur ausgeübt werden unter der Voraussetzung der Gleichheit aller am politischen Körper Teilnehmenden. Die Ausstattung des politischen Körpers ist relativ schlicht: Die Rechtssetzung sollte nach Rousseau nicht mit der Rechtsprechung vermischt werden. Anstelle der Repräsentation, denn diese würde zusätzliche Vermittlungsebenen erfordern, bindet er die Vertretung der Republik an eine personale Autorität. Montesquieu hatte, immer auf Mäßigung und Vermittlung bedacht, eine gemischte Verfassung der politischen Freiheit vorgeschlagen, zu der auch die Monarchie beitragen könne. Diderot hatte die Frage nach der politischen Freiheit weitgehend unberücksichtigt gelassen. Durch alle Erörterungen hindurch spürt man das geradezu zwanghafte Bestreben Rousseaus, der immer weiter um sich greifenden Differenzierung und Diversifizierung der sozialen Interessen vorzubeugen. Im Unterschied zu Montesquieu will er die Vermittlung der verschiedenen Interessen durch Zwang zur Nähe und nicht durch Distanz via Repräsentation leisten.

Rousseaus Bemühen, Gesellschaft und politischen Körper

in ein Verhältnis zueinander zu setzen, zielt auf Praktikabilität. Er will zur tatsächlichen Integration der Gesellschaft beitragen, nicht nur eine theoretische Erörterung beisteuern. Die Unabweisbarkeit seiner These versucht er dadurch unter Beweis zu stellen, daß er sie in Form einer mathematischen Beweisführung präsentiert. Der gesellschaftliche Prozeß wird bei ihm als mechanischer, jedenfalls monokausaler Verlauf beschrieben.

Der deutsche Freiheitsdiskurs

Diderot, Montesquieu und Rousseau stellen drei intellektuelle Konzepte der Freiheit dar, die zum Erbe der französischen Aufklärung für das kontinentaleuropäische Denken gehören. Es geht nun darum zu verstehen, wie dieses Erbe auf die deutschen Verhältnisse wirkt und wie diese es verändern.

Richard Münch hat in seiner Untersuchung «Die Kultur der Moderne» die merkwürdige Abkoppelung des deutschen politischen Denkens von dem im französischen Denken vorhandenen Verständnis von Freiheit als öffentlicher Kommunikation auf den prägenden Einfluß des Lutherischen Protestantismus zurückgeführt. Seiner Meinung nach ist die doppelte Bindung des deutschen Freiheitsverständnisses an die Innerlichkeit des Privaten, Nicht-Öffentlichen («Die Gedanken sind frei») und an die Zentralisierung der politischen Macht im Staat verantwortlich für jenen «Sonderweg», der dann im Holocaust endete.[36] Der Lutherische Protestantismus habe, so Münch, für eine Entwicklung gesorgt, in der Freiheit einerseits aus dem öffentlichen Bereich in die Privatheit abgedrängt wurde und andererseits vom Staat usurpiert wurde.

36 Vgl. Richard Münch: Die Kultur der Moderne, a. a. O., S. 687 ff

In der Tat sind – wie erwähnt – das französische und das englische Freiheits- und Politikverständnis ohne die öffentlich geführte Rede und Rhetorik, ohne die politischen Klubs, Zirkel und Parlamentsdebatten nicht denkbar.[37] Die Französische Revolution wurde in den Pariser Klubs intellektuell vorbereitet. In deutschen (auf jeden Fall in den protestantischen) Landen kann sich wenig Kultur der Öffentlichkeit ausbreiten. Protestantismus und Öffentlichkeit sind geradezu unvereinbar. Die Konzeption des Menschen als «Gefäß Gottes» (Luther) – ein Ausdruck, den man in Frankreich zu Zeiten der Aufklärung nicht hätte finden können – wird eingebunden in die Dualität von göttlicher und weltlich-herrscherlicher Autorität. Gegen beide muß der Mensch Gehorsam üben.[38] So konnte sich keine Kultur von Freiheit in Selbstverantwortung entwickeln.[39] Daher sei dem Individuum nur der Rückzug in die Innerlichkeit geblieben.[40] Hier, im französisch-deutschen Gegenspiel von «öffentlicher Äußerlichkeit» (Frankreich) und «privater Innerlichkeit» (Deutschland), so Münch, sei die Wiege jenes zunehmend feindlich werdenden Dualismus zwischen französischer Zivilisation und deutscher Kultur angelegt, zwischen französischem Esprit und deutscher Tiefe – und wie die hämischen Urteile deutscher Intellektueller im 19. und 20. Jahrhundert auch immer lauteten.[41] Hier liegt die Ursache für das unkom-

37 Vgl. Franz Schnabel: Deutsche Geschichte im neunzehnten Jahrhundert, 4 Bde, Bd. 2: Monarchie und Volkssouveränität, München 187, S. 136

38 Vgl. Münch, a. a. O., S. 690

39 Vgl. Münch, a. a. O., S. 692 ff

40 Vgl. Münch, a. a. O., S. 695

41 Vgl. Thomas Mann: Gedanken im Kriege, in: ders.: Essays, 2 Bde., Bd. 2: Politik, hg. von Hermann Kurzke, Frankfurt/M. 1988, S. 103 ff; ähnliche Denkfiguren finden sich auch bei Oswald Spengler, Christoph Steding, Houston Stewart Chamberlain und anderen.

munikative, quasi private, individualistische Verständnis von Freiheit in Deutschland. Auch der Umstand, daß das Bürgertum sich so gar nicht an der politischen Teilhabe und der Erringung politischer Freiheit interessiert gezeigt habe, sei auf das Luthertum zurückzuführen.[42] Daraus resultiere der grundsätzliche Anti-Modernismus der Deutschen, der schließlich im Nationalsozialismus geendet habe.[43] Die These ist in dieser Überspitzung sicher anzweifelbar. In neueren Forschungen wird zurecht argumentiert, daß der Nationalsozialismus eben kein Rückfall in die Vormoderne war, sondern eine spezifische Mischung aus vormoderner Ideologie und hochmoderner Technologie.[44] Fragwürdig erscheint auch, kulturelle Dispositionen als derartig teleologisch angelegt zu verstehen. Richtig ist freilich, daß das deutsche Freiheitsverständnis im 19. Jahrhundert anti-französisch war – und daß es auf die Unterordnung der Gesellschaft unter den Staat ausgerichtet war und nicht auf die Emanzipation der Gesellschaft vom Staat. Diese Disposition ist zugleich Ursache wie Folge der Schwäche des deutschen Liberalismus. Gleichwohl (oder gerade deswegen) sind auch hier zwei Linien der Freiheitsdebatte präsent: Freiheit als politische Freiheit und Freiheit als individuelle Willensfreiheit.

Welche Spannbreite der deutsche Diskurs hatte, wird auf mehreren Ebenen deutlich.

Die beiden bedeutendsten deutschen Philosophen des späten 18. Jahrhunderts, Immanuel Kant aus Königsberg und

42 Vgl. Münch, a. a. O., S. 711

43 Vgl. Münch, a. a. O., S. 715

44 Vgl. Horst Matzerath und Heinrich Volkmann: Modernisierungstheorie und Nationalsozialismus, in: Jürgen Kocka (Hg.): Theorien in der Praxis des Historikers, Göttingen 1977; vgl. Ian Kershaw: Der NS-Staat, Reinbek 1994, S. 351 ff und Jens Albers: Nationalsozialismus und Modernisierung, in: Kölner Zeitschrift für Sozialforschung, Jg. 41, 1986

Georg Wilhelm Friedrich Hegel aus Tübingen, später in Jena und Berlin, hatten die Französische Revolution begeistert begrüßt. Kant verankerte die Freiheit – Montesquieu folgend – in einem allgemeinen Sittengesetz, in das sich die Bürger freiwillig einbinden und das jeder einzelne zur Richtschnur seines individuellen Handelns machen könne und müsse, da es zugleich die Richtschnur des Handelns aller sei. Kant und Hegel knüpfen an die Tradition der politischen Ökonomie und der Vertragstheorien seit dem 17. Jahrhundert an, deren herausragendste Vertreter Adam Smith und Jean-Jacques Rousseau das europäische Denken, auch das deutsche, nachhaltig prägen. Ihr Denken richtet sich, wie das ihrer Vorgänger und Zeitgenossen, auf das Problem der Vermittlung der vielen einzelnen Interessen innerhalb der bürgerlichen Gesellschaft und die Schaffung des politischen Körpers. Auch sie gehen aus von der Differenzierung und Diversifizierung der Gesellschaft und fragen: Wie können die vielen verschiedenen Interessen vermittelt, auf welcher Grundlage kann «Gesellschaft» als einheitlicher Korpus überhaupt noch bewahrt werden?

Kants politische Vision der bürgerlichen Gesellschaft verlangt dem Bürger eine Abstraktion ab, die sondergleichen ist. Die Bürger sollen zu Trägern des allgemeinen Vernunft-Willens werden. Dies setzt voraus, daß sie selbst fähig sind, die Naturhaftigkeit (Triebhaftigkeit) ihres Daseins einzudämmen. Nur so könne der Mensch zum Bürger werden.

Wie andere vor ihm unterscheidet auch Kant zwischen individueller und «sittlicher Freiheit».

Der Freiheitsakt des autonomen Individuums besteht darin, von der individuellen zur sittlichen Freiheit überzugehen. Eben damit befreit sich der Mensch von den Zwängen seiner Natur; genau das begründet seine Autonomie. Sittliche Freiheit ist eine Idee der Vernunft, die handlungsorientierend wirkt. Kants Freiheitsbegriff ist eng mit einer Theorie des Handelns verbunden. Nur über die Annahme (und Verinnerlichung) einer Idee der Vernunft, nicht über die Naturhaftigkeit oder die bloß logische Annahme, können Menschen als Gleiche (als Bürger) gedacht werden. Nur so kann dann eine politische Sphäre, in der sich alle begegnen und handeln, entstehen. Diese Idee der Vernunft ist die Sittlichkeit.[45] Politische Freiheit wäre dann: «Niemand kann mich zwingen, auf seine Art (wie er sich das Wohlsein anderer Menschen denkt) glücklich zu sein, sondern ein jeder darf seine Glückseligkeit auf dem Wege suchen, welcher ihm selbst gutdünkt, wenn er nur der Freiheit anderer, einem ähnlichen Zwecke nachzustreben, die mit der Freiheit von jedermann nach einem möglichen allgemeinen Gesetze zusammen bestehen kann (d. i. diesem Rechte des anderen), nicht Abbruch tut.»[46] Es ist bemerkenswert, daß Kant in dieser Bestimmung vom Individuum ausgeht («niemand kann mich zwingen»), dieses jedoch so eng in Beziehung zu den anderen setzt, daß es sein Leben in Freiheit nicht außerhalb dieser Beziehung zu anderen verwirklichen kann.

Welten scheinen diese Konzeption von politischer Freiheit von dem Rousseauschen Denken zu trennen: Im Hinblick auf die Gründung der politischen Verfassung der bürgerlichen Gesellschaft gibt es bei Kant keine Auto-Repräsentanz des Volkes. Die Vermittlung wird zum einen über die allgemeine Idee der Sittlichkeit geleistet, die via Verinnerlichung Voraussetzung für die politische Gleichheit ist – und zum anderen über den Aufbau des politischen Körpers.

45 Vgl. Immanuel Kant: Kritik der praktischen Vernunft, Leipzig 1951, S. 77f

46 Immanuel Kant: Über den Gemeinspruch: Das mag in der Theorie richtig sein, taugt aber nicht für die Praxis, in: ders.: Werke in zwölf Bänden, Bd. XII, Schriften zur Anthropologie, Geschichtsphilosophie, Politik und Pädagogik, 2, hg. v. Wilhelm Weisschedel, Frankfurt/M. 1968, S. 158

Rousseaus Konzeption der «volonté générale» wirkt gegenüber Kants kunstvoller «Metaphysik der Sitten» wie das Gebot eines Hausvaters an seine Familie.[47] Wenn Rousseau die Menschen zu ihrer Bürgerexistenz notfalls zwingen will, so geht er noch davon aus, daß sie eine überschaubare (bezwingbare) Menge sind. Wenn Kant ihnen leitende Ideen zur Orientierung beigeben will, so aus der Einsicht heraus, daß Differenzierung und Diversifizierung der Interessen nicht mehr rückgängig zu machen ist und andere Mittel erfordert als den Fremd-Zwang (zum Beispiel die Selbst-Bezwingung), um sie zu integrieren.

Der Gedanke, daß Politik und Freiheit nur in der Abstraktion von den Nöten, Trieben und wirtschaftlichen Einzelinteressen entstehen (der in der Antike zu den Voraussetzungen von Politik und Freiheit gehört und dem Kant hier folgt), trifft auf eine Gesellschaft, die die bürgerliche Interessensphäre und seinen Träger, den *homo oeconomicus*, weit mehr entwickelt hat als den *homo politicus*. Der *homo politicus* schläft noch im Gehäuse vorbürgerlicher Hierarchien. Der *homo oeconomicus* hingegen hat sich teilweise schon von der Bevormundung des Staates frei gemacht. Daher findet Kants Denken, das bald weit über Königsberg hinausgelangt, (wenngleich verzerrt) Eingang in die Regierungspraxis des Spätabsolutismus. Dies bedeutet unter deutschen Verhältnissen: Rechtsstaatlichkeit und absoluter Herrschaftsanspruch sind durchaus miteinander vereinbar. Natürlich bedient sich die absolute Gewalt auch der Verfassungstheorie zur metaphysischen Überhöhung ihres Tuns.

Die republikanischen Elemente in Kants Theorie – die ver-

47 Die Familien-Metapher wird in der Tat in der politischen Theorie des 17. und 18. Jahrhunderts gerne und häufig zur Veranschaulichung verwendet, wenn über die Aufgaben des Staates und des politischen Körpers debattiert wird.

nunftgeleitete Beziehung der einzelnen Bürger zum politischen Körper – schlagen im deutschen Kontext auch deshalb nicht an, weil sie ein öffentliches Umfeld voraussetzen, in dem sie wirken könnten; und das existiert nur rudimentär. Es gibt keine anhaltende und alle Länder ergreifende Verfassungsbewegung; politische Klubs entstehen nur zeitweise; das Bürgertum scheint weniger an politischer Freiheit als an wirtschaftlicher Freizügigkeit interessiert.

Mehr noch als bei Kant wird das Dilemma des Verhältnisses von theoretischer und praktischer politischer Freiheit bei Georg Wilhelm Friedrich Hegel deutlich. Hegel situiert politische Freiheit in der Idee der Vernünftigkeit des Staates. Während Kant das Erbe der Französischen Revolution als Ersetzung von personaler Herrschaft durch die abstrakte Herrschaft allgemeiner Gesetze denkt, reagiert Hegel auf die Revolution im Nachbarland, die er zunächst freudig begrüßt hatte, indem er den Gedanken der Einheit zum Leitmotiv seiner Staats- und Rechtsphilosophie macht. Die französische Gesellschaft der neunziger Jahre des 18. Jahrhunderts hatte er als entzweite, zerrissene Gesellschaft verarbeitet. Den Zerfall der politischen Ordnung und die Ausbreitung einer Sphäre, die nur noch über die Gesetze der Ökonomie, das heißt der einzelnen Bedürfnisse funktionierte, erschien ihm als drohende Zukunft der europäischen Gesellschaften; daher die Orientierung auf die Schaffung einer einheitlichen Ordnung. Diese Reaktion Hegels auf die Französische Revolution prägt sein gesamtes Denken. Zu Hegels Zeit war die Dualität zwischen Staat und bürgerlicher Gesellschaft längst nicht mehr nur erstrebte, sondern gelebte Realität. Daraus zieht Hegel die Konsequenz und überträgt die Sphäre des Politischen von der bürgerlichen Gesellschaft auf den Staat. Bis ins 18. Jahrhundert hatte der Begriff der bürgerlichen oder «zivilen Gesellschaft» (im Unterschied zum wirtschaftlichen Bereich, der, ganz im antiken Sinnverständnis, noch der privaten Sphäre des Haushalts zugeschlagen worden war) die politische Sphäre bezeichnet. In dieser Welt wurden Staat und Gesellschaft noch nicht als voneinander getrennt gedacht.[48] Hegel nun «trennt... die politische Sphäre des Staates von dem nunmehr ‹bürgerlich› gewordenen Bereich der ‹Gesellschaft›. Dabei erhält der Ausdruck ‹bürgerlich›, entgegen seiner ursprünglichen Bedeutung, einen primär ‹sozialen› Gehalt und wird nicht mehr, wie noch im 18. Jahrhundert, als gleichbedeutend mit ‹politisch› gebraucht.»[49] Diese Umwertung des Gesellschaftsbegriffs wird in der Nachfolge zum allgemein anerkannten Axiom politischen Denkens (nicht nur in Deutschland). Daraus entspringen zum einen die Politisierung des Staates und zum anderen die «politische Enteignung» der Gesellschaft. Deren Folgen sind in dem Maße nachhaltig zu beobachten, je weniger der Staat (aufgrund der zunehmenden Demokratisierung) als politische Idee eine Rolle spielt und je mehr er zum Sozialstaat geworden ist.

Hegel beschreibt die Gesellschaft als «System bürgerlicher Bedürfnisse», dessen Träger von sich aus nicht in der Lage seien, sich nach den Gesetzen der Vernunft selbst zu formen. Er konstatiert hier – dies mag zum großen Teil Folge seiner Verarbeitung der Französischen Revolution sein – einen Verlust an Zivilität innerhalb der bürgerlichen Gesellschaft. Polisch könnten die Institutionen der bürgerlichen Gesellschaft nur «Not- und Verstandesstaat» sein.[50] Vernunft sollten sie

48 Vgl. Manfred Riedel: Hegels Begriff der ‹Bürgerlichen Gesellschaft› und das Problem seines gesellschaftlichen Ursprungs, in: Materialien zu Hegels Rechtsphilosophie, 2 Bde., hg. von Manfred Riedel, Bd. 2, S. 249 ff

49 Manfred Riedel, a. a. O., S. 255; vgl. auch John G. A. Pocock: The Machiavellian Moment. Florentine Political Thought and the Atlantic Republican Tradition, Princeton 1975, S. 462 ff

50 Vgl. Georg Wilhelm Friedrich Hegel: Grundlinien der Philosophie des Rechts, Hamburg 1962, S. 165

nur im Staat als der Verkörperung der Vernunft erlangen können.

Die Mannigfaltigkeit der Interessen innerhalb der bürgerlichen Gesellschaft stellt sich ihm als Chaos dar, das nicht nur nicht vernünftig sei, sondern das radikal eingegrenzt werden müsse, um überhaupt eine politische Ordnung gründen zu können. Gesellschaft ist «Kampfplatz des individuellen Privatinteresses aller gegen alle» und kein politischer Raum.[51] Die Ökonomie wird als «bloßes Geschäft» angesehen; die wirtschaftenden Bourgeois sind nicht in der Lage, von ihren egoistischen Interessen zu abstrahieren.

Diese Trennung von Gesellschaft (gleich Wirtschaft, Bedürfnisse, Privatpersonen) und Staat (gleich Politik, Ideen, monarchische Souveränität) macht die Differenz zum angelsächsisch geprägten Kontraktualismus, aber auch zur Theorie Montesquieus aus. Während Kant einen expliziten Begriff von Öffentlichkeit kennt, ist für Hegel die bürgerliche Öffentlichkeit keine politische Öffentlichkeit, weil in ihr individuelle Bedürfnisse und Interessen zum Ausdruck kommen. Diese Öffentlichkeit ist Chaos für ihn, letztlich staatsbedrohendes Chaos: In der Öffentlichkeit ist «Wahrheit und Irrtum so unmittelbar vereinigt... Sie verdien(e) daher, ebenso *geachtet* als *verachtet* zu werden».[52] Demgegenüber steht die «Öffentlichkeit der Rechtspflege», die in Einklang mit der Vernunft steht. Aber schon die öffentliche Debatte über die Gesetze wird wieder abgelehnt als zur chaotischen, zufälligen bürgerlichen Sphäre gehörig.[53] Was bei Montesquieu zur Quelle eines Prozesses des erneuten Ausbalancierens wird (der Versuch von sozialen Gruppen, ihre Interessen politisch durchzusetzen), ist bei Hegel Anlaß zur Ausgrenzung um der Einheit des politi-

51 Vgl. Hegel: Rechtsphilosophie, a. a. O., S. 263
52 Vgl. Hegel: Rechtsphilosophie, a. a. O., S. 273 und 274
53 Vgl. Hegel: Rechtsphilosophie, a. a. O., S. 101

schen Körpers willen. Hier ist das unbedingte Streben zu bemerken, das politische Gemeinwesen als Gebäude und nicht als Prozeß zu konstruieren, es nach rationalen Kriterien aufzubauen und dabei nichts dem Zufall (oder Irrtum) zu überlassen.

Damit werden Austausch, Kommunikation, Streit, Verständigung, Interessenabgleich..., all die Elemente der öffentlichen Sphäre, zum Merkmal der «bloßen» Bürgerlichkeit, zu etwas Niedrigem, das man erhöhen oder, um mit Hegels Worten zu sprechen: «aufheben» muß. Die bürgerliche Sphäre wird gänzlich ihres politischen Raums entkleidet. Zum politischen Raum wird statt dessen der Staat als die «Wirklichkeit der sittlichen Idee». Eingebettet ist diese Konstruktion in eine Geschichtsphilosophie, nach der sich der Fortgang der Geschichte dem des «Weltgeistes» anpaßt und das Werden des Staates in diesen geschichtlichen Fortgang eingefaßt ist. Die konkrete Organisation der politischen Freiheit stellt sich für Hegel auf zwei Ebenen dar:

1. Hegel diskutiert das Projekt Freiheit nicht von der Verfassung, sondern von der Verfaßtheit her. Die «Institutionen machen die *Verfassung*... aus» [54]. Die Repräsentanten des Volkes sind den Institutionen eingegliedert. Die Institutionen sind hierarchisch gegliedert (Familie, bürgerliche Gesellschaft, [Korporationen, Stände], Staat). Erst in der «sittlichen Idee des Staates» verwirklicht sich die Vernunft für die Gesellschaft. Politisches Handeln von Bürgern ist also zum einen nur im Staate möglich und zum anderen durch die Einsicht begründet, «daß das vom Staat Vorgeschriebene seine letzte Quelle im subjektiven Willen hat: das Gesetz ist nicht etwas von außen Auferlegtes, sondern Ausdruck des Willens des Einzelnen».[55] «Der Staat ist die Wirklichkeit der sittlichen Idee»

54 Vgl. Hegel: Rechtsphilosophie, a. a. O., S. 218

55 Vgl. Shlomo Avineri: Der Staat, das Bewußtsein der Freiheit, in:

oder auch «Der Staat ist als die Wirklichkeit des substanziellen *Willens*, die er in dem zu seiner Allgemeinheit erhobenen *Selbstbewußtsein* hat, das an und für sich *Vernünftige*».[56]

Indem Hegel die sittliche Idee aus dem symbolischen Raum, in dem sie in den Beziehungen zwischen den Bürgern angesiedelt ist, herausnimmt, muß er den Staat, die Verkörperung der zum allgemeinen Willen geronnenen Vernunft, zum Subjekt erheben.[57] Überaus deutlich wird dies daran, wie Staat und Freiheit in Beziehung gesetzt werden: «Der Staat ist die Wirklichkeit der konkreten Freiheit» schreibt er,[58] meint aber mit der «konkreten» Freiheit jene zum Höheren transformierte Freiheit der Gesetze, die die Beziehungen der Bürger untereinander regeln und die erst beim Staat, den sie als «substanziellen Geist» anerkennen, verwirklicht werden kann. Das heißt: Die Freiheit der bürgerlichen Sphäre der Interessen, der Konkurrenz, ja auch die Freiheit des Handelns, ist «unwirklich», scheinhaft, damit unwahr.[59]

Materialien zu Hegels Rechtsphilosophie, a. a. O., S. 395; vgl. auch Hegel: Rechtsphilosophie, a. a. O., S. 147

56 Hegel: Rechtsphilosophie, a. a. O., S. 207, 208

57 Vgl. Avineri, a. a. O., S. 396

58 Hegel: Rechtsphilosophie, a. a. O., S. 214

59 Hannah Arendt hat der Hegelschen Geschichtsphilosophie, die dessen Staats- und Gesellschaftstheorie zugrunde liegt, eine bittere Bemerkung angedeihen lassen: «Daß Geschichte, von der Notwendigkeit getrieben, dialektisch verläuft, ergab sich unmittelbar aus den Revolutionen und Gegenrevolutionen, durch die der Gang der französischen Ereignisse vom 14. Juli bis zum 18. Brumaire und der Restauration der Monarchie bestimmt war. Hieraus hat Hegel dann die Bewegungsgesetze der Geschichte abgeleitet, aus der sich dann die berühmte Dialektik von Freiheit und Notwendigkeit ergab, in welcher diese beiden entgegengesetzten Begriffe schließlich zusammenfallen und ein- und dasselbe besagen – was vielleicht das furchtbarste und menschlich gesprochen unerträglichste Paradox des gesamten modernen Denkens geworden ist.» (Hannah Arendt: Über die Revolution, München 1986, S. 66)

So wird der Staat nicht nur zum Vermittler und Schutzgeber, wie in den liberalen Vertragstheorien (deren erklärter Kritiker Hegel ist), sondern zugleich zum Medium einer Verwandlung: der höheren Verwirklichung zur Sittlichkeit, die in der bürgerlichen Sphäre nicht geleistet werden kann. «Das Prinzip der modernen Staaten hat diese ungeheure Stärke und Tiefe, das Prinzip der Subjektivität sich zum *selbständigen Extreme* der persönlichen Besonderheit vollenden zu lassen und zugleich es in die *substantielle Einheit zurückzuführen* und so in ihm selbst zu erhalten.» [60] Der Staat wird zum Subjekt über den Vernunft-Willen, den er verwirklicht; zugleich soll an seiner Spitze eine personale Autorität stehen. Der Staat ist höchster Ausdruck der Souveränität des politischen Gemeinwesens. Aber diese Souveränität soll wiederum nur als monarchische Subjektivität gefaßt werden.[61]

So soll die Zweiteilung zwischen Staat und Gesellschaft, die Kant durch die Sphäre der allgemeinen Gesetze vermitteln wollte, «aufgehoben» werden.

Mit dieser Konstruktion verträgt sich keine Repräsentation des Volkes als Repräsentation politischer Macht der Gesellschaft. Hegel will ja gerade (aus Angst vor nachrevolutionärem Chaos und vor der strukturellen Pluralität der Moderne) die politische Macht aus der Gesellschaft herausnehmen und sie in die höhere Sittlichkeit des Staates transformieren. Daher auch gibt es keine Gewaltenteilung; die Exekutive ist zugleich die höchste Gewalt.[62]

60 Hegel: Rechtsphilosophie, a. a. O., S. 215

61 Vgl. Hegel: Rechtsphilosophie, a. a. O., S. 242; vgl. auch Franz Rosenzweig: Hegels Begriff der politischen Verfassung, in: Materialien zu Hegels Rechtsphilosophie, a. a. O., S. 351

62 Vgl. Rosenzweig: Hegels Begriff..., a. a. O., S. 344

2. Für das deutsche Verständnis von Politik und von Freiheit im 19. und 20. Jahrhundert ist prägend, daß Hegel den Allgemeinwillen mit dem Staatswillen identifizierte. Damit sollte die Differenz zwischen den Interessen der Bürger und dem Allgemeininteresse «aufgehoben» werden. So wird aller Raum verstellt, der für die Entfaltung von Pluralität eröffnet werden könnte; politische Willensbildung soll im gesellschaftlichen Raum überhaupt nicht stattfinden, weil sie nur das politische Wesen des Staates, des Einheitsschaffers, beeinträchtige. Nur über den Staat erhält die Gesellschaft politische Bedeutung zurück.

Man kann Hegels heftige Ablehnung der politischen Pluralität gleichwohl nur verstehen, wenn man ihn auch als «Zeitzeugen» liest. Differenz, in der das Einzelne sich am Allgemeinen reibt, in der Bürger einen Sinn für die Wertigkeit des Zusammenhalts untereinander entwickeln können, kennt man in Deutschland zu jener Zeit nur in Form der ständischen Ordnung, nicht als Pluralität der rechtlich Gleichen. So hat Hegels metaphysisch begründetes hierarchisches System doch auch etwas mit den realen Verhältnissen zu tun, wenngleich es nicht in ihnen aufgeht. Nur vor dem realen, geschichtlichen Hintergrund ist erklär- und verstehbar, warum Hegel Freiheit als «Einsicht in die Notwendigkeit» – und nicht etwa als «Einsicht in die Möglichkeit» – bestimmt.[63]

Hegels Rechts- und Geschichtsphilosophie kommt dem

63 Wie eine Paraphrase auf Hegels Staats- und Geschichtsphilosophie mutet an, wenn Hannah Arendt – die schreckliche Erfahrung des Totalitarismus im Blick – schreibt: «Freiheit gibt es nur in dem eigentümlichen Zwischenbereich der Politik. Vor dieser Freiheit retten wir uns in die ‹Notwendigkeit› der Geschichte. Eine abscheuliche Absurdität.» (Hannah Arendt: Was ist Politik? Aus dem Nachlaß, hg. von Ursula Ludz, München und Zürich 1993, S. 12)

mangelnden politischen Selbstbestimmungswillen des deutschen Bürgertums entgegen; sie wird von den Kreisen, die seine Philosophie selektiv und entsprechend ihren Interessen wahrnehmen, übernommen, obzwar mit vielen Mißverständnissen. Daß der Philosoph öffentlich über die politische Verfassung der modernen Gesellschaft nachdenkt und nicht ihre preußische Realität kommentiert, gerät dabei leicht in Vergessenheit. Hegel ist gewiß kein bloßer Preußenverherrlicher. Keineswegs setzte er Vernunft und Sittlichkeit mit dem «realexistierenden» Preußenstaat ineins. Was unter anderen Umständen durchaus Teil eines öffentlichen Diskurses über die politische Verfassung hätte sein können, wurde bei Fehlen dieses Diskurses leicht zur staatstragenden Lehre. So ergänzen sich – hinter Hegels Rücken – seine theoretischen Reflexionen und die praktischen Organisations- und Legitimationsprobleme des Staates zu seiner Zeit. Daraus ergibt sich eine «deutsche Besonderheit». Sie besteht darin, daß aufgrund der Höherbewertung des staatlichen Handelns die Politik zu einer kulturellen Kategorie wird, die dem alltäglichen Handeln enthoben ist. Dieser Gedanke findet sich dann zugespitzt bei den Romantikern wieder.

Aus der ambivalenten, zunehmend skeptisch werdenden Haltung vieler deutscher Intellektueller zur Französischen Revolution wird im Laufe des 19. Jahrhunderts eine bewußte, historisch-kulturell begründete Abgrenzung von Frankreich. Ordnungsliebe, Furcht vor revolutionärem Chaos und Minderwertigkeitsgefühle gegenüber der französischen politischen Tradition sind Leitmotive in der Selbstdarstellung der deutschen Intelligenz des 19. Jahrhunderts. Diese Disposition wächst auf unebenem Boden. Die deutschen Lande ruhen auf einer Mischung von relativer industrieller Hochentwicklung, politisch sehr ungleicher Entwicklung (siehe das Nord-Süd-Gefälle zwischen preußischem Obrigkeitsstaat und süddeutschem Liberalismus) und weit verbreitetem kulturellem Elitebewußtsein. Einerseits gehört Deutschland seit Mitte des Jahrhunderts zur Spitze der Industrienationen; andererseits ist es das Land, dessen Eliten sich unter dem Druck fühlen, «zu spät» zur Nationenbildung zu kommen; und schließlich behaupten die gleichen Eliten von sich, zur Führung in Europa berufen zu sein.

In den meisten deutschen Staaten existiert kein politisches Selbstverständnis in dem konstitutionellen Sinne. Sie ruhen auf einem Macht- und Herrschaftsgefälle und verfügen unter Umständen über eine effektive Verwaltung. Gleichsam spiegelbildlich entwickelt sich in «deutschen Landen» im 19. Jahrhundert der Antitypus zum bürgerlichen Staat französischer und angelsächsischer Prägung. Und dies nicht nur *de facto*, sondern auch ideologisch untermauert. Die Aversion richtet sich gegen die Vertragstheorien der Engländer, gegen die französische «Civilisation» ebenso wie gegen den Verfassungsrang von Grund- und Menschenrechten.

Der romantische Entwurf

Dabei hatte es zunächst nicht so ausgesehen. Im Gegenteil: Den Ausbruch der Französischen Revolution begrüßten viele deutsche Dichter und Denker. Die Idee, daß die Deutschen wie ihre französischen Nachbarn Teile eines Weltbürgertums seien, war weit verbreitet und wurde durch die deutsche Kleinstaaterei nicht behindert, sondern eher begünstigt. Wer nicht aus Interesse an die alte Ordnung gebunden war und Grund zur Furcht vor dem Verlust von Privilegien hatte (Adel, Militär, Beamte), der sah in der Revolution im Nachbarland den Entwurf einer allgemein gültigen politischen Ordnung aufscheinen, die auch für Deutschland gelten könnte.

Unter den deutschen Intellektuellen haben die Romantiker die größte Hoffnung in die Revolution im Nachbarland gesetzt. Sie waren zugleich diejenigen, die sich am tiefsten von ihr enttäuscht sahen. Sie hatten sich zunächst «nicht nur für die revolutionären Umwälzungen in Frankreich begeistert…, sondern… diese Begeisterung (hat sie) zu einer erheblichen Ausweitung ihrer Revolutionserwartung für das eigene Land und für die Zukunft Europas geführt».[64] Aber die Revolution sollte eine «deutsche» Umwandlung erfahren. Friedrich Schlegel behauptete dann: «Die franz(ösische) Rev(olution) wird erst durch die Deutschen eine allgemeine werden.»[65] Für Novalis war die Revolution Medium der kulturellen Höherentwicklung in Deutschland: «In Deutschland kann man schon mit voller Gewißheit die Spuren einer neuen Welt aufzeigen. Deutschland geht einen langsamen aber sicheren Gang vor den übrigen europäischen Ländern voraus. Während diese durch Krieg, Spekulation und Parthey-Geist beschäftigt sind, bildet sich der Deutsche mit allem Fleiß zum Genossen einer höhern Epoche der Cultur.»[66] In den Schriften von Friedrich Wilhelm Schelling, Friedrich Schleiermacher und Novalis entfaltete sich peu à peu jene politische Mystik, nach der die politische Revolution im Nachbarland noch einer besonderen geistigen Krönung bedürfe, um ihre Erfüllung in Deutschland zu finden, um hier quasi zu einer Wiedergeburt der Reformation zu werden. «Mit dieser enormen Ausdehnung der Revolutionshoffnung», schreibt Cornelia Klinger, «geht eine Umdeutung des Politischen ins Geistige, Kulturelle und Religiöse einher. Es findet eine ‹Verwandlung der französischen Revolutionsideale zur romantischen Totalitätsreligion› statt.»[67] Noch der Eroberer Napoleon wurde

64 Cornelia Klinger: Flucht Trost Revolte. Die Moderne und ihre ästhetischen Gegenwelten, München 1995, S. 83

65 Klinger, ebd.

66 zit. nach Klinger, ebd.

67 Klinger, ebd.; das Zitat bezieht sich auf Hermann Timm: Die

zeitweise als Überbringer der revolutionären Errungenschaften und Befreier von der alten ständischen Herrschaftsordnung begrüßt. Es war Napoleon, der 1804 auf dem linken Rheinufer den *Code civil*, 1806 den *Code des procédures civil*, 1807 den *Code de commerce* und 1810 den *Code pénal* eingeführt hatte. Seine von Erpressung und Unterdrückung begleitete Neuordnungspolitik brachte Bewegung in die deutsche Staatenlandschaft und ihre politischen Kulturen.[68]

Aber da Napoleon vor allem Eroberer und Kriegsherr und nicht Gründer eines auf einer revolutionären Verfassung beruhenden politischen Neugründungsprojekts war, rief sein «revolutionärer» Imperialismus Widerstand hervor. Die Tatsache, daß der Eroberer die deutschen Fürsten nach Gutdünken demütigte, die Städte wie das Land auspowerte, indem er drückende Abgaben erließ und aus seiner Verachtung für die dummen Deutschen kein Hehl machte, verstärkte den anti-französischen Affekt und bezog ihn rückwirkend auf die Revolution selbst. Mit ihm entstand *peu à peu* jener Nationalismus als Anti-Franzosentum, der sich in der post-napoleonischen Restauration der deutschen Ständegesellschaft ebenso ausdrückte wie in der Deutschtümelei, die in den politischen Debatten immer präsenter wurde.[69]

Dennoch handelt es sich hier nicht um eine bloße Reaktion auf die politische Unterdrückung durch Frankreich; die Kritik zielt auf die Abgrenzung von Rationalismus und Aufklärung. «Die Kritik der Romantiker richtete sich», resümiert Klinger, «gegen das analytische, zergliedernde und zerteilende Denken, das die lebendigen Strukturen und ihre Zusammenhänge tötet, sie trifft... das kalkulierende Denken,

heilige Revolution. Schleiermacher – Novalis – Friedrich Schlegel, Frankfurt/M. 1978, S. 90

68 Vgl. Schnabel: Deutsche Geschichte, a. a. O., S. 88

69 Vgl. Schnabel, a.a.O., 14f

die Rechenhaftigkeit, die Seelenlosigkeit... – kurzum: das moderne Rationalitätsprinzip, und zwar in seiner theoretischen, wissenschaftlich-technischen wie in seiner praktischen, moralisch-geistigen Ausprägung als ‹Maschinenstaat› und ‹Philistertum›».[70]

Die Kritik an Frankreich und am «französischen Denken» zielte auf das Projekt der Neuzeit, wie Friedrich Schlegel bekräftigt: «Das ganze Faktum der sogenannten Französischen Revolution... bleibt doch nur ein einzelnes Symptom, ein partieller Ausbruch...; da augenscheinlich Stoff und Anlage zum revolutionären Übel schon *viel früher* und an vielen anderen Orten, um nicht zu sagen in der gesamten *Basis der zivilisierten Staaten von Europa* vorhanden war.»[71]

Die reale politische Konstellation zwischen Deutschland und Frankreich, die das ganze 19. Jahrhundert prägt und noch den Ersten Weltkrieg mit hervorruft, wie auch jene romantische Strömung bewirken die Entstehung eines spezifischen Kulturnationalismus, in dem die Nation als Volk definiert wurde, das sich durch eine besondere – eben die deutsche bzw. germanische – Kultur auszeichne. Aufschlußreich ist, daß hier wieder auf die symbolische Bedeutung des Hl. Römischen Reichs Deutscher Nation (Schutz der Christenheit in Europa) zurückgegriffen wurde, um die besondere Rolle der deutschen Länder zu begründen, und dies zu einer Zeit, in der diese längst zur bloßen Hülse gewordene Mantelfunktion deutscher Staatlichkeit auch offiziell (1806) aufgelöst wurde. Im Kontext dieses gegen Frankreich gerichteten Selbstbildes war Deutschland als Kernland Europas und der Christenheit dazu berufen, die «wahren» Werte der Aufklärung hochzuhalten – gegen ihre (französischen) Verfälscher. Zu diesen wahren Werten gehörten die Liebe zur Natur, das

70 Klinger: Flucht..., a. a. O., S. 84
71 Zitiert nach Klinger, a. a. O., S. 85

Festhalten an einer Kultur des (tiefen) Geistes (und nicht der Manieren) und an der Totalität gegenüber der Arbeitsteilung. Es sei «kein Zufall», schreibt Helmuth Plessner, daß Deutschland «aus seiner lutherischen und noch aus seiner lutherisch verweltlichten Frömmigkeit die tiefere, spekulativ und historisch gerichtete Romantik entwickeln und die Metaphysik erneuern mußte. Geister wie Montesquieu, Hume und Voltaire... haben in Deutschland trotz Kant, Schopenhauer und Nietzsche... keine tiefere Resonanz gefunden, vergleicht man sie etwa mit der Wirkung Rousseaus. Sein Ruf zur Ursprünglichkeit, die ihr Recht und ihre Kraft aus der naturhaften Tiefe des Menschen holt; sein Ressentiment gegen die adelige Zivilisation, durch deren Beseitigung erst der Mensch den ihm gemäßen Zustand wiederherstellt; sein von unten kommender Blick und seine gefühlshafte Religiosität, die an christliche Heilserwartung erinnert, ohne christlich zu sein; sein Schwanken zwischen katholischem und evangelischem Bekenntnis – alles entspricht der spezifisch deutsch-protestantischen Mischung aus Rechtfertigungsverlangen und titanischem Weltvertrauen.» [72]

Ein mystifiziertes, quasi naturhaftes «Deutschtum» erfaßte Kunst ebenso wie Literatur. Kunst wurde als Teil der Freiheitskultur begriffen; deshalb nahmen so viele Künstler, Schriftsteller und Wissenschaftler an den politischen Debatten jener Zeit teil. Und es waren nicht nur die Romantiker, sondern auch die Weimarer Klassiker: Schiller selbst klagt über das, was der Rationalismus angerichtet habe. Aus dem verklärenden Blick auf das harmonische Totalitätsdenken der Antike erscheint ihm das moderne Denken als ein fortlaufendes Zeugnis des Verlusts der Einheit (zwischen Natur und Geist, Mensch und Natur, Kultur und Industrie). In

72 Helmuth Plessner: Die verspätete Nation, Frankfurt/M. 1974, S. 77

«Über die ästhetische Erziehung des Menschen in einer Reihe von Briefen» gibt er eine kulturelle Zustandsbeschreibung seiner Zeit, die sowohl von den Romantikern wie auch später von Marx aufgegriffen wird:

«Auseinandergerissen wurden jetzt der Staat und die Kirche, die Gesetze und Sitten; der Genuß wurde von der Arbeit, die Anstrengung von der Belohnung geschieden. Ewig nur an ein einzelnes kleines Bruchstück des Ganzen gefesselt, bildet sich der Mensch selbst nur als Bruchstück aus; ewig nur das eintönige Geräusch des Rades, das er umtreibt, im Ohre, entwickelt er nie die Harmonie seines Wesens, und, anstatt die Menschheit in seiner Natur auszuprägen, wird er bloß zu einem Abdruck seines Geschäfts, seiner Wissenschaft. Aber selbst der karge, fragmentarische Antheil, der die einzelnen Glieder noch an das Ganze knüpft, hängt nicht von Formen ab, die sie sich selbstthätig geben (denn wie dürfte man ihrer Freiheit ein so künstliches und lichtscheues Uhrwerk vertrauen?), sondern wird ihnen mit scrupulöser Strenge durch ein Formular vorgeschrieben, in welchem man ihre freie Einsicht gebunden hält. Der tote Buchstabe vertritt den lebendigen Verstand, und ein geübtes Gedächtnis leitet sicherer als Genie und Empfindung.» [73] Die Klage Schillers könnte man als kritischen Kommentar zum 19. Jahrhundert lesen, in dem zum ersten Mal die Schattenseiten der Aufklärung und die Folgen der Verrechtlichung der bürgerlichen Gesellschaft und der Industrialisierung wahrgenommen werden. Schillers Blick geht jedoch in die Vergangenheit. Die griechische Antike erscheint ihm als «das Maximum» der menschlichen Entwicklung, der gegenüber die Gegenwart bloß Stufe in einem Verlustprozeß ist, der schicksalhaft und unabwendbar verläuft.

73 Friedrich Schiller: Über die ästhetische Erziehung des Menschen in einer Reihe von Briefen, 6. Brief, in: Schillers sämtliche Werke in zwölf Bänden, zwölfter Band, Stuttgart und Tübingen 1838, S. 20

Sofern die romantischen Kritiker der zeitgenössischen Gesellschaft politisch dachten, wollten sie das deutsche Modell mit doppeltem Boden konstruieren: Deutschland sollte (wieder) zu einem Reich mit einem Kaiser an der Spitze zusammengeführt werden. Der Kaiseridee entsprach die Ablehnung der Gesellschaft bürgerlichen Zuschnitts zugunsten einer kulturellen Gemeinschaft. Die quasireligiöse Struktur des Staats- und Gesellschaftskörpers wurde mit der politischen Sendungsmission gekoppelt. Es ging nicht nur um die Transformierung der Religion in den Staatsglauben, sondern auch um die Überführung der Religiosität in die politische Sphäre des Staates. Freiheit wurde identifiziert mit «Nation» und «Staat», «Gemeinschaft», nicht mit «ziviler Gesellschaft» oder «Verfassung». Zum Ersatz der politischen Dimension wurde die Kulturgemeinschaft. Jener deutsche Kulturpatriotismus, der auch als «Deutschtümelei» auftrat, verschloß sich gegen eine Dimension der Freiheit, die diese als plurales Machtgefüge freier Bürger bestimmte. In Deutschland sollte statt dessen eine symbiotische Verschmelzung von Staat und Gesellschaft und eine Erhöhung der politischen Ideologie zur Staatsreligion statthaben, und das mit Folgen.

Mit reaktionärer Revolutionsablehnung habe, so Klinger, die Abkehr der Romantiker von der Revolution freilich nichts zu tun. Es ging ihnen vielmehr «um die Sehnsucht nach einer anderen, die Lebensverhältnisse in ihrer Gesamtheit umgestaltenden Wirklichkeit.»[74] Von hier aus führen die Wege in die Mystifizierung der Antike, des Mittelalters und des Germanentums – und in die Verklärung einer «aufgehobenen» Zukunft.

Was bedeutete dies für das Verständnis von Politik und Freiheit? In der Kritik der Romantiker an der bürgerlichen

74 Klinger: Flucht..., a. a. O., S. 86

Gesellschaft und dem Staat scheint die theoretische Schnittstelle verborgen zu sein, an der in Deutschland maßgeblich die Transformation des Politischen ins Kulturelle und damit die Absage an die Konzeption von Politik als öffentliche Kommunikation in Freiheit erfolgt. Dies ist deshalb so wichtig, weil sich diese Konzeption von Politik in der Folgezeit in immer neuen Konstellationen wiederfindet: Man findet sie in der «Aufbruchsstimmung» deutscher Akademiker und Intellektueller vor dem Ersten Weltkrieg wie auch bei jenen Akademikern und Intellektuellen, die in der nationalsozialistischen «Bewegung» einen neuen Typus von Politik erblickten, um sich später enttäuscht davon abzuwenden (Gottfried Benn, Ernst Jünger, Martin Heidegger, Carl Schmitt und viele andere). Sie wird zur nihilistischen Attitüde bei der NS-Intelligenz. Spurenelemente sind noch in den sozialen Bewegungen seit den sechziger Jahren vorhanden.

In den Niederungen der Politik und der Staatsgeschichte ging es freilich zunächst allein um Freiheit als Unabhängigkeit und nationale Eigenständigkeit, also um «äußere Freiheit». In den Befreiungskriegen nach 1806 wurde für eine Freiheit von Abhängigkeit, Besetzung und Unterwerfung gekämpft. Freiheit erschien in gesamtnationaler Gestalt. In diesen Kriegen, an denen sich die meisten deutschen Länder beteiligten, zeigte sich jener oben angesprochene Kulturpatriotismus zum ersten Mal öffentlich. Friedrich Schiller, Theodor Körner, Ernst Moritz Arndt und viele andere präsentierten sich als geistige Erzieher einer im Werden begriffenen Nation.[75] Der Philosoph Johann Gottlieb Fichte, schreibt der Historiker Hagen Schulze, hielt «im Winter 1807/1808

75 Vgl. Schnabel: Deutsche Geschichte, a. a. O., S. 243; vgl. auch die Darstellung des nationalkonservativen Historikers Kurt Gebauer: Deutsche Kulturgeschichte der Neuzeit, Berlin 1932, S. 303

im französisch besetzten Berlin (wo er erster Rektor der neu gegründeten Universität war – AG) seine *Reden an die deutsche Nation*, in denen das deutsche Volk als das ursprüngliche, das unverfälschte Volk hervortritt, das gegen die militärische und mehr noch gegen die kulturelle Unterjochung durch das minderwertige französische Volk um seine Freiheit und Identität kämpft und dabei im Dienst eines höheren geschichtlichen Auftrags handelt.»[76] Begeistert zogen «deutsche Dichter und Denker» ins Feld. In dieser Atmosphäre konnte der (antifranzösische, urdeutsche) Körperkult eines Ludwig Jahn zu einem politischen Ereignis sondergleichen werden, das, wie es in einer nationalkonservativen «Kulturgeschichte» aus dem Jahre 1932 heißt, «von der Woge vaterländischer Begeisterung getragen» und «schnell über das ganze Land» verbreitet wurde.[77]

Man ist versucht, hier gruppenpsychologische Aspekte geltend zu machen. Dann wären die öffentliche Körperkultur eines Ludwig Jahn und die «Lieder an die Deutschen» eines Ernst Moritz Arndt oder eines Hoffmann von Fallersleben («Deutschland, Deutschland über alles, über alles in der Welt») oder die nationalistische «Burschenherrlichkeit» deutscher Studenten eine Ersatzkultur für jene politische Bewegung, die in einer Revolution entsteht, für die die Völker in den deutschen Landen aber zu schwach und die deutschen Eliten zu ambivalent, zu innerlich und individualistisch waren. Aber selbst wenn man nicht zu solcher Elle greift, so fällt doch auf, daß ein eigenständiges politisches Denken im gesellschaftlichen Raum entweder fehlt (weil es auf den Staat zentriert ist) oder aber in Suchbewegungen hin- und her-

76 Hagen Schulze: Staat und Nation in der europäischen Geschichte, München 1994, S. 180f; vgl. auch Johann Gottlieb Fichte: Reden an die deutsche Nation, Berlin 1808

77 Gebauer: Deutsche Kulturgeschichte, Berlin 1932, S. 301

schwankt (Begeisterung für die Französische Revolution, Enttäuschung über diese, vormärzlicher Revolutionarismus, romantischer Individualismus und romantische Staatsidee, preußische Militärstaatsverherrlichung, kulturelle Verklärung des deutschen Wesens, Mystifizierung des Einheitsgedankens), ohne daß daraus eine mitreißende politische Idee wird.

So mag es vielleicht nicht verwundern, daß in dieser Situation die Romantik zur politischen Kraft und der Turnverein zum Ausdruck urdeutscher Kultur werden konnte. Dazu hat freilich die Reaktion der Staatsgewalten kräftig beigetragen. Fichte und Jahn wurden als «die geistigen Paten der neuen Deutschheit» verfolgt, in deren Schriften «die Keime aller später ins Leben getretenen Formen des revolutionären Strebens» enthalten seien. Diese Gesinnung aber trachteten die europäischen Fürsten und Könige «auszurotten», wie Franz Schnabel resümiert.[78]

Was den Befreiungskriegen fehlte, war jene zivile Dimension der «Freiheit zu...», von der oben die Rede war: die Stiftung einer zivilen Gesellschaft, die sich ihre eigene politische Verfassung gab, sich frei als politische Macht konstituieren wollte und sich zum Staat als zu einer Exekutive verhielt. Alle Versuche, durch regionale Revolutionen und Aufstände eine in Freiheit verfaßte politische Macht zu konstituieren, scheiterten. Zur politischen Selbst-Konstitution kam es nicht. Diese wurde von der öffentlichen Debatte in die Philosophie verlegt. Und hier manifestierte sie sich als «Aufhebung» in die «Sittlichkeit» einer Staatsidee (Hegel) oder des «allgemeinen Sittengesetzes» (Kant). Die einzige Situation, in der dieser Gründungsakt hätte vonstatten gehen können, die Versammlung in der Frankfurter Paulskirche während der Revolution von 1848, stand auf zu schwachen Füßen; ihre

78 Schnabel: Deutsche Geschichte, a. a. O., S. 261

Repräsentanten waren nicht genügend politisch organisiert, um der Kehrtwende der vereinten Fürstenkamarilla unter Führung Österreichs und Preußens zu widerstehen. Schmählich endete diese Episode mit der Wiederherstellung des alten Bundestages, mit der Abschaffung der von der Nationalversammlung erlassenen «Grundrechte des deutschen Volkes». Wie eine Persiflage auf den deutschen Beamtenstaat wirkt, daß statt dessen eine «Bundeszentralkommission» eingerichtet wurde, die die Verfassungen der einzelnen Länder auf (halbherzige) Reformmöglichkeiten überprüfen sollte.[79] Diejenigen «politischen» Literaten und Intellektuellen, die wie Georg Büchner, Ferdinand Freiligrath, Heinrich Heine und Ludwig Börne (die nach Frankreich gingen) und andere sich eine republikanische Verfassung für Deutschland wünschten, wurden an den Rand gedrängt. Soweit sie nicht mundtot gemacht wurden, verharrten sie, wie Heine, nach der Niederlage von 1848 in Enttäuschung oder sarkastischer Distanz. So setzte sich die staatsorientierte Denktradition auch *in praxi* durch. Der deutsche Staat wurde zur sakralen Größe. Die «romantische Staatsidee» erhob ihn zum Kulturgut allerersten Ranges. Selbst der nationalkonservative Kulturhistoriker Gebauer zuckte ein wenig zurück, als er Novalis mit den Worten zitierte, «daß alle Kultur aus den Verhältnissen mit dem Staat entspringe», und fügte beschwichtigend hinzu: «wobei er freilich über das Ziel hinausschoß».[80] Dabei war das Bedenkliche noch nicht einmal, daß die Romantiker ihre Vorstellungen von Politik auf den Staat zentrierten; negativer wirkte sich aus, daß die Ästhetisierung des Verhältnisses von bürgerlicher Gesellschaft und Staat als Politisierung ausgegeben wurde. Damit fügten sie sich in jenen Strom ein, für den

79 Vgl. Kurt Gebauer: Deutsche Kulturgeschichte..., a.a.O., S. 469f

80 Gebauer, a.a.O., S. 326

die burschenschaftliche Bewegung steht[81]: rückwärtsgewandt und narzißtisch feierten sie ihren Ausstieg aus der europäischen Politik.

Im Zentrum der politischen Theorien der Romantiker stehen die beiden Pole: Staat und Individuum. Es ist jedoch nicht das zivile bürgerliche Individuum gemeint, sondern ein eigenartiges Zwitterwesen: Es ist Subjekt und doch kein Subjekt im Sinne des Rationalismus oder der Kantischen oder Hegelschen Philosophie. Es ist so sehr Individuum, daß der Soziologe Georg Simmel später von dem Unterschied zwischen quantitativer Individualität des 18. Jahrhunderts zu qualitativer Individualität des 19. Jahrhunderts sprechen wird.[82] Und doch ist es kein bürgerliches Individuum in dem politischen Sinne. Es ist mehr ästhetisches Ich als Individuum. Es ist das Ich des Geniekults und der Innerlichkeit. Es ist das Ich der Einzigkeit und der Einzigartigkeit, ein expressives Ich. Welch ein Unterschied zur Subjektkonstruktion bei Diderot oder Hegel und Kant! Die Romantiker werden so zu den Antipoden der klassischen aufklärerischen Philosophie nicht nur französischer, sondern auch deutscher Prägung. Sie leiten eine paradigmatische Wende ein, indem sie grundsätzlich in Frage stellen, daß es möglich sei, die Welt von einem archimedischen Punkt aus zu interpretieren, wie dies Kant und Hegel mit ihren «philosophischen Systemen» beabsichtigt hatten, und vollziehen eine Hinwendung zum modernen Individualismus.

Damit übertragen sie das Subjekt vom Bereich der Erkenntnis und der Einsicht (für Kant und Hegel ist Subjekt nur, wer fähig ist, von seinen Naturtrieben zu abstrahieren) zu einem empirischen Individuum. An dieses Konzept des Individuums als interessengeleiteten Menschen knüpfen später

81 Vgl. Schnabel, a. a. O., S. 234ff

82 Zit. nach Klinger, a. a. O., S. 110

die marxistische Theorie und die Arbeiterbewegung an, wenngleich sie – ganz anders als die Romantiker – das Individuum im wesentlichen als gesellschaftliches Wesen bestimmen.

Damit haben, argumentiert Cornelia Klinger, die Romantiker einen wichtigen Beitrag zur Modernisierung des Subjektbegriffs geleistet. Und dennoch ist ihre Bewegung anti-politisch. Und dies nicht deshalb, weil sie der Verschmelzung von Individuum und Staat das Wort reden, sondern weil sie das «Wechselverhältnis zwischen Einzelnem und Allgemeinem» unter dem Signum der Verschmelzung zur Individualisierung des Staates wenden. «In dem Entschluß, sich loszuwerden und an ein anderes überantworten zu wollen, verstärkt sich eigentlich nur die Bedeutung des Ich, da es unweigerlich die letzte Instanz der Entscheidung... bildet, der gegenüber das andere lediglich Anlaß... und beliebig auswechselbar ist.»[83]

Das Anti-Politische der Romantik bestünde dann nicht darin, Individuum und Staat verschmelzen zu wollen, sondern in dieser extremen Individualisierung, die selbst noch den Staat der Individuumskonstruktion einverleibt und – ins Private mündet. Der Staat wird so zum Ich. Die Gesellschaft besteht nur mehr aus lauter Vereinzelten oder aus privaten Individuen. Damit verschwindet die Dimension der Pluralität, die bei Kant gerade wegen seines antiindividualistischen Subjektbegriffs immer aufscheint und die ja den kommunikativen Bezug der einzelnen zueinander voraussetzt. Daß sie Pluralität und damit die zivile Gesellschaft nicht in den Blick nehmen kann, obwohl sie mit der Empirisierung des Individuums den Grund dazu gelegt hat, das wäre dann das antipolitische Erbe der Romantik.

Dieses Urteil trifft modifiziert auch auf die romantische

83 Klinger, a. a. O., S. 169

politische Theorie zu. Adam Müller und Johannes Baader erblickten im Staat ein ästhetisches Gebilde, das, ähnlich dem gotischen Kirchenbau, Harmonie verströmen sollte[84] – oder erklärten den Staat gar zu einem Gebilde göttlichen oder familiären Ursprungs wie Julius Stahl und Karl Ludwig von Haller. «Das Urbild des Staates ist... nach Hallers Auffassung die Familie mit dem ihr gehörenden Grundbesitz. Die staatsrechtliche Unterordnung des Bürgers sank (in Hallers Denken – AG) zur privatrechtlichen herab, die Gewalt des Souveräns war keine andere als die des pater familias oder des Grundherrn, das Herrschaftsverhältnis war also seinem Wesen nach patriarchalisch: den Ausdruck Patrimonialstaat hat Halle wohl zuerst geprägt.»[85] Die sogenannte romantische Staatstheorie, so der liberale Historiker Franz Schnabel, sei im Grunde auf die Trias: «Monotheismus, Monarchie, Monogamie» zu reduzieren.[86]

Das Unvermögen, die politische Dimension der Gesellschaft als Konstitution der Freiheit überhaupt noch in den Blick zu nehmen, kennzeichnet im übrigen nicht nur die Ro-

84 Vgl. Schnabel: Deutsche Geschichte, a. a. O., S. 42ff; der Historiker Veit Valentin bemerkt zur Vermengung zwischen ästhetischer und politischer Romantik: «In der christlich-deutschen Tischgesellschaft von 1811 trafen sich die Dichter Heinrich von Kleist und Clemens von Brentano, Fichte und der Adelsführer v. d. Marwitz, der Publizist Adam Müller und der Gardeoffizier Leopold v. Gerlach. Nichts konnte die beginnende Formung einer konservativen Interessengemeinschaft besser bezeichnen als diese Gruppe: sie war antisemitisch, antiliberal, antirevolutionär. Sie wollte den Preußengeist stärken – und sie bediente sich dabei der deutschen Romantik; sie verklärte sehr greifbar egoistische Standes- und Klasseninteressen durch den Zauber einer geschichtskundigen und staatsbetonten Ideologie.» (Veit Valentin: Geschichte der Deutschen, Köln 1991, S. 327)

85 Vgl. Schnabel: Deutsche Geschichte, a. a. O., S. 26; vgl. Valentin, a. a. O., S. 371f

86 Vgl. Schnabel, a. a. O., S. 27

mantiker. Komplementär dazu steht die Konzeption von Politik als Verwaltung. Karl Frhr. vom Stein und Karl August Frhr. von Hardenberg waren bedeutende Verwaltungsreformer, die dem preußischen Staat mehr Effektivität abgewannen, aber keine politischen Denker, die Tatkraft und Einfluß mit der Verpflichtung auf die Freiheit der Selbstbestimmung der Völker in deutschen Landen verbunden hätten.[87]

Die Schwäche des deutschen Liberalismus

Im Wissen um das Desaster des deutschen Nationalismus im nationalsozialistischen Rassismus tendiert man nach 1945 schnell dazu, die revolutionäre Romantik zur prä-nationalsozialistischen Ideologie zu verteufeln. Die Ablehnung dieser unhistorischen, teleologischen Lesart der Romantik nach 1945 sollte jedoch nicht davon abhalten, im Kult des «höchsten Wesens», im Ideal des «Aufgehobenen», im Paradigma der harmonischen Gemeinschaft auch schon zu damaliger Zeit Irrationalität zu erkennen. Gepaart mit einem kulturellen Sendungsbewußtsein, das sich von allen Anforderungen der Kommunikation und der Pluralität abkoppelt, entwickelt sich hier ein anti-ziviles Syndrom. Dabei ist die Koppelung von revolutionär (= national) und anti-zivil nicht paradox, sondern entspricht jener spezifischen deutschen Situation. Der anti-republikanische deutsche Weg ist weder von oben «verordnet» noch einfach aus der Normativität der Fakten quasi «von selbst» entstanden. Konstitutiv für diese Konstellation ist der Dualismus zwischen Staatsmystifizierung und Ich-Kultur, der aus der doppelten Problematik von

87 Schnabel verweist darauf, daß die Stein-Hardenbergsche Landreform ein Mißerfolg war, der nicht die beabsichtigte Freisetzung der Bauern brachte, sondern die Gutsbesitzer noch einmal kräftig stärkte (vgl. Schnabel, a. a. O., S. 293 f).

verspäteter Nationalstaatsbildung und nicht erfolgter politischer Konstitution der bürgerlichen Gesellschaft herrührt. Während eine idealisierte Staatsgestalt zur Verkörperung des Allgemeinwillens verklärt wird, vermittelt die Ich-Kultur einen Individualismus, der schon weit in Richtung Industriezeitalter weist, ohne daß er sich politisch artikulieren könnte. Die zeitversetzte Nationalstaatsbildung wirkt hier verstärkend. In Frankreich waren die Grundlagen des Nationalstaats im Absolutismus (seit dem 16. Jahrhundert) gelegt worden, in Deutschland orientierte man sich zu einer Zeit darauf, in der sich in der Gesellschaft schon plurale Interessen herausgebildet hatten, so daß man zu Recht von einer Ungleichzeitigkeit zwischen Staats- und Gesellschaftsbildung sprechen kann. Was dabei zu kurz kommt, ist jene öffentliche Zwischensphäre der Gesellschaftlichkeit und Kommunikation, die die Bürger verbindet.

Dieses anti-zivile Syndrom reicht tief in die Mentalitäten der Zeit hinein. Es wirkt quasi als Blockade gegen den Einfluß der republikanischen und demokratischen Ideen, die aus England (oder Amerika) und Frankreich kommen. Die Hegelsche Staatsmetaphysik wirkt aber auch als Anti-These zum angelsächsischen Liberalismus, d. h. zur intellektuellen Tradition der Vertragstheorien seit John Locke. Doch war diese Entwicklung nicht zwangsläufig. Es gibt auch in Deutschland eine Tradition der Vertragstheorien (Hugo Grotius, Christian Wolf), die dann in die liberale Bewegung mündet (Karl Rotteck, Wilhelm von Humboldt, Robert Mohl und andere). Nur nimmt der deutsche Liberalismus einen anderen Verlauf als die liberalen Bewegungen in England, Amerika und Frankreich.[88] Während jene in einen Konstitutionalis-

88 Hier ist nicht der Platz, um auf die interessanten Zerklüftungen der politischen Landschaft in deutschen Landen einzugehen, die im wesentlichen eine Dreiteilung zwischen dem nach England orientierten

mus übergehen, der vom Bürgertum auch politisch getragen wird, und es auch in Frankreich trotz der bonapartistischen Restauration nach 1814 nicht mehr gelingt, liberale Verfassungsgrundsätze außer Kraft zu setzen[89], wirkt die wirtschaftliche Stärke des deutschen Bürgertums sich gegen den politischen Liberalismus aus. Das deutsche Bürgertum ist immer dann politisch liberal, wenn Hochkonjunktur ist, merkt der liberale Historiker Schnabel an.[90] In Zeiten der Krise will man sich lieber bei den alten Mächten rückversichern. Gleichwohl konstituiert sich in Deutschland im Verlauf des 19. Jahrhunderts ein liberaler Rechtsstaat, wenn auch in einer eigenartigen Mischung mit absolutistischen Herrschaftselementen.[91]

Die Gründe für die grundlegenden Schwächen des deutschen Liberalismus sind vielschichtig. Sie reichen von der staatsrechtlichen und politischen Zerklüftung Deutschlands und dem Übergewicht des konservativen Preußens bis in die Mentalitäten der Eliten. Für unsere Fragestellung sind vier Elemente ausschlaggebend:

▷ Der Liberalismus ist ausschließlich individualistisch orientiert; sein Vorbild ist das frei und privat wirtschaftende Individuum; ihm fehlt jenes Element des zivilen Zusammenschlusses (etwa via Parlament) gegen Krone und Adel, das

norddeutschen Liberalismus, dem nach Frankreich orientierten süd- und westdeutschen Liberalismus und dem an Rußland orientierten preußischen Konservatismus aufwiesen (vgl. Schnabel: Deutsche Geschichte, a. a. O., S. 178 ff). Dennoch sollten diese deutschen Unebenheiten hier erwähnt werden, um darauf hinzuweisen, wie vielschichtig und kompliziert die politische Konstitution der Freiheit in deutschen Landen war.

89 Vgl. Schulze: Staat und Nation, a. a. O., S. 213

90 Vgl. Schnabel, a. a. O., S. 94 f

91 Vgl. Schnabel, a. a. O., S. 104

dann den realen und den symbolischen Zusammenhalt des Bürgertums ausmacht und Selbstbewußtsein vermittelt.

▷ Der ökonomische Liberalismus ist in deutschen Landen de facto stärker präsent als der politische; der politische Liberalismus läßt sich zum Anhängsel des ökonomischen machen.

▷ Natürlich fällt auch ins Gewicht, daß die Verwaltungen, das Beamtentum, zwar der Idee der allgemeinen Gesetzlichkeit verpflichtet, aber dennoch stark an die alten Mächte gebunden sind; ihr Übergewicht verhindert das Zustandekommen einer liberalen Bewegung.

▷ Das Zusammengehen von Liberalismus und Nationalismus wirkt sich unter den Bedingungen der Zerklüftetheit der politischen Landschaften gegen den Liberalismus aus. Der Nationalismus erweist sich als stärker. Die Ineinssetzung von Souverän, Nation und Herrscher wirkt sich in Deutschland antiliberal aus.

So kommt es zu der eigenartigen Situation, daß zwar in deutschen Landen alle Elemente für eine liberale konstitutionelle Bewegung vorhanden sind, sich aber dennoch nicht zu einer Verfassungsbewegung größeren Ausmaßes fügen. Der deutsche Liberalismus hat kein länderübergreifendes politisches Paradigma anzubieten, das auf die Vertracktheit der deutschen Konstellation geantwortet hätte.

Es ist müßig, heute zu spekulieren, was gewesen wäre, wenn die deutschen Landen auf die Bedrohung des Verlusts ihrer Eigenstaatlichkeit mit einer föderalen und keiner zentralen Lösung aufgewartet hätten. Es macht keinen Sinn mehr, sich vorzustellen, was gewesen wäre, wenn sie nicht dem Übergewicht Preußens nachgegeben hätten (oder wenn

Preußen nicht zum stärksten Staat geworden wäre),[92] wenn das Bildungsbürgertum nicht der romantischen Staatsidee angehangen hätte, wenn die Philosophie und die Metaphysik nicht in den Dienst des Staatsautoritarismus genommen worden wären, wenn der süddeutsche Liberalismus stärker zum Zuge gekommen wäre... Nicht müßig ist es dagegen, darauf hinzuweisen, daß mit der doppelten Orientierung auf den Zentralstaat und die hierarchisch geordnete Gesellschaft eine historische Chance für lange Zeit verschwand, die der Welt und den Deutschen möglicherweise viel Dummheit, Übel und Brutalität erspart hätte.

Die Schwäche der deutschen Arbeiterbewegung

In Ermangelung eines gemeinsamen Freiheitsprojekts formen sich die deutschen Lande unter Preußens Führung in der Folgezeit zum Antimodell Amerikas, Englands und Frankreichs. Nach dem Krieg gegen Frankreich konstituieren sie sich 1871 insofern politisch, als jetzt ein einheitliches deutsches Reich besteht, das die politische Kartographie Europas nachhaltig verändert. Die «Reichs-Einigung» ist Frucht der jahrelangen Arbeit des Kanzlers Bismarck, den freilich mehr die Sorgen eines neu zu begründenden europäischen Gleichgewichts (auch Italien hat ja zu staatlicher Einheit gefunden) und der inneren machtpolitischen Befriedung beschäftigen als die neue Verfassung.

In den Reden zur Gründung des Deutschen Reiches 1871 wird viel von Einheit, Macht und Konkurrenz gesprochen, nicht aber von Freiheit, von Volkssouveränität und politischer Verfassung.

Was der deutsche Kaiser Wilhelm I. (auch im Sinne Bismarcks) anläßlich der 1. Sitzung des neu geschaffenen

92 Vgl. Schnabel, a. a. O., S. 290

Reichstags am 21. März 1871, nach dem Sieg über Frankreich, aussprach, lief auf die Absegnung eines starken Machtstaates hinaus: «Wir haben erreicht, was seit der Zeit unserer Väter für Deutschland erstrebt wurde: die Einheit und deren organische Gestaltung, die Sicherung unserer Grenzen, die Unabhängigkeit unserer nationalen Rechtsentwicklung (hatten nicht die Rheinlande und der deutsche Südwesten noch den Napoleonischen Code civil? – A. G.) ... möge die Wiederherstellung des Deutschen Reiches für die deutsche Nation auch nach Innen das Wahrzeichen neuer Größe sein; möge dem deutschen Reichskriege, den wir so ruhmreich geführt, ein nicht minder glorreicher Reichsfrieden folgen, und möge die Aufgabe des deutschen Volkes fortan darin beschlossen sein, sich in dem Wettkampfe um die Güter des Friedens als Sieger zu erweisen. – Das walte Gott!» [93]

In der Rede des Kaisers wird noch einmal deutlich: Unter Bedingungen, unter denen die Erklärung der Freiheit quasi vom Krieg und von der Etablierung eines unter der Kaiserkrone geeinigten Deutschland unter preußischer Führung «geschluckt» wurde, sollte der politische Liberalismus keine große Rolle spielen können. Es kam verstärkend hinzu, daß diese Konstellation vom Bürgertum und Bildungsbürgertum sowie auch von Teilen der Arbeiterschaft getragen wurde.[94]

93 Auszug aus der Rede Kaiser Wilhelms I. bei der Eröffnung der 1. Session der 1. Legislaturperiode des Deutschen Reichstags, in: Carl Christoph Schweitzer: Die deutsche Nation. Aussagen von Bismarck bis Honecker, Bibliothek Wissenschaft und Politik, Köln 1976, S. 45 f

94 Man muß Eberhard Jäckel sicher darin zustimmen, daß das Bild des 1871 gegründeten deutschen Reiches nach 1945 vereinfacht worden ist und es sich bei unvoreingenommenem Blick als erheblich vielschichtiger erweist, als dies vielerorts dargestellt wird. Dennoch halte ich es für überzeichnet, aus der Existenz rechtsstaatlicher Grundsätze und Verfahrensweisen darauf zu schließen, daß es sich hier im Ansatz um einen modernen demokratischen Staat gehandelt habe, der eben nur ein paar

Das blieb übrig von der nationalen Befreiungsbewegung über mehr als fünfzig Jahre hinweg: Die endliche Einigung hatte aus Deutschland einen unpolitischen Machtstaat geschaffen, dessen Repräsentanten nun einen ebenbürtigen Platz unter den imperialistischen Mächten beanspruchten. Wenig tröstlich ist, daß der Kaiser überhaupt nicht im Namen der Nation zu sprechen legitimiert war, wie August Bebel wiederholt im Reichstag betonte. Solche kaiserlichen «Verkündigungen» waren Ausdruck der vorherrschenden politischen Kräftekonstellation und prägten das Selbstbild der Nation, zumindest zeitweise, zu einem guten Teil.

Im politischen Diskurs des 19. Jahrhunderts sollte politische Freiheit ihre höchste Erfüllung in einem hierarchisch organisierten Staat finden. Freiheit wurde zu einem ideellen Gesamtsubjekt überhöht, verkörpert im Staat als dem höchsten Wesen der Sittlichkeit bzw. der Moralität. Zwar ruhte das neue deutsche Reich auf einem verfassungsmäßigen Rechtsstaat, verfügte aber dennoch nicht über eine demokratische politische Kultur. Eine zivile Sphäre der Gesellschaft konnte sich so nur bruchstückhaft herausbilden. Das liberale Projekt war zu schwach, um sich dieser Tendenz zu widersetzen.

Erst die sozialistische Bewegung bringt hier Bewegung und Öffnung hinein. An ihrem Erstarken werden noch einmal die Schwächen des Liberalismus deutlich. Der deutsche Liberalismus stützt sich auf die formale Gleichheit und den ökonomischen Individualismus. Die neue sozialistische Bewegung hingegen macht die Forderung nach sozialer (nicht: forma-

autoritäre Eigenarten gehabt habe; die aber seien zu jener Zeit auch in anderen Staaten gang und gäbe gewesen. So läßt sich die politische Landschaft am Vorabend des Ersten Weltkrieges beispielsweise überhaupt nicht erklären (vgl. Eberhard Jäckel: Das deutsche Jahrhundert, Stuttgart 1996, S. 18 ff).

ler) Gleichheit zum neuen Paradigma des 19. (und 20.) Jahrhunderts. So entstehen zwei Freiheitskonzeptionen, die miteinander konkurrieren und sich antinomisch zueinander verhalten:

- das individualistische Konzept der Freiheit, das auf formaler Rechtsgleichheit gründet, und
- das sozialistische Konzept der Freiheit, das auf sozialer Gleichheit fußt.

«Die Frage, wie Freiheit und Gleichheit sich zueinander verhalten, wurde in diesem Jahrhundert ein zentrales, bedrükkendes Problem», schreibt Franz Schnabel.[95]

Das neue Paradigma, die «soziale Frage», entzündet sich nicht nur als Folge der gravierenden sozialen Unterschiede in der Besitzverteilung. Die sozialistischen und anarchistischen Bewegungen des 19. Jahrhunderts sind nicht nur Kinder des Industriezeitalters, sondern auch der Aufklärung. Hier reichen Fortschrittsglaube und das Verständnis von Freiheit als einer «Politik des Willens» ebenso hinein, wie diese Bewegungen auch Reaktionen auf das soziale Elend ihrer Zeit sind. So ist die deutsche Sozialdemokratie gleichermaßen ein Kind ihrer Zeit und die Erbin der Französischen Revolution. Indem sie die «Herstellung sozialer Gleichstellung» fordert, klagt sie zugleich das Erbe der Französischen Revolution ein, die ja die Gleichheit zu einer der drei Grundforderungen erhoben hatte.

Im Kommunistischen Manifest von 1847 hatten Karl Marx und Friedrich Engels geschrieben, die Proletarier hätten «nichts als ihre Ketten» zu verlieren. Die Freiheit zu gewinnen hieß also, die Unfreiheit zu verlieren. Die Arbeiter waren im bürgerlichen Sinne (bis 1871) keine Rechtssubjekte, da die bürgerliche Person noch immer an den Besitz

95 Schnabel: Deutsche Geschichte, a. a. O., S. 98; vgl. auch S. 101

gekoppelt war (auch dies eine Folge nicht nur des deutschen Liberalismus, der ja bei seiner Entstehung noch nicht mit der industriellen Klassengesellschaft rechnet). Auch darauf bezieht sich das Verdikt Wilhelms II., als er von ihnen als «vaterlandslosen Gesellen» sprach. Zu den Blütezeiten des Industriebooms ab den 60er Jahren des 19. Jahrhunderts waren sie mehr oder weniger Eigentum der Fabrikanten, besaßen, wie es bei Marx und Engels heißt, «nichts als ihre Arbeitskraft». Das galt erst recht für die Frauen. Sie waren noch immer Eigentum der Männer und waren aus allen Formen von abstrakten Rechtsbeziehungen, aus denen bürgerliche Rechtssicherheit erwuchs, ausgeklammert.

Freiheit hieß für die Führer der sozialdemokratischen Arbeiterbewegung, für August Bebel, Karl Liebknecht, Karl Kautsky daher Befreiung von den Ungerechtigkeiten des Kapitalismus, Reform des Klassenstaats – und Selbstorganisation. Das Versammlungs-, Demonstrations- und Streikrecht, das heißt die Selbstorganisation der Arbeiterklasse, konnte gegen Bismarck und das schwache Parlament schließlich durchgesetzt werden. Die sozialdemokratische Arbeiterbewegung erstritt so faktisch die bürgerlichen Freiheiten für die Allgemeinheit, die die liberal-nationale Bewegung für das Besitzbürgertum durchgesetzt hatte.

Indirekt sorgte die Sozialdemokratie so für die erneute Aktualisierung des demokratischen Konstitutionalismus im wilhelminischen Deutschland. Es ist ihr historisches Verdienst, daß sie Bürgertum und Bildungsbürgertum mit den Anforderungen eines demokratischen Verfassungsstaats und mit einer pluralen Öffentlichkeit konfrontierte. Das zentrale Thema, die politische Selbstkonstitution des deutschen Einheitsstaats, das im Gefolge der Gründung des Kaiserreichs geradezu verschwunden zu sein schien, wurde so erneut ans Licht der Öffentlichkeit gebracht. Doch war dies mehr die Auswirkung ihrer Politik, als daß es Programm gewesen wäre. Denn die politische Sphäre der Gesellschaft wird bei den Sozialdemokraten nur über den Staat angesprochen. In den Reden und Schriften der Führer der sozialdemokratischen Arbeiterbewegung ist so viel vom Staat die Rede, daß man den Eindruck gewinnt, als hätten sie den Dualismus von Staat und Gesellschaft und die «Aufhebung» (Hegel) der Gesellschaft im Staat vollkommen verinnerlicht. In ihrer Zukunftsperspektive soll der Staat der Zukunft an die Stelle des politischen Gemeinwesens treten. «Allerdings kann nur in der vernünftig organisierten Gemeinschaft, die wir Staat nennen, die soziale Frage gelöst» werden, schreibt Wilhelm Liebknecht 1878. Nicht der zeitgenössische, reaktionäre preußische Klassenstaat, sondern die *«Errichtung des freien Volksstaats»* führe zur Lösung der sozialen und politischen Probleme. «Darum rufen wir nicht schlichtweg: Nieder mit dem Staatssozialismus!, sondern: Nieder mit dem *falschen, utopisch-reaktionären, pfäffischen* Staatssozialismus!

Es lebe der Staatssozialismus der Sozialdemokratie![96]

Mit dieser Ausrichtung auf den Staat, die von Bismarck kräftig unterstützt wird, bestätigen sie noch einmal die Dominanz des Staates im neuen Reich und die Schwäche des Parlaments, in dem sie selbst vertreten waren. Sarkastisch ließen sich Karl Marx und Friedrich Engels über die Staatsgläubigkeit von Ferdinand Lassalle, August Bebel, Karl Kautsky und anderen aus.[97]

Die Auswirkungen jener theoretischen und machtpoliti-

96 Wilhelm Liebknecht: Staatssozialismus, in: Vorwärts Nr. 43 vom 12.4.1878 (wahrscheinlich von Wilhelm Liebknecht), zitiert nach: Cora Stephan: «Genossen, wir dürfen uns nicht von der Geduld hinreißen lassen!» Aus der Urgeschichte der Sozialdemokratie, Frankfurt/M. 1977, S. 303 f

97 Vgl. Karl Marx: Kritik des Gothaer Programms, in: Marx Engels Werke (MEW), Berlin 1956–1967, Bd. 19, S. 27 ff

schen Zentralisierung des Politik- und Freiheitsverständnisses werden dann spürbar bei Beginn des Ersten Weltkriegs, als die Mehrheitsfraktion der SPD die Kriegspolitik des Reiches in der Hoffnung auf stärkere Machtbeteiligung zu unterstützen begann – und darin keinen Bruch zum Pazifismus und Internationalismus der Vorkriegszeit erblicken konnte.[98] Die Sozialdemokraten wollten den Zugang zur Gesellschaft des Eigentums und der rechtlichen Absicherung; sie wollten eine bessere Verteilung des Reichtums und glaubten, ihn nur über den Staat zu erreichen. Und dies funktionierte auch, zumindest in Teilen. Bismarcks Sozialgesetzgebung, die er gegen den Widerstand der Katholiken und der Liberalen durchsetzt, die Erfolge bei den Reichstagswahlen in den neunziger Jahren, die Erringung der Aufmerksamkeit der Öffentlichkeit, die Spaltung des liberalen Lagers, all dies waren «realpolitische» Erfolge.

Die Führung der Sozialdemokratie selbst hatte auch wenig mehr im Sinn. Sie war in erster Linie eine wirtschaftliche Interessenvertretung, die um Gleichbehandlung kämpfte.

Ihr politisches Selbstverständnis ist auf eine erstaunliche Weise ein Abbild des Freiheitsverständnisses, das sich in weiten Teilen der deutschen Gesellschaft durchgesetzt hatte. Die SPD sprach den Staat als «pater familias» an, darin unterscheidet sie sich nicht vom Selbstverständnis der Nationalkonservativen. Nur daß sie ihn «freien Staat»[99] nannte und *de facto* den sozialen Verteilungsstaat meinte. Er sollte über

98 Vgl. Heinrich August Winkler: Weimar 1918–1933, München 1993, S. 28 f

99 Vgl. Programm der Sozialistischen Arbeiterpartei Deutschlands (Gothaer Programm), in: Protokoll des Vereinigungs-Congresses der Sozialdemokraten Deutschlands, abgehalten zu Gotha vom 22. bis 27. Mai 1875, Leipzig 1875, zitiert nach: Revolutionäre deutsche Parteiprogramme, hg. und eingel. von Lothar Berthold und Ernst Diehl, Berlin 1967, S. 47

die gerechte Verteilung des erwirtschafteten Reichtums wachen.

Es ist Ferdinand Lassalle, der mit Bismarck liebäugelt, aber die SPD setzt die von ihm eingebrachte Tradition der Staatsbindung nach seinem Ausscheiden fort. So sind die Sozialdemokraten nicht fähig, sich vom Staatszentralismus frei zu machen. Das Paradigma der Revolution war zwar symbolisch in jedem Parteiprogramm präsent. Aber zu mehr als zum «freien Staat» der Zukunft mochte es nicht langen. Die bis zur Lächerlichkeit strapazierte rhetorische Figur des «Tages X», an den der alte Bebel jede Nacht vor dem Einschlafen dachte, wie die Legende erzählt, bestätigte in Wirklichkeit, daß das Hauptaugenmerk der Sozialdemokraten auf ihrer Selbstorganisation und auf der Arbeiterschutzgesetzgebung lag, auf dem Kampf um die soziale Gleichheit, die Teilhabe am gesellschaftlichen Reichtum.

Welche unpolitische Selbstbescheidung in dieser Unterordnung unter zentralistisches Machtdenken lag, in der Gegenwart (in der die Freiheit nicht erscheinen konnte) und Zukunft (in der sie verwirklicht werden sollte) quasi dualistisch gegeneinanderstanden, hat die linke Sozialdemokratin Rosa Luxemburg seinerzeit kritisiert. Sie wollte ihr mit einer politischen Selbstaufwertung der Arbeiter als neuem Bürgertypus begegnen. In den großen Massenstreiks der neunziger Jahre sah sie diese Perspektive der politischen Selbstorganisation aufscheinen.[100] Hier und in der Gründung der revolutionären

100 Vgl. Antonia Grunenberg: Die Massenstreikdebatte. Beiträge zu Parvus, Rosa Luxemburg, Karl Kautsky und Anton Pannekoek, Frankfurt/M. 1970, S. 10ff; vgl. Rosa Luxemburg: Ermattung oder Kampf?, in: Neue Zeit, 28. Jg., 2. Bd., 1910, zit. nach Grunenberg, a. a. O., S. 122ff; vgl. auch Rosa Luxemburg: Massenstreik, Partei und Gewerkschaften, in: dies.: Politische Schriften, 3 Bde., Bd. 1, Frankfurt/M. und Wien 1966

Räte (die erstmals in der russischen Revolution von 1905 auftraten) erblickte sie eine neue Dimension der politischen Macht.[101] Damit verwies sie erneut auf eine Sphäre des Politischen, die in Deutschland nur rudimentär ausgebildet war: die der Gesellschaft von «citizen». Ihre Auffassung hat sich freilich nicht durchgesetzt.

So scharf die Kritik von Marx und Engels an der Staatsfixiertheit der deutschen Sozialdemokratie auch war, so skizzenhaft bleiben bei ihnen die Konturen eines zukünftigen politischen Gemeinwesens. Sie kritisieren die Zentrierung der bürgerlichen Gesellschaft um die Besitzakkumulation; deren politische Sphäre sahen sie als verlängerten Arm der wirtschaftlichen Interessenorganisation (was für Deutschland gewiß zum großen Teil zutraf). Politik in der bürgerlichen Gesellschaft erschien nur in der Dimension von Herrschaft.

Das erstrebte «Reich der Freiheit» war aller politischen Repräsentation ledig. Beziehungen der Bürger untereinander sollten wieder – in der Tradition Rousseaus – unmittelbar sein, nicht über Repräsentationsorgane vermittelt werden. Das Reich der Zukunft würde jedem seine Freiheit nach individuellen Interessen bringen. Der Mensch der Zukunft könnte morgens fischen und abends jagen gehen und in der Zwischenzeit ein gutes Buch lesen oder ein Kind zeugen. Die Gesellschaft? Der freie Zusammenschluß aller Arbeitenden. Der Staat? Eine technische Agentur zur Verteilung der erwirtschafteten Reichtümer.[102]

Marx und Engels sprechen viel über die Emanzipation der

101 Darauf verweist auch Hannah Arendt, in: Über die Revolution, a.a.O., S. 340

102 Vgl. Karl Marx und Friedrich Engels: Manifest der Kommunistischen Partei, in: Karl Marx: Die Frühschriften, hg. von Siegfried Landshut, Stuttgart 1964, S. 539ff; vgl. auch Karl Marx: Kritik des Gothaer Programms, a.a.O., S. 28

Gesellschaft vom Staat. Ihre politischen Schriften handeln von der «Hineinnahme des Staates in die Gesellschaft», von der Abschaffung der «Verselbständigung» des Staates gegenüber der Gesellschaft. Was sie perspektivisch in den Blick nehmen, ist eine riesige nivellierte Arbeitsgesellschaft, in der eine neutrale Agentur für die Herstellung realer sozialer Gleichheit sorgt, die anstelle der formalen politischen Gleichheit treten soll. Damit wird soziale Gleichheit zum letztendlichen Ziel einer Bewegung, die Freiheit auf ihre Fahnen geschrieben hatte. Das Konzept der politischen Organisierung der vielen freien Willen durch eine einzige Partei – die kommunistische – machte zudem das zunichte, was sie schaffen wollten: den Aufbau einer nicht-entfremdeten Gesellschaft. Marx' und Engels' Vorstellungen von der politischen Organisation der Arbeiterbewegung waren letztlich anti-plural. In der Angst vor einer Pluralität, die sie mit der Herrschaft der Kapitalinteressen gleichsetzten und im Vertrauen auf die «starke Hand» einer «anderen» Zentrale, der Partei, erweisen sich Marx und Engels als Schüler einer politischen Tradition, die die Selbstkonstitution zentral steuern möchte, weil sie das Chaos fürchtet.

So erscheint in der Bewegung, die Freiheit für alle wollte, ihre Gestalt einerseits als jenseitige Phantasmagorie. Andererseits verliert sie sich in der Unterordnung unter die Zweck-Mittel-Realität der sogenannten «Realpolitik».

Im Rückblick ergibt sich eine paradoxe Situation: Auf der einen Seite verändern die Existenz und das Auftreten der deutschen Arbeiterbewegung die Öffentlichkeit der Wilhelminischen Gesellschaft, schafft *de facto* Pluralität. Zum ersten Mal werden Konflikte zwischen Interessengruppen zivil artikuliert und ausgetragen; die Selbstwahrnehmung der Gesellschaft verändert sich. Die Dominanz des Bildungsbürgertums über die deutsche Öffentlichkeit schwächt sich ab. Es dominiert nicht mehr jener «tiefe» Idealismus, der in der

Staatsvergottung gipfelt. Politische Teilhaberechte werden öffentlich artikuliert. Innerhalb von wenigen Jahrzehnten wird aus der pazifizierten Ständegesellschaft eine dynamische Klassengesellschaft, in der sich Elemente eines neuen politischen Gemeinwesens herausbilden. Von heute aus gesehen, könnte man phantasieren, daß mit dem Erstarken der Sozialdemokratie auch die Chance für das Bildungsbürgertum bestanden hätte, sich zusammen mit der Sozialdemokratie politisch neu zu formieren.

Gleichzeitig gibt die SPD ihren politischen Anspruch immer wieder preis: indem sie sich auf die wirtschaftliche Interessenvertretung beschränkt und indem sie sich dem herrschenden Verständnis anschließt, nach dem Politik staatliches Handeln sei. Hier wird noch einmal deutlich, daß in der deutschen Tradition auch die Gegner eines autoritären Staates in Systemen denken, nicht in Prozessen oder Verfahren, daß sie eine geschlossene politische Ordnung anstreben und deren Offenheit fürchten. Daß sie Pluralität als Divergenz interpretieren und Verschiedenheit nicht als Ausweis der Zivilität, sondern der Unordnung ansehen.

Das «Erbe», das diesem Kapitel seinen Namen gab, ist vielschichtig. Und es verändert seine Gestalt je nach Interpretation und Interesse. Unsere Sicht der Vergangenheit ergibt sich nicht von selbst, sie ist auch unser Werk, mitunter auch unsere Projektion, entspringt unserer Phantasie. Ich habe versucht, einen Blick auf dieses Erbe zu werfen, der die Schnittstellen und Aporien der «deutschen Entwicklung» in ihrer Besonderheit darstellt. Dabei sollte deutlich geworden sein, daß vieles an der deutschen Entwicklung – auch und gerade in seinen negativsten Aspekten – eben Teil eines europäischen Erbes ist und nicht Ausgeburt einer besonderen «deutschen Lage». Umgekehrt wird ein Schuh daraus: Aus der Verquicktheit mit der europäischen Politik erklären sich bestimmte deutsche «Besonderheiten» besser als in der Abstraktion von ihnen.

Hauptlinien dieses Erbes, die ihre Auswirkungen bis in die Gegenwart zeigen, ohne daß sie diese intentional prägen, sind:

- das gewollte Ausbrechen der deutschen Politik(en) und Diskurse aus der europäischen (d. h. angelsächsisch und französisch geprägten) Tradition;
- die Dominanz des philosophischen (insbesondere Hegelschen) Rationalismus, der den Bürger als Rechtssubjekt einem metaphysisch begründeten Staat unterwirft, gegen den kein rationales Argument möglich scheint;
- die Ambivalenz der romantischen und klassischen Intelligenz, die in kulturkritischer Attitüde zwischen Individualismus und Verschmelzungsphantasien hin- und herschwankt;
- die Identifikation von Freiheit und sozialer Gleichheit in der sozialdemokratischen Arbeiterbewegung, die ihrerseits noch zur
- Schwächung des Konstitutionalismus beiträgt.

III. TABULA RASA

Weimar oder Die Verweigerung der Gegenwart

An einem milden Frühlingstag des Jahres 1925 findet im Hause des bekannten Völkerrechtlers Carl Schmitt in Berlin-Grunewald eine kleine Abendeinladung statt. Einer der Gäste ist Helmuth Plessner, der Philosoph und Anthropologe von der Kölner Universität. Schmitt ist guter Stimmung. 14 Tage vorher ist der greise Hindenburg, der maßgeblich die «Dolchstoßlegende» in die Öffentlichkeit lanciert hatte, im 2. Wahlgang zum Reichspräsidenten gewählt worden: mit 48,3 Prozent der Wählerstimmen und 3 Prozent Vorsprung vor dem Kandidaten des bürgerlichen Blocks, Wilhelm Marx, auch dank des kommunistischen Kandidaten Ernst Thälmann, dessen 6,4 Prozent die Wahl des Bürgerlichen Marx verhindert haben.[1]

Nach einer Weile geraten Schmitt und sein Gast Plessner in ein angeregtes Gespräch. Es geht um die Frage, was Freiheit sei. Schmitt, der zu Beginn noch gescherzt hat, da sehe man ja, wo es ende, wenn man der Masse Freiheit gäbe: in der Wahl eines Erzkonservativen, gerät im Verlauf des Gesprächs zunehmend in Erregung. Er fühlt sich von Plessner provoziert. Plessner, dessen Essay «Grenzen der Gemeinschaft» vor einem Jahr erschienen ist, argumentiert, Freiheit bestehe in der Distanz des Bürgers zu seinen unmittelbaren Interessen. Auf die Frage von Schmitt, warum er gerade zu dieser Freiheitsbestimmung greife und nicht etwa zu der Kantischen, nach der Freiheit im allgemeinen Sittengesetz verwirklicht

1 Vgl. Heinrich Winkler: Weimar 1918–1933. Die Geschichte der ersten deutschen Demokratie, München 1993, S. 281

werde, und auf seine Vorhaltung, Plessners Begriff von Freiheit sei geradezu unpolitisch, antwortet Plessner: «Gesellschaft hat nichts mit Aufgehobenheit zu tun, sondern mit Raum und Spiel.» Schmitt entgegnet: «Aber Gesellschaft ist nichts ohne den, der über den Ausnahmezustand entscheidet. – Alles andere ist gestaltlose Masse, Brei, ja Diktatur.» Dann schweigt er einen Augenblick und sagt leise: «Sie sind ja ein Romantiker.»

Wir verlassen die Szene hier, was wir um so leichteren Herzens tun können, als das Gespräch nie stattgefunden hat. Schmitt und Plessner haben sich nicht einmal persönlich gekannt. Was mir die Idee dazu einbrachte, die beiden Denker in ein Gespräch einzubinden, war zum einen, daß beide die Publikationen des jeweils anderen aufmerksam verfolgten; zum zweiten handelt es sich hier um zwei diametral entgegengesetzte Denkweisen über die Verfassung der Freiheit: eine vertikale und eine horizontale, eine semi-absolutistische und eine semi-republikanische. Beide Ansätze signalisieren die am weitesten voneinander entfernten Optionen, die auf dem Boden oder sagen wir besser: in dem Raum der Weimarer Republik eröffnet waren. Als Nachgeborene wissen wir mehr als die Beteiligten damals. Wir wissen, welche Option «gesiegt» hat. Carl Schmitt hat nicht nur wishful thinking betrieben, er hat das in seiner Macht Stehende getan, um die Machtergreifung der Nationalsozialisten intellektuell zu legitimieren. Plessner mußte emigrieren.

Aber wir wollen es uns nicht so einfach machen zu sagen: Es mußte ja so kommen,

– weil die Kräfte der alten Machtgruppierungen zu stark waren;
– weil die Sozialdemokratie die Ziele der Arbeiterbewegung «verraten» hat;
– weil die Kommunisten wie die Nationalsozialisten den bürgerlichen Staat zerstören wollten;

– weil die extreme Linke und die extreme Rechte die gemäßigten Kräfte zerrieben haben;
– weil die Deutschen nicht reif waren für eine Demokratie;
– weil sich die Alliierten von Rachegelüsten leiten ließen.

Anderes ließe sich hier anfügen. Es geht nicht darum, die «Fehler» der unglücklichen Republik noch einmal aufzulisten. Das haben andere berufener getan (zuletzt Heinrich Winkler). Hier soll gefragt werden, welche Motive, Leidenschaften und Denkfigurationen in diesem politischen Raum bewegt wurden und welche Formen gewählt wurden, um sie zu repräsentieren. Es geht um die mit Leidenschaft verfochtenen Vorstellungen vom Aufbau oder der Zerstörung der Republik, es geht um die Illusionen über die Gestalt des Neuen.

Nachdem im letzten Kapitel erörtert worden ist, wie das Denken über politische Freiheit in Deutschland durch die Abgrenzung zur Französischen Revolution und Aufklärung und zur angelsächsischen bzw. amerikanischen Tradition nachhaltig und einseitig geprägt worden ist, soll jetzt gefragt werden, wie die Möglichkeiten einer Verfassung der Freiheit in dem Zeitraum von 1918 bis 1933 wahrgenommen wurden. Dabei wird der Schwerpunkt der Diskussion auf den Jahren 1914–1920/23 liegen, nicht um zu sagen, daß es danach unabwendbar bergab ging, sondern um die Verdichtung jenes Knäuels aus Interessen, Illusionen, Gewalt und Leidenschaft zu verdeutlichen, die den Start der Republik so erschwerte.

Freilich liegt nicht 1918 der Einschnitt, sondern (spätestens) 1914. Dieses Jahr verzeichnet nicht nur den Beginn des Ersten Weltkriegs, sondern in und mit diesem Jahr kulminieren Erwartungen, Leidenschaften, Hoffnungen, die sich lange angestaut hatten. Das Zusammentreffen dieser Erwartungen mit realem politischen Handeln bringt einen neuen Politiktypus hervor: den der totalitären Gewaltpolitik.[2]

Schon vor 1914 verdichtet sich eine intellektuelle und politische Konstellation, die den Verlauf der Weimarer Republik untergründig beeinflussen sollte: die dichotomisch gespaltenen Erwartungen in die politische Zukunft Deutschlands. Dichotomische Weltbilder halten in einem Maße Einzug in die Politik, daß sie bestimmend und ausschließend wirken und den Raum für politisches Denken verstellen.

Es ist inzwischen vielfach über die Konnotationen der «Ideen von 1914» geschrieben worden.[3] Zur Genüge ist bekannt, daß dieser Krieg nicht nur als «Krieg der Revanche» gegen Frankreich (und England), sondern wechselweise als «Krieg der (oppositionellen/oppositorischen) Kulturen» legitimiert wurde. Dieses Paradigma, in dessen Mittelpunkt die französisch-deutsche «Erbfeindschaft»[4] stand, bezieht sich jedoch nicht nur auf den Krieg selbst. Im Krieg wird es nach außen – gegen die Feinde – gewendet, kehrt sich jedoch nach dessen Ende nach innen. Das dichotomische Weltbild wird dann eingebracht in den Bürgerkrieg, der vor dem Ersten Weltkrieg latent vorhanden ist und 1918 akut ausbricht. Der

2 Unter «totalitärer Gewaltpolitik» verstehe ich die Erzwingung von aufs Endgültige (auf eine Ende hin) und auf die Totalität zielenden politischen Strategien, Paradigmen und Handlungsweisen, die mit Mitteln der permanenten politischen Bewegung, Massenmobilisierung und des Terrors umgesetzt werden sollen. Die teleologische, ja eschatologische Ausrichtung der politischen Auseinandersetzung im Denken bestimmt die Wahl der Formen des Handelns.

3 Unlängst zum Beispiel in der Dissertation von Christoph Schumacher: «‹Das Echo von Signalen ...›. Der literarische und politische ‹Aufbruch› Deutschlands in den Weltkrieg 1914–1918», Dissertation an der RWTH Aachen, 1997, Ms.

4 Die Konnotationen des «Kriegs der Kulturen» bergen natürlich auch den deutsch-russischen Gegensatz in sich bzw. die These vom Krieg des Kulturvolks (der Deutschen) gegen die Barbaren (die Russen).

Antisemitismus ist für dieses Welt- und Gesellschaftsbild ein konstitutiver Baustein.

Wenn man versucht, sich die deutsche politische Landschaft am Vorabend des Ersten Weltkrieges zu vergegenwärtigen, stößt man auf ein zerklüftetes Bild. Die Herrschaftsgewalt im Deutschen Reich war in Händen einer Klasse, der man das Wort «politisch» nicht zuerkennen möchte, weil ihre Interessen eigentlich alles andere als politisch waren. Es ging der Kamarilla, die sich um den Kaiser scharte, nicht um Politik, sondern um Konsolidierung und Ausweitung der Herrschaft, vor allem darum, die Arbeiterbewegung außen vor zu halten – hatte Bismarck ihr nicht schon genug in den Rachen geworfen? – und darum, einen Platz im Olymp der imperialen Großmächte zu ergattern. Das industrielle Bürgertum, das am Imperialismus gut verdiente, hatte ganz ähnliche Interessen. Aus dem Bildungsbürgertum kam die Kritik, daß die Zeit verdorben und langweilig sei. Die intellektuelle Elite erhoffte von einem großen Krieg (so groß hatte sie sich ihn freilich nicht vorgestellt) das Ereignis einer nationalen (und kulturellen) Erneuerung, das Gewitter, die Reinigung, den Aufbruch. 1914 richteten sich die Erwartungen vieler Völkischer und Konservativer, aber auch großer Teile des nationalliberalen Bildungsbürgertums wie expressionistischer Künstler und Schriftsteller auf die Zerschlagung jener industriellen Lebensweise und der sie begleitenden Lebensformen, Denkweisen, Organisationsformen, die sie als «verbürgerlicht» (oder «verweichlicht») empfanden. Aus dem radikalen Protest gegen die Bürgerlichkeit wird später die anti-demokratische Militanz der völkischen «Vaterlandsverteidiger» und der linksradikalen Parteien und Gruppierungen hervorgehen.

Die Sehnsucht nach der großen Zerstörung und Erneuerung verdichtete sich durch den Krieg, dessen Ende von Teilen des Offizierskorps und der die Monarchie stützenden politischen Kreise als künstlich und willkürlich empfunden wurde. Untermauert von der «Dolchstoßlegende», die von Vertretern des Generalstabs quasi offiziell verkündet werden konnte, dauerte jene Bereitschaft an, einen Kampf auszufechten, der über das «Schicksal» Deutschlands entscheiden sollte. An dessen Ende sollte die endgültige politische Gestalt Deutschlands dastehen: die Lichtgestalt des deutschen «Kulturstaats», der den Völkern (an erster Stelle natürlich Frankreich) ein Beispiel sein sollte, dem sie freiwillig oder als im Kampf Unterworfene folgen würden.

In Ernst Jünger hatte die anti-demokratische Heilserwartung einen außergewöhnlichen literarischen Fürsprecher gefunden. In seinem Kriegstagebuch «In Stahlgewittern» heißt es in der Beschreibung einer Schlacht des Ersten Weltkriegs:

«Der Endkampf, der letzte Anlauf schien gekommen. Hier wurde das Schicksal von Völkern zum eisernen Austrag gebracht, es ging um den Besitz der Welt. Ich war mir, wenn auch nur mit dem Gefühl, der Bedeutung der Stunde bewußt, und ich glaube, daß jeder damals das Persönliche sich auflösen fühlte vor der Wucht der Verantwortung, die sich auf ihn heruntersenkte. Wer solche Augenblicke erlebte, der weiß, daß die Geschichte der Völker mit dem Geschick der Schlachten steigt und fällt.» [5]

Die Konnotationen, die hier mitschwingen, ruhen auf vorpolitischen, aus der Organik, der Biologie, der Kunst, vielleicht auch Mechanik stammenden Metaphern: Ende und Anfang, Schicksalskampf, Verschmelzung des Individuums mit überpersönlichen Mächten. Bei Schriftstellern, Künstlern und Intellektuellen ist diese Denkweise besonders ausgeprägt. Sie hat sowohl expressionistische als auch existentialistische Konnotationen: Es geht immer um das Äußerste, das Größte, das «Kosmische», das «Existentielle», nicht um das weniger Große, das Irdische, gar das Banale. Besonders be-

5 Ernst Jünger: In Stahlgewittern, Berlin 1937, S. 256

merkenswert ist der Gebrauch des Begriffes «Verantwortung», der in der politischen Theorie der Moderne zusammen mit der Urteilsfähigkeit des autonomen Individuums bzw. des Bürgers gedacht wird. Jünger verwendet ihn gerade in umgekehrtem Sinne: Verantwortung wird von ihm als Verschmelzung des einzelnen mit dem Ganzen, als existentielle Hingabe der Persönlichkeit an das überpersönliche Schicksal umgedeutet. Hingabe der Persönlichkeit meint in diesem Kontext: Entpersönlichung der Verantwortung, Projizierung auf ein Anderes. Jünger steht hier stellvertretend für eine «deutsche» Denkweise, die sich bei vielen Intellektuellen und Politikern finden läßt und deren historische Hintergründe im letzten Kapitel dargestellt worden sind. Die Finalspannung, die in seinem Text zum Ausdruck kommt, ist nicht einfach literarische Fiktion. Sie reproduziert sich im realen politischen Leben in den Akteuren. Das Motiv-Paar «Ende» und «Anfang» begleitet die Weimarer Republik wie ein politisches Leit-Thema. An der Erwartung eines Endes (das den Neuanfang bringen soll) nehmen völkische, nationalsozialistische, konservative Intellektuelle und Politiker ebenso teil wie radikal sozialistische und kommunistische.

Zum Verständnis des Kontextes ist es wichtig, daß in der ideologischen Aufbereitung und Legitimation des Kriegsausbruchs wie des Kriegsendes und des dann beginnenden Bürgerkriegs das Jahr 1914 zum Kontrapunkt des Jahres 1789 aufgebaut wurde. Der politischen Revolution der Franzosen, die der europäischen Massengesellschaft zum Durchbruch verholfen hatte, sollte die völkische, kulturelle Revolution der Deutschen entgegengestellt werden. Mit dieser kontrapunktischen Hypostasierung zweier weltgeschichtlicher Ereignisse ist ein zwiefacher intellektueller Zugriff verbunden: auf eine andere Modernekonzeption und auf ein neues intellektuelles Feld, die sozialen Bewegungen und die Massengesellschaft. Die völkisch-nationale Literatur ist bestrebt, den Diskurs der

Revolution, der bisher von Marxisten und den Sozialdemokraten, also vom ‹Gegner› dominiert war, zu besetzen.

«Bewegung» statt Revolution

Oswald Spengler, der ähnlich wie Jünger diese Diskursübernahme betreibt, propagiert schon während des Krieges, die Begriffe «Sozialismus» und «Revolution» den Marxisten und Sozialdemokraten zu entreißen, um sie zu funktionalisieren. Betrachtet man die nachfolgende Geschichte, so kommt man nicht umhin, Gestalten wie Jünger und Spengler einen gehörigen Weitblick zuzugestehen; in gewisser Weise antizipierten sie – in einer Art *selffulfilling prophecy* – die dann tatsächlich stattfindende Auseinandersetzung zwischen Rechten und Linken während der Weimarer Republik.

Doch welche Perspektive nimmt Spengler in den Blick? Während die Linken die Besitzverhältnisse verändern wollen, nimmt er die entgegengesetzte Warte ein: Revolution besteht für ihn nicht in einer sozialen Umwälzung, sondern darin, die Idealgestalt des Staats(wesens) kollektiv zu verinnerlichen. Zur Umwertung des Revolutionsparadigmas gehört ebenso, daß Revolution nicht als geschlossener Akt verstanden wird, sondern zur «Bewegung» umdefiniert wird. So kann sie mit Bürgerkrieg kombiniert werden – ein Gedanke, den die NS–Propagandaliteratur aufnehmen wird.[6] Der Bürgerkrieg

6 Dazu schreibt der konservative Philosoph Hermann Lübbe: «Im 19. Jahrhundert hieß ‹Revolution› ein rascher und tiefgreifender Wandel der Verhältnisse allemal dann, wenn es mit dem gewaltsamen Umsturz eines politischen Herrschaftssystems verbunden war. Nunmehr, indem das Jahr 1914 zum weltgeschichtlichen Kontrapunkt des Jahres 1789 erklärt wird, verschwindet aus dem Begriff ‹Revolution› das Moment des aktiven Herrschaftsumsturzes, und seine Bedeutung neutralisiert sich zu einem Geschehen, das den Charakter politischer ‹Bewegung› hat und die Massen ergreift oder in sich hineinzieht.» (Hermann

als die ultimative Entscheidungssituation läuft in Schriften wie denen Spenglers immer mit. Auch deswegen wurden Schriften wie «Preußentum und Sozialismus» bei entlassenen Soldaten wie beim Offizierskorps, bei Beamten und antirepublikanischen Politikern wie Manifeste aufgenommen. Die Bereitschaft zum Bürgerkrieg drückt sich auch in den Schriften und Pamphleten der anderen «konservativen Revolutionäre» [7] als öffentliche, quasi noch-diskursive Kampfhaltung aus, die jedoch ganz klar militärischen Normen und Verhaltensweisen verhaftet ist.[8]

Die Personifikation einer im großen Gewitter des Weltkriegs zu errichtenden Gesellschaft ist die Lichtgestalt des deutschen 18. Jahrhunderts – Friedrich der Große: *«Die deutsche Revolution... ist aus einer Theorie hervorgegangen.* Der deutsche, genauer preußische Instinkt war: Die Macht gehört dem Ganzen. Der einzelne dient ihm. Das Ganze ist

Lübbe: Politische Philosophie in Deutschland, Basel und Stuttgart 1963, S. 211, zit. nach Kurt Lenk: Der deutsche Konservatismus, Frankfurt/M. 1989, S. 140) Elegant geht Lübbe darüber hinweg, daß mit «Bewegung» auch militante Auseinandersetzung, Bürgerkrieg mit Waffen gemeint ist. Spengler verhehlte dies nie, warum hätte er sonst die Fortführung des als «Aufbruch» getarnten Krieges gefordert.

7 Stefan Breuer verweist zu Recht auf die ambivalenten Konnotationen des Begriffs «konservative Revolution», der den Eindruck erweckt, als habe es sich um eine Wiederbelebung des deutschen Konservatismus gehandelt. Zutreffend weist Breuer darauf hin, daß die Blütezeiten des Konservatismus bereits im 19. Jahrhundert zu Ende gegangen ist und es sich also um eine Mischform handelt, die durchaus modernen Zuschnitts ist, vgl. Stefan Breuer: Anatomie der konservativen Revolution, Darmstadt 1993, S. 5

8 Norbert Elias hat in seinen Studien zur Habitusentwicklung im 19. und 20. Jahrhundert auf die Präsenz der Gewalt in der Adaption von Politik durch das Bürgertum in latenter und manifester Form verwiesen (vgl. Norbert Elias: Studien über die Deutschen, Frankfurt/M. 1990, S. 282 ff).

souverän. Der König ist nur der erste Diener seines Staates. Jeder erhält seinen Platz. Es wird befohlen und gehorcht.»[9]

Aber wie dahin kommen? Indem die Revolution, die mit dem Krieg begonnen hat, verlängert wird, in eine Bewegung transformiert wird: «Aber man täuscht sich nicht, die Revolution ist nicht zu Ende. Ob sinnlos oder nicht, ob gescheitert oder verheißungsvoll begonnen, ob der Auftakt einer Weltrevolution oder eine bloße Auflehnung des Mob in einem einzelnen Lande, es ist eine Krise im Gange, die wie alles Organische, wie eine Krankheit, einen mehr oder weniger typischen Verlauf nimmt, der sinnwidrige Eingriffe nicht duldet.»[10] Spengler verfaßte sein Pamphlet noch während des Krieges (mit engem Bezug auf Werner Sombarts «Händler und Helden», 1915); es erschien zuerst 1919, im Jahr der Verfassungsgebung und des Friedensvertrags.

Es ist klar, was mit «sinnwidrige Eingriffe» gemeint war. In Spenglers Denken waren bürgerliche Demokratie und Verfassungsgebung ebenso «sinnwidrige Eingriffe» wie das Wirken der Siegermächte in Deutschland. Wenn die Revolution gelingen sollte, die mit dem Krieg nach außen drängte und den Franzosen aufgezwungen wurde (wie diese den Deutschen die ihre 1789 aufgezwungen hätten), dann mußte sie in Spenglers Ratio nun nach innen getragen werden, um Anschluß an jene Tradition des Preußentums zu finden, die durch die industrielle Revolution und das schwächliche, geldgierige, nach England schielende Bürgertum unterbrochen worden war.[11]

9 Oswald Spengler: Preußentum und Sozialismus, München 1924, S. 13

10 Spengler, a. a. O., S. 17f

11 Vgl. auch Werner Sombarts Schrift «Händler und Helden», München, Leipzig 1915, die genau auf diesen Zusammenhang gemünzt ist.

Es ist aufschlußreich, daß dieser intellektuelle Kreuzzug nicht von «dem Bürgertum», sondern von Angehörigen einer Intelligenzschicht geführt wurde, die der Herkunft nach eher dem Kleinbürgertum und dem Mittelstand, der intellektuellen Verortung nach jedoch dem preußischen Adel, dem Militär und der romantischen Intelligenz näherstanden.[12] Sie sind, wenn man so will, keine «typischen Klassenvertreter». Ihre Verachtung des Bürgertums und der Massen, der modernen politischen Formen und der modernen Wirtschaft war verbunden mit einer ausgesprochenen Faszination für Themen der Moderne wie: Technik, Masse, industrieller Fortschritt, Wissenschaft (zum Beispiel Psychologie[13]). Es handelt sich daher nicht um die anti-moderne, gar konservative Ideologie einiger intellektueller Reaktionäre (was der Begriff «konservative Revolution» nahezulegen scheint), sondern um den Versuch, moderne Denkformen (die Betonung auf der «Bewegung», die Akzeptanz von Industriekapitalismus und Technik sowie die Mischung zwischen militärischen Ordnungsvorstellungen und imperialistischen, auf Hochkapitalismus fußenden Dominanzphantasien, die Verwendung marxistischen Vokabulars) völkisch-konservativ zu verorten und dies mit Gewalt zu erzwingen.

Die symbolische Gewaltdemonstration in Pamphleten, Manifesten und Romanen ist die untergründige Folie, auf der sich die manifeste Gewaltanwendung herausbilden kann. Die Gewaltdimension entsteht zunächst aus der Offenheit der Staatsgewalt, sie erscheint als Reaktion auf etwas Fremdes (die Siegermächte und ihre «Erfüllungsgehilfen»), um sich dann im Gesellschaftsgefüge verselbständigt festzusetzen.

12 Vgl. Stefan Breuer: Anatomie der konservativen Revolution, a. a. O., S. 25 ff

13 Siehe auch die weite Verbreitung von Gustav Le Bons «Psychologie der Massen» (1895) sofort nach seinem Erscheinen.

Das Spiel mit symbolischer und manifester Gewalt beherrschen vorzüglich Schriftsteller wie Ernst von Salomon. Er propagiert die Gewaltanwendung als existentielle Herausforderung des modernen männlichen Subjekts. In seinem Roman «Die Geächteten» entwirft er die Phantasmagorie einer zur Gegen-Gesellschaft gewachsenen Geheimbrüderschaft der Eingeweihten. Ihre Sprache ist durchsetzt von Geheimcodes. Das subversive Liedgut ist einer dieser Geheimcodes: «Es war wie eine Pest, welche die friedlichen Bürger heimsuchte. Die Luft war geschwängert von Stickgerüchen der Katakomben. Es drang aus den Türritzen verschwiegener Hinterzimmer mit dem säuerlichen Hauch der Verschwörung. Der scharfe Wind messerkalter Zynismen fuhr selbst aus den Bezirken als legal und idealistisch bekannter Vereine. Bald fühlten sich ungezählte Liedertafeln als Organe der geheimnisvollen Macht und spürten sich berufen und gebenedeit, Retter des Vaterlandes zu sein. Das ging mit husch husch und pst pst durch alle Kneipen, Keller, Kammern... Durch die Schauer des Geheimnisses, die den Bund (gemeint ist die «Organisation Consul» – AG) und sein Tun umwitterten, wuchs... der kecke Trotz der Auflehnung. Die Männer waren Legion, die sich hohen Ruhmes befleißigten und dies zu beweisen suchten. Sie flüsterten das Zauberwort ‹Befehl vom Chef›, und niemand wagte, nachzuforschen, und die Gefolgschaft war gesichert. Wenn irgendwo im Volke die Geschichte einer Waffenschiebung, eines Bombenattentates, eines Mordanschlages ruchbar wurde, dann wußte man: O. C. (Organisation Consul – AG).» [14]

Die biblische Anspielung des «Volkes in den Katakomben» ist hier gewiß beabsichtigt.

Drei Formen der Gewaltanwendung auf der Rechten schälen sich im Laufe der Republik heraus:

14 Ernst von Salomon: Die Geächteten, Gütersloh 1930, S. 196f

▷ Die eine Form dieses Kampfes ist die offene Gewalt. Sie wird ausgeübt von den paramilitärischen Verbänden, deren von der Regierung geduldete oder gar erbetene Feldzüge nach außen gegen Polen und Russen im Baltikum[15] – und nach innen gegen aufständische Arbeiter, Kommunisten und Zivilbevölkerung die Republik in ihren Anfangsjahren erschüttern. Sie zeigt sich ebenso im Wirken von Geheimbünden und Fememordorganisationen. Die Geburt der Republik aus dem Bürgerkrieg bestimmt ihr Bild nicht nur von außen oder im nachhinein gesehen; der Bürgerkrieg prägt auch ihr Selbstbild. Er wirkt der Entstehung eines republikanischen Selbstvertrauens entgegen. Dies ist kein bloß durch die Umstände hervorgerufener Zug der Republik: Es ist die Absicht derer, die diese Gewalt hervorrufen, daß der Eindruck des Chaos entsteht, aus dem nur ein Retter, der außerhalb des republikanischen Rahmens steht, den Ausweg weiß. Romane wie Salomons «Die Geächteten» leisteten hier die ideologische Unterfütterung.

▷ Die zweite Form profiliert sich in Attentaten und politischen Morden gegen Politiker (Kurt Eisner, Mathias Erzberger, Walther Rathenau und viele andere), gegen Kommunisten sowie gegen Abtrünnige aus den eigenen Reihen. Hier wird die Republik direkt bekämpft, ihre Vertreter werden als «Volksverräter» stigmatisiert. Hier ist auch der Ort, wo im intellektuellen Diskurs die gang und gäbe werdende Unterscheidung zwischen (verachteter) «Legalität» und (in Anspruch genommener) «Legitimität» entsteht.[16]

15 Vgl. Winkler: Weimar, a. a. O., S. 114f

16 Vgl. Carl Schmitts gleichnamige Schrift: Legalität und Legitimität, Berlin 1932, in der er gleich zu Beginn der Einleitung den «Zusammenbruch des parlamentarischen Gesetzgebungsstaates» (a. a. O.,

▷ Die dritte Form findet sich im direkten Kampf um das staatliche Gewaltmonopol: in den Putschversuchen gegen die Regierung, von denen hier nur der Kapp-Putsch 1920 und der Putsch-Versuch Hitlers und Ludendorffs 1923 an der Münchner Feldherrenhalle genannt werden sollen.

Schließlich gibt es die symbolische Gewalttätigkeit des verbalen Auftretens in Zeitungen, Zeitschriften, auf Plakaten, auf Massenversammlungen und im Parlament, die Hetze gegen die Republik als «das System», gegen seine Parteien und Politiker als «die Novemberverbrecher»,[17] gegen «die Juden», die wahlweise als Spekulanten, Blutsauger, Krummnasen und Parasiten dämonisiert werden.[18] Die symbolische und die demonstrative Gewaltebene waren – wie zwei Seiten derselben Münze – immer präsent.[19]

S. 7) konstatiert, auf dessen Zerstörung die ganze Legitimitätsthese gleichzeitig beruhte.

17 So heißt es in Oswald Spenglers Kampfschrift «Preußentum und Sozialismus»: «Im Herzen des Volkes ist Weimar gerichtet. Man lacht nicht einmal. Der Abschluß der Verfassung stieß auf absolute Gleichgültigkeit... Diese Episode ist der tiefsten Verachtung der Zukunft gewiß. 1919 (das Jahr der Verfassungsgebung – AG) ist der Tiefpunkt deutscher Würde.» (a.a.O., S. 15 f)

18 Zu Recht hat Norbert Elias darauf verwiesen: «Von vornherein also hatte das Staatsgefüge der ersten deutschen Republik ein Doppelgesicht. Auf der einen Seite wurde der Kampf der Klasseninteressen und -ideale in der Form des Parteienkampfes auf der Bühne der Parlamente, im Rampenlicht der Öffentlichkeit und relativ gewaltlos entsprechend den parlamentarischen Regeln ausgetragen. Auf der anderen Seite wurde dieser Kampf von Wehrverbänden und Geheimbünden mit Mitteln der physischen Gewalt im konspirativen Zwielicht ausgefochten.» (Elias: Studien über die Deutschen, a.a.O., S. 289)

19 Aufschlußreich wäre zu untersuchen (was hier nicht geleistet werden kann), unter welchen konkreten Umständen die gewalthafte und wann die «zivile» Seite besonders hervortrat. Auf der Hand liegt eine Dreiteilung, nach der die manifeste Gewaltphase mit 1923 aus-

Die gedanklichen Formen, in denen «Gewalt und Leidenschaft» als die zwei dominanten Prinzipien der neuen Republik bei den Rechten auftreten, sind nicht neu. In der Weimarer Republik entbrennt keine neue intellektuelle Debatte von rechts. Der Großteil der Paradigmen und Ideen, die man bei Jünger, bei Spengler, Moeller van den Bruck und vielen anderen antrifft, stammten aus der völkisch-nationalen Literatur des 19. Jahrhunderts mit Anleihen an die Romantik. Davon zehren die Rechten, wenn sie sich gegen die «Zumutungen» der politischen Moderne wenden. Neu ist nur die kollektive Erfahrung des Krieges. Sie sichert die Kontinuität eines Lebensgefühls und einer Spannung, die die Republik hindurch andauert und anscheinend immer wieder aufgebaut werden konnte und durch die die Nationalsozialisten dann Aufwind erhielten. Es ist die negative Leidenschaft der Zerstörung, eine «Tabula rasa»-Attitüde,[20] die die Gewalthaftigkeit der rechten Aktionen immer wieder hervorbringt. Sie fußt auf der Vorstellung, daß Weimar eben nur ein ungewollter Ausrutscher der Geschichte war und daß das Ruder der Geschichte mit einem kollektiven Willensakt herumzureißen sei.

klingt, um einer relativen Ruhephase Platz zu machen, die spätestens ab 1929 bzw. seit dem Beginn der Benutzung des Art. 48 wieder in eine bürgerkriegsähnliche Phase übergeht, welche dann 1933 von den Nationalsozialisten in einen «geordneten Bürgerkrieg» überführt wird.

20 François Furet verwendet diese Metapher in seinen Forschungen zur Französischen Revolution und zum Kommunismus im 20. Jahrhundert; vgl. auch François Furet: The French idea of revolution, Ms., Rede gehalten am 5. Dezember 1996 in Bremen aus Anlaß der Verleihung des «Hannah Arendt-Preises für politisches Denken», S. 5

«Sozialismus oder Untergang in die Barbarei»

So klar die Lage auf der Rechten scheint, so uneinheitlich stellt sie sich auf der Linken dar. In ihrer Propaganda orientierten sich die Sozialdemokraten noch bis zum Vorabend des Ersten Weltkriegs auf die Überwindung der Klassengesellschaft. *De facto* zeigte dann die Entwicklung seit August 1914, wie weit sie schon Teil des inneren Machtgefüges des wilhelminischen Staates waren. Zwar hatte die deutsche sozialdemokratische Arbeiterbewegung vor dem Ersten Weltkrieg klare Ziele: Verbesserung der Lebenssituation der Arbeiter, allgemeines, gleiches und freies Wahlrecht (im Reich gab es das allgemeine, gleiche und direkte Männerwahlrecht seit 1871, im Norddeutschen Bund ab 1867; es sollte nun auch für alle Einzelstaaten und für Frauen gelten), Machtbeteiligung, Reform des Staates zu einem «Volksstaat». In der ganz fernen Zukunft dann das Ziel einer internationalen Gemeinschaft von Völkern – wie hatte es stets geheißen: «Die deutsche Sozialdemokratie ist Teil der internationalen Arbeiterbewegung...» Aber in der Politik der sozialdemokratischen Reichstagsfraktion erwies sich einmal, wie weit die Übereinstimmung großer Teile der Sozialdemokratie mit dem wilhelminischen Deutschland gediehen war; zum zweiten wurde deutlich, wie sehr große Teile der Sozialdemokratie auf Machtteilhabe – und nicht auf Umsturz oder Revolution ausgerichtet waren. Die sozialdemokratischen Führer im Reichstag waren so sehr von der Notwendigkeit konkurrierender Nationalstaaten überzeugt, daß sie keine Probleme hatten, 1914 die Kriegskredite zu bewilligen.

Es kam hinzu: Die Konzentration der Parteiprogramme auf die soziale Ausgestaltung des Staates verhinderte die Debatte über die politischen Konturen eines von den Sozialdemokraten maßgeblich beeinflußten neuen Deutschland. Statt dessen kam eine Mischung aus Pazifismus und Nationalismus zum Tragen, der in der Tat so ambivalent war, daß sich führende sozialdemokratische Politiker immer wieder in den Rechtfertigungszwang hineindrängen ließen, beweisen zu müssen, daß sie keine «vaterlandslosen Gesellen» seien. Dies hatten ihnen Wilhelm II. und Bismarck immer wieder vorgehalten, wohl wissend, damit einen Nerv zu treffen. Nein, vaterlandslose Gesellen wollten sie nicht sein, die deutschen Sozialdemokraten, dazu waren sie zu sehr die Kinder des 19. Jahrhunderts mit ihrer Sehnsucht nach einer staatlichen Einheit (und Stärke nach außen).

Es machte die Lage der Sozialdemokraten nicht einfacher, daß sie zugleich Angst vor den Massen hatten, vor der Dynamik einer Bewegung, die sie selbst aufgebaut hatten, die sie aber eher in Schach halten wollten, als sie zu einer Bewegung der politischen Macht zu formen. Darauf hat Rosa Luxemburg immer wieder hingewiesen.[21] Nicht wenige sozialdemokratische Führer waren in den neunziger Jahren beeindruckt von Gustave Le Bons Bekenntnisschrift «Die Psychologie der Massen». Massen, das war etwas Unberechenbares, das war Wut und Gewalt, Irrationalität. Massen mußten in Zucht gehalten werden, durch Erziehung in Schule und Militär. Nicht umsonst tauchen in diesem Zusammenhang öfters Anklänge an die soldatischen Massen auf, denen der Staat Zucht und Ordnung angedeihen ließ. Schon Marx und Engels hatten die Fabrikarbeiter als «Armee» beschrieben, die unter dem Regiment des Fabrikbesitzers stünde.[22] Skurril nimmt sich aus,

21 Vgl. Rosa Luxemburg: Massenstreik, Partei und Gewerkschaften, in: dies.: Politische Schriften, 3 Bde., Bd. I, Frankfurt/M. 1966; vgl. auch Antonia Grunenberg (Hg.): Die Massenstreikdebatte, Frankfurt/M. 1970

22 «Arbeitermassen, in der Fabrik zusammengedrängt, werden soldatisch organisiert. Sie werden als gemeine Industriesoldaten unter die Aufsicht einer vollständigen Hierarchie von Unteroffizieren und Offizieren gestellt.» (Karl Marx und Friedrich Engels: Das kommunistische

wie seit den 90er Jahren innerhalb der SPD immer wieder über den Generalstreik, die Massenstreiks und den Tag X debattiert wurde und mit jedem Wort, das August Bebel, Wilhelm Liebknecht und Karl Kautsky von sich geben, ihre Furcht spürbar wird, damit eine Gewaltlawine loszutreten, die sie selbst mit fortreißen würde. Diese Überzeugung von der politischen Unreife ihrer eigenen Bewegung – war sie Zeugnis des mangelnden politischen Willens zur Übernahme der Macht? Oder war sie Ausdruck eines realistischen Blicks auf die Verhältnisse, der den radikalen Linken abhanden gekommen war? Vorschnelle Antworten verbieten sich. Man gewinnt jedoch den Eindruck, als sei die mangelnde politische Klarheit direkt der Parteiprogrammatik entsprungen. Die Kritik von Marx an der Illusion führender Sozialdemokraten, den Staat zum großen Gerechtigkeitsmacher umformen zu können, läßt sich auch auf die Situation vom August 1914 übertragen.[23] Nur wenn man annimmt, daß die Mehrheit der SPD den wilhelminischen Staat im Grunde für reformfähig hielt, läßt sich verstehen, wie sich diese Partei 1914 in den Kriegsstrudel hineinziehen ließ. Nur so läßt sich erklären, daß ihre Führer am Ende des Krieges im Grunde noch immer nicht die Machtübernahme anstrebten, sondern nur die Machtteilhabe.

Warum kommt der deutschen Sozialdemokratie eine so bedeutende Rolle zu? Weil sie seit den sechziger Jahren des 19. Jahrhunderts im Grunde das einzige zivile Projekt in Deutschland repräsentierte, an das sich Hoffnungen auf einen politischen Neubeginn knüpfen ließen. Für die anderen gesellschaftlichen Kräfte war die Vorstellung eines Neubeginns unweigerlich mit Krieg verbunden, da sie sich nicht aus

Manifest, in: Karl Marx: Die Frühschriften, hg. von Siegfried Landshut, a.a.O., S. 533)

23 Vgl. Karl Marx: Kritik des Gothaer Programms, a.a.O.

den imperialen Zusammenhängen lösen konnten, die die deutsche Politik seit der zweiten Hälfte des Jahrhunderts bestimmten. Eine politische Umgestaltung Deutschlands lag nicht in ihrem Interesse. Die Spaltung der Sozialdemokratie ist daher ein Ereignis von weitreichender Bedeutung. Schon vor 1914 hatte sie sich angekündigt. Die Radikalisierung der Arbeiterbewegung während des Krieges führte dann zur Abspaltung der radikalen Gruppen. Damit entsteht in den letzten beiden Kriegsjahren auch auf der Linken jener Hintergrund, der die Ersetzung von Politik durch Gewalt mit sich bringt; sie geht ihr allerdings nicht voraus wie bei den Rechten. Auch hier spielt die «Offenheit» des staatlichen Gewaltmonopols, die Norbert Elias erwähnte, eine beträchtliche Rolle.

Schon vor dem Krieg gab es in der sozialdemokratischen Arbeiterbewegung und Partei erhebliche Unstimmigkeiten zwischen den pazifistischen, den Krieg ablehnenden Teilen der Sozialdemokratie und jenen, die zwar die Anti-Kriegs-Kundgebungen europaweit mit ihren Kongressen und Demonstrationen in Stuttgart (1907), in Kopenhagen (1910), in Basel (1912) organisierten,[24] aber doch den Anspruch auf Machtteilhabe letztlich voranstellten und sich diese 1914 mit der Zustimmung zu den Kriegskrediten im Reichstag quasi «erkaufen» wollten.[25]

24 Vgl. Julius Braunthal: Geschichte der Internationale, 2 Bde., Bd. 1, Berlin, Bonn 1978, S. 340ff

25 Dabei soll nicht in Abrede gestellt werden, daß auch andere Motive dabei anfänglich eine Rolle spielten, z. B. die Furcht vor imperialistischen Bestrebungen des russischen Zaren oder die Überzeugung, daß keine anderen Handlungsmöglichkeiten offenstanden. Dennoch ist offensichtlich, daß die einzige große Partei, die im Moment des Kriegsendes zu Recht von einem «Übergang» reden konnte, die (Mehrheits-) Sozialdemokratie war; sie hatte auf diesen Übergang hingearbeitet, wenn sie dann auch paradoxerweise nicht auf ihn vorbereitet war.

So mag es nicht verwundern, daß die mehrheitssozialdemokratischen Führer im Moment des Zusammenbruchs 1918 enttäuscht darüber waren, daß dies nun kein friedlicher Machtwechsel unter Beteiligung der SPD, sondern ein totaler Bruch war.

Die SPD zeigte sich überrascht und politisch überfordert vom Zusammenbruch der Monarchie; ein eigenständiges politisches Projekt hatte sie nicht.

Daß hier geschichtliche Voraussetzungen und aktuelles Versagen zusammentrafen, wird deutlich in Rosa Luxemburgs im Gefängnis verfaßter Anklageschrift «Die Krise der Sozialdemokratie (Junius-Broschüre)» von 1915, die zum Manifest der oppositionellen Gruppen innerhalb der internationalen Sozialdemokratie wurde: «Daß derartiges (der Rückzug der Sozialdemokratie vor den kriegstreibenden Kreisen – AG) heute in Deutschland möglich, ja nicht nur von der bürgerlichen, sondern von der hochentwickelten und einflußreichen sozialdemokratischen Presse völlig kampflos, ohne jeden Versuch eines namhaften Widerstands hingenommen wird, diese Tatsache ist für die Schicksale der deutschen Freiheit von verhängnisvollster Bedeutung. Sie beweist, daß die Gesellschaft in Deutschland für die politischen Freiheiten heute in sich selbst keine Grundlagen hat, da sie die Freiheit so leicht und ohne jede Reibung entbehren kann.» [26]

Sarkastisch, mit einem verzweifelten Unterton, kritisiert Luxemburg die Einbindung der sozialdemokratischen Führung in den Strudel der kriegsvorbereitenden Ereignislinien.[27] Heftig kritisiert sie die «Verlumpung des deutschen

26 Rosa Luxemburg: Die Krise der Sozialdemokratie (Junius-Broschüre), in: dies.: Politische Schriften, 3 Bde., Bd. II, Frankfurt/M. 1966, S. 107f

27 Vgl. Luxemburg, a. a. O., S. 108

Liberalismus und den semidemokratischen Charakter der Verfassung von 1871.[28]

Die extreme Linke, die sich, auch auf ihr Betreiben hin, seit 1915 abzuspalten begann[29] und sich dann in zwei großen Schüben gesondert organisierte (1917 in Form der USPD und Ende 1918 als Spartakusbund, später KPD), setzte sich deutlich und aggressiv von reformorientierter Politik ab. In den Augen Rosa Luxemburgs und Karl Liebknechts hatte sich die Mehrheitssozialdemokratie derart desavouiert, daß keine Kompromisse und daher auch kein «Übergang» möglich wären als der Kampf gegen jedwede Art von sozialdemokratischer Regierung.

28 «Die deutsche Verfassung war nicht auf Revolutionsfeldern gereift, sondern in dem diplomatischen Spiel der preußischen Militärmonarchie als das Zement, womit diese Militärmonarchie zum heutigen Deutschen Reich ausgebaut wurde. Die Gefahren für die ‹freiheitliche Entwicklung Deutschlands› liegen nicht, wie die Reichstagsfraktion (der SPD – AG), meinte, in Rußland, sie liegen in Deutschland selbst. Sie liegen in diesem besonderen konterrevolutionären Ursprung der deutschen Verfassung, sie liegen in jenen reaktionären Machtfaktoren der deutschen Gesellschaft, die seit der Gründung des Reiches einen ständigen stillen Krieg gegen die kümmerliche ‹deutsche Freiheit› geführt haben; und das sind: das ostelbische Junkertum, das großindustrielle Scharfmachertum, das stockreaktionäre Zentrum, die Verlumpung des deutschen Liberalismus, das persönliche Regiment... Das sind die wirklichen Gefahren für die Kultur und ‹freiheitliche Entwicklung› Deutschlands. Und all jene Faktoren stärkt jetzt der Krieg...

Ein Volk, das durch sein Verhalten zugibt, während des Krieges sei Belagerungszustand notwendig, hat damit zugegeben, die politische Freiheit sei überhaupt entbehrlich.» (Rosa Luxemburg: Die Krise der Sozialdemokratie (Junius-Broschüre), a.a.O., S. 108f)

29 Mit der Konferenz von Zimmerwald, auf der sich zum ersten Mal die Dissidenten innerhalb der internationalen Sozialdemokratien trafen; dieses Treffen wurde 1917 fortgeführt mit einem Treffen in Gotha, auf dem sich die USPD gründete. (Vgl. Julius Braunthal, a.a.O., Bd. 2, S. 72f)

Verzweifelt und verbittert beklagte Luxemburg den «Verrat» der Mehrheitssozialdemokratie «an den elementarsten Grundsätzen des internationalen Sozialismus, an den Lebensinteressen der Arbeiterklasse, an allen demokratischen Interessen der Völker.»[30]

Die Neugründung der Internationale schien für sie und viele andere enttäuschte Linke die einzig schlüssige Folgerung aus dieser Situation zu sein.[31] Freilich bedeutete dies auch die Spaltung der deutschen und europäischen Sozialdemokratien. Luxemburgs immer kompromißloser werdende Rhetorik erklärt sich natürlich aus dem Verlauf des Krieges selbst, der wie ein mechanisches Räderwerk abzulaufen schien; sie gründete aber auch auf der Ausblendung aller anderen politischen Faktoren: der alliierten Siegermächte; der Rolle und der Interessen des Militärs; der Erschöpfung der Soldaten, der Versorgungsschwierigkeiten, der allgemeinen Orientierungslosigkeit... Die Verengung des Blickwinkels auf die «Schuld der Sozialdemokratie» ist jedoch auch ein Widerschein der Unübersichtlichkeit bei Kriegsende, des Knäuels von widerstreitenden Gefühlen, Bestrebungen und Interessen, die in der Tat den Eindruck erwecken konnten, als müsse hier ein gordischer Knoten durchhauen, eine Situation per Schuldzuweisung und machtpolitischem Willensentscheid geklärt werden.

Es ist zwar richtig, wenn Heinrich Winkler bemerkt: «Nicht als Gründungsväter einer Demokratie..., sondern als Konkursverwalter des kaiserlichen Deutschlands begriffen sich die regierenden Sozialdemokraten in den zehn Wochen nach dem Sturz der Monarchie und der Wahl der National-

30 Rosa Luxemburg: Die Krise der Sozialdemokratie (Junius-Broschüre). Anhang, a.a.O., S. 153

31 Vgl. Luxemburg, a.a.O., S. 155

versammlung».[33] Aber es stand doch für die radikalen Linken sehr viel mehr auf dem Spiel, als nur den Pragmatismus der Konkursverwalterin SPD zu akzeptieren. Hatte nicht die zentristische Parteiführung Jahre, ja Jahrzehnte dazu aufgerufen, Ruhe und Ordnung zu bewahren, die Kräfte zu schonen und die Organisation zu stärken – für den Tag X? Es war nicht nur die Enttäuschung darüber, daß hier keine radikalen Demokraten am Werk waren, vielmehr ängstliche und machtbewußte Pragmatiker, die die Radikalen in eine sich überschlagende Dynamik von Revolution und Gewalt trieb, sondern auch Wut. Schlichte Wut gibt Rosa Luxemburg in ihren letzten Schriften zu erkennen; sie rührt aus der bodenlosen Enttäuschung der Linken, daß die jahrelangen Strategiedebatten umsonst waren, daß die vielbeschworenen Ideale der internationalen Arbeiterbewegung eben nur Ideen waren, die in der Politik keine große Rolle spielten, daß aus den marxistisch orientierten Arbeiterführern nun scheinbar zynische Realpolitiker geworden waren.[34] Die Hinwendung in Richtung des radikalen, gewaltsamen Umsturzes ist auf diese Erbitterung zurückzuführen. Gleichzeitig greift auf seiten der radikalen Linken ein dichotomisches Weltbild Platz, das sich in Luxemburgs berühmtem Verzweiflungsausruf: «Sozialis-

33 Winkler: Weimar, a.a.O., S. 39f

34 Von Ebert wird folgende Episode berichtet: Auf die Frage des Kanzlers, Prinz Max von Baden, ob Ebert bereit sei, gegen die soziale Revolution zu kämpfen, habe Ebert geantwortet, wenn der Kaiser nicht abdanke, dann sei die Revolution unvermeidlich – und hinzugefügt: «Ich will sie aber nicht, ja ich hasse sie wie die Sünde.» (zit. nach Winkler: Weimar, a.a.O., S. 29) Vom damaligen Volksbeauftragten Noske wird berichtet, daß er die Aufgabe der Niederschlagung der Januarkämpfe 1919 in Berlin mit den Worten übernahm: «Meinetwegen! Einer muß der Bluthund werden, ich scheue die Verantwortung nicht!» (zit. nach Winkler, a.a.O., S. 58) Es ist anzunehmen, daß solche Aussprüche nicht nur im konservativen Lager die Runde machten.

mus oder Untergang in die Barbarei!»[34] niederschlägt. Seine ratio heißt: Alles oder Nichts!

Die politische Vorstellungswelt der Beteiligten war besetzt von einer «Politik des Willens» (Furet), aus der heraus das lange geplante Projekt nun auch umgesetzt werden sollte, ja mußte.[35] Es kam hinzu: Niemand glaubte ernsthaft, daß das unpolitische bzw. politisch schwache Bürgertum überhaupt einen Anspruch auf die Macht im Staate stellen würde. Die politischen Machtkonstellationen schienen sich in der Tat auf den Dualismus: hier die Kräfte des Krieges und der Reaktion (Militär und Adel) – dort die Kräfte des Aufbruchs und der Revolution (Arbeiterklasse) zu reduzieren.

Von diesem Zwang zur «Politik des Willens» ließen sich die Beteiligten auf der Linken überwältigen. Nur so ist es zu erklären, daß sich Rosa Luxemburgs politische Vorstellungswelt des Jahres 1918 auf ein simples Entweder-Oder verengt, in völliger Absehung von der politischen Umsetzbarkeit und den Fähigkeiten der handelnden Akteure. Die radikalen Linken hatten zwar ein politisches Ziel (die Machteroberung), aber keine politischen Vorstellungen, wie die neue Gesellschaft aufzubauen wäre. Es gab wenig mehr als die Sozialisierung der Industrie. Ihre Gründerväter und -mütter ähnelten eher archaischen Rachegöttern als kühl denkenden politischen Führern. Die «Massen», in die Rosa Luxemburg so viel Vertrauen setzte, die in den Berliner Straßenkämpfen auftraten oder auch starben, waren keine revolutionären Pioniere, sondern arme Gestalten, denen nicht die «Constitutio Libertatis»[36] vor Augen stand, sondern Hunger, Kälte und

34 Rosa Luxemburg: Was will der Spartakusbund?, in: dies.: Politische Schriften, 3 Bde., Bd. II, Frankfurt/M. und Wien 1966, S. 161

35 Vgl. Furet: Das Ende der Illusion, a. a. O., S. 49, 88f

36 So überschrieb Hannah Arendt das Kapitel in «Über die Revolution», in dem sie über das Ziel der amerikanischen und der französi-

Verbitterung. Ihr politisches Ziel war die Enteignung der Kriegsgewinnler und die gerechte Verteilung der Güter, nicht die politische Gründung einer Republik.

Man mag sich die Situation im Winter 1918/19 getrost als brechenden Damm vorstellen, der die Flut angestauter Gefühle und Leidenschaften nicht mehr halten konnte.

Wie sehr gerade in dieser Situation die öffentlich wirksam werdende Leidenschaft mit der Gewalt einherging, wie wenig andererseits die Gewalt Ergebnis eines geplanten Prozesses und wie sehr sie Resultat einer selbstlaufenden Dynamik war, wird deutlich am sogen. «Spartakusaufstand» am 4. Januar 1919. Drei Tage vorher war der Gründungskongreß der «Kommunistischen Partei (Spartakusbund)» zu Ende gegangen auf dem eine geradezu euphorische Stimmung herrschte.[37] Vierzehn Tage vorher hatte der Berliner Weihnachtsaufstand stattgefunden[38], der schon eine blutige Kraftprobe zwischen der Regierung und den sie unterstützenden Truppenteilen einerseits und den revoltierenden Teilen der Armee und der aufständischen Arbeiter andererseits gebracht hatte, die die Regierung (SPD und USPD) für sich entschieden hatte. Die Koalition zerbrach jedoch daran, und in Folge übernahm die SPD die Regierungsgewalt allein. Man kann also annehmen, daß unter den radikalen Teilen der Arbeiterschaft wie den Aktivisten die Erbitterung immer größer geworden war. Die Affäre um die Absetzung des zur USPD gehörenden Berliner Polizeipräsidenten Emil Eichhorn brachte dann das Faß zum Überlaufen. Die neuerliche Welle von Straßenkämpfen mit der Besetzung von Druckereien, Zeitungen

schen Revolution handelte, vgl. Hannah Arendt: Über die Revolution, München 1986, S. 183

37 Winkler: Weimar, a.a.O., S. 56

38 Anlaß war der Streit um die Volksmarinedivision, die das Berliner Stadtschloß besetzt hatte, vgl. Winkler, a.a.O., S. 53

und Verlagsgebäuden war nicht von den Kommunisten geplant. Sie «brach aus», lief jedoch «wie am Schnürchen» nach einer schon erprobten Dynamik ab: Massendemonstration – Herausforderung der Regierung – Verhandlungen – Abbruch – bewaffneter Kampf zwischen Arbeitern und Regierungstruppen – gewaltsame Niederschlagung durch die Regierung und die von ihr beauftragten Freikorps.[39]

Aufschlußreich ist nun, wie die Beteiligten diese Situation interpretierten. Winkler berichtet: «In die Beratungen im Polizeipräsidium (zwischen den Revolutionären Obleuten, die der USPD nahestanden, und den Führern von Spartakusbund/KPD – AG) platzte die – wie sich bald herausstellen sollte: falsche – Mitteilung des Anführers der Volksmarinedivision, Dorrenbach, nicht nur seine Truppe, sondern alle Berliner Regimenter ständen hinter den Revolutionären Obleuten und seien bereit, die Regierung Ebert-Scheidemann mit Waffengewalt zu stürzen. Auf Grund dieser und zusätzlicher, ebenso falscher Behauptungen über den militärischen Rückhalt der Protestbewegung erklärte schließlich Karl Liebknecht, ‹daß bei diesem Stand der Dinge nicht nur der Schlag gegen Eichhorn abgewehrt werden müsse, sondern der Sturz der Regierung Ebert-Scheidemann möglich und unbedingt notwendig sei.› Gegen die Proteste von Richard Müller und Ernst Däumig (USPD–AG) sprach sich eine Mehrheit der Versammelten dafür aus, die Besetzung der Zeitungsbetriebe aufrechtzuerhalten, die Berliner Arbeiter zum Generalstreik aufzurufen und den Kampf gegen die Regierung bis zu deren Sturz aufzunehmen.»[40]

Der Aufruf zum Sturz der Regierung und damit die öffentliche Verkündung des Anspruchs auf Machtübernahme war aufgrund einer falschen Nachricht ergangen. Dies geschah,

39 Vgl. Winkler, a.a.O., S. 56f
40 Winkler, a.a.O., S. 57

ohne daß klargewesen wäre, wer die Macht übernehmen, welche Regierung gebildet werden sollte, mit welchem Programm die neue Regierung antreten und welche Kräfte sie unterstützen würden. Es geschah ohne weiteres Überlegen darüber, welche anderen Kräfte bei diesem geschichtlichen Akt zu berücksichtigen seien: Militär, Freikorps, Unternehmer, Junker, Bürgertum, schließlich die Alliierten.

Der Umsturzversuch «passierte» quasi als interne Berliner Angelegenheit, die zugleich, irgendwie, auch Reichsangelegenheit war. Die Absurdität, ja – von heute aus gesehen – Komik dieser Situation[41] darf nicht darüber hinwegtäuschen, daß hier eine Art mechanische Logik wirkte, die die Hirne der Beteiligten wie magisch besetzt hielt: die Logik vom Jäger und seiner Beute. Die Versammlung im Polizeipräsidium handelte nach der Devise: Endlich haben wir sie erlegt! Die Rollen schienen verkehrt worden zu sein: Nachdem sich die revolutionäre Arbeiterschaft und ihre radikalen Führer monatelang (wenn nicht jahrelang) als Opfer, als Verlierer gefühlt hatten, sahen sich ihre Führer nun in der Lage, das Gesetz des Handelns umzukehren.

Was von heute aus gesehen wie der helle Wahnsinn anmutet, erschien für die Beteiligten damals folgerichtig, der entscheidende Schritt auf dem Weg zu einem Ziel, das immer angestrebt worden war. Ich habe diese Episode gewählt, weil in ihr deutlich wird, daß die Dynamik von Gewalt und Leidenschaft streckenweise fast gleichläufig war.

41 Ähnliche «komische», weil so eigenartig realitätsfremde Situationen gab es in allen linken Aufständen. Es gab sie in der bayerischen Räterepublik, deren Repräsentanten nicht so recht wußten, wie sie die Staatsmacht darstellen sollten; auch in der ungarischen Räterepublik, die bekanntlich eine Kaffeehausgründung war, gab es surreale Szenen. – Freilich liegen in diesen Ereignissen Komik und Tragik nahe beieinander.

Der selbstläufige Radikalismus der Ereignisse, der so viel Wirklichkeit ausblendete, wird noch deutlicher vor dem Hintergrund der Ereignisse in Rußland. Es gab in den ersten beiden Jahren nach Ausbruch der Oktoberrevolution eine Lieblingsidee unter den führenden Intellektuellen und revolutionären Führern, die Projektion eines Parallelismus, eines Gleichlaufs der Ereignisse in Rußland und Deutschland. Natürlich entstand eine solche «weltrevolutionäre Stimmung» auch, weil die russischen Revolutionäre dies ihren deutschen Freunden suggerierten. Zu diesem Zeitpunkt – 1919 – ist es noch unvorstellbar, daß die isolierte russische Revolution sich als «Sozialismus in einem Land» stabilisieren könnte. So entzündete sich eine Art gegenseitiger Projektionismus der «Politik des Willens» zwischen deutschen und russischen Revolutionären, dem intelligente Köpfe wie Rosa Luxemburg vergeblich zu widerstehen versuchten.

Die Verwechslung von Politik und Gewalt erhielt gerade aus Rußland ständig neue Nahrung. Denn in Rußland hatte sich ja aus der Gewalt die Übernahme der politischen Macht ergeben. Ja, in der begleitenden Leninschen Rhetorik wurde die Gewalt zur Voraussetzung des Gelingens der Revolution erhoben. In der Gewalt sollte die politische Geburt der neuen Gesellschaft geschehen, das Neue aus der Zerstörung des Alten entstehen.

Wie sehr die politischen Geschicke Deutschlands (bzw. Europas) und Rußlands – vor allem von den russischen Revolutionären – zusammengesehen wurden, ergibt sich aus solch phantastischen Zukunftsszenarien wie dem, das Gregorij Sinowjew Anfang 1919 ausmalt: «Zur Stunde, da wir diese Zeilen niederschreiben, zählt die III. Kommunistische Internationale drei Sowjet-Republiken: Rußland, Ungarn und Bayern. Doch es würde niemanden verwundern, wenn es zu dem Zeitpunkt, da diese Zeilen veröffentlicht werden, bereits sechs Sowjet-Republiken oder gar mehr gäbe. Das alte Europa geht in rasender Geschwindigkeit der proletarischen Revolution entgegen.»[42]

Der gedankliche Anschluß dieses intellektuellen Höhenflugs war die über Jahrzehnte hinweg gepflegte Überzeugung, daß eine sozialistische Revolution nur in internationalem Maßstab vor sich gehen könnte und daß sie den internationalen Zusammenschluß der europäischen Arbeiterklassen erforderlich mache. Freilich war die projektierte Gleichläufigkeit mit Rußland (ab 1921: Sowjetunion) mehr eine Sache der politischen Intellektuellen als der Masse der Arbeiter. Für sie mochte Rußland ein Projektionshorizont sein, war aber doch keine reale Erfahrungsbasis. Die russischen Emissäre, die wie Handlungsreisende der Revolution durch Europa streiften, und ihre deutschen Freunde waren jedoch imstande, in der Zeit bis 1923, dem vorläufigen Ende des Bürgerkriegs, einen derartig suggestiven Endzeit-Druck hervorzurufen, daß sich ihm zumindest die linksradikalen Intellektuellen nicht entziehen konnten noch wollten. Das Potential an politischer Kraft und Phantasie, das hier verbraucht wurde, entging der jungen Republik. Mehr noch, das Ausmaß an negativer Energie gegenüber der eigenen politischen Wirklichkeit ließ überhaupt kein Gefühl dafür aufkommen, daß hier etwas im Entstehen begriffen war, daß es aufzubauen galt und zu schützen lohnte. Diese Dimension erschien in dem erbitterten Bruderkampf der Linken nicht.

Ein ähnlich weitgreifender, metaphysischer Blick auf die Gegenwart, wie man ihn bei manchen völkischen Schriftstellern und Agitatoren findet, fehlt jedoch auf der radikalen Linken. Die Lehren der Geschichte scheinen hier ohnehin klar: Der Kapitalismus muß zusammenbrechen, weil die katastrophale wirtschaftliche Lage und das «Gesetz der Geschichte»

42 Gregorij Sinowjew in: «Die kommunistische Internationale», Nr. 1, zit. nach Furet, a. a. O., S. 43

es nahelegen. Das Ziel heißt: Sozialismus via Diktatur. In Wahrheit ist das einzig ernstzunehmende Ziel der Kämpfe von seiten der Linken die Enteignung der Großindustriellen und die Sozialisierung der Industrie.

Dieser gewiß vergröberte Horizont der grundsätzlichen Akzeptanz von Gewalt und seine Gleichsetzung mit Politik läßt selbst die Differenz zwischen Mittel und Ziel, die in der marxistischen Theorie sehr wohl reflektiert werden, verschwinden. So greift die extreme Linke zu ähnlichen Gewaltformen wie die Rechte, wenngleich mit anderer ideeller Zielsetzung. Man findet

– den Staatsstreich: die Räterepubliken in München und Bremen, die ihre Vorbilder in den russischen Räten und der ungarischen Räterepublik haben;
– den Aufstand: die Berliner Barrikadenkämpfe im Winter 1918/19, die Aufstände im Ruhrgebiet, in Hamburg, der Aufstand in Mitteldeutschland 1923;
– die terroristischen Einzelaktionen: Münchner Geiselmord 1919; Ermordung von Polizeibeamten, später von Nationalsozialisten, von SA-Männern und Abtrünnigen aus den eigenen Reihen;
– und natürlich die symbolische Gewalttätigkeit in Zeitungen, Pamphleten und in Reden.

Doch darf man die spezifischen Unterschiede nicht übersehen. Die äußerste Linke bezieht ihr öffentliches Selbstbewußtsein aus einer besonderen Form der politischen Machtkundgebung, der Massendemonstration, von der sie sich geradezu vorwärtsgestoßen sieht, in der politische Ansprüche demonstriert werden, die in der Regel friedlich, im Horizont des Kampfes um das Gewaltmonopol aber auch gewaltsam bekundet werden.

Doch die politischen Ansprüche schrumpfen im Laufe des Bürgerkriegs auf den Kampf ums Gewaltmonopol zusammen. Dies gilt für die Linken wie die Rechten. Diese Frage begleitet die Republik wie ein Leitthema, das immer wieder auftaucht, auch wenn zwischenzeitlich andere Themen intoniert werden. Sie überdeckt die Probleme der politischen Selbstgründung immer wieder.

Die Frage, die der bedeutende Völkerrechtler Carl Schmitt zum Leitthema seiner Theorie erhob, lag quasi in der Luft: Wer hat die Entscheidungsbefugnis?

Republik ohne Mitte

Eine der gängigen Thesen bezüglich der Republik von Weimar lautet, daß das zarte Pflänzchen Demokratie durch den wütenden Kampf zwischen Linken und Rechten zugrunde gerichtet wurde. Was geschah aber in der Mitte? Wo war die Mitte?

Überaus bezeichnend für die Stimmung, in der sich die handelnden Personen, die auf einen demokratischen Neuanfang hinstrebten, befanden – und das waren neben den Mehrheitssozialdemokraten (SPD) die Unabhängigen Sozialdemokraten (USPD), die neu gegründete Deutsche Demokratische Partei (DDP), die Deutsche Volkspartei (DVP) und die Zentrumspartei/Bayerische Volkspartei –, war die Debatte über die Deutsche Verfassung, die im Februar 1919 in der in Weimar tagenden Nationalversammlung (Berlin war wegen des Bürgerkriegs zu unsicher und überdies als Metropole des Preußentums bei den Alliierten nicht beliebt) stattfand. Die Debatte über die Verfassung ist zugleich ein Spiegel für den Zustand, die Denkweisen, die Handlungsmöglichkeiten und Selbstblockaden der politischen Mitte. Die Frage ist also: Was hatte die politische Mitte, verkörpert durch das katholische Zentrum, die neu gegründete Deutsche Demokratische Partei und Teile der SPD, an politischen Visionen zu bieten? Was setzten sie der «Politik des Willens» entgegen, die von den Kräften der alten Ordnung und den Kräften des radikalen Umsturzes betrieben wurde?

Der Begriff der Mitte selbst bedarf der Erklärung: Wodurch zeichnet sich der Begriff der Mitte politisch aus? Mitte ist ja nicht nur der von den Interessen der Rechten und Linken quasi freie Raum. Der Verweis auf die Mitte zielt vielmehr auf die Kräfte der Neugestaltung jenseits der «Politik des Willens». Sie richtet sich an jene, denen klar war, daß ein ganz neues politisches Beziehungsgeflecht entstehen mußte, sollte die Republik von Dauer sein.

Das Thema, wie in diesem Durcheinander von Interessen, Machtansprüchen und Ideenerbschaften eine neue «Mitte» geschaffen werden könnte, durchzieht die «Spektatorbriefe» des Theologen Ernst Troeltsch, den Krieg und Bürgerkrieg zu einem der bedeutendsten politischen Publizisten der Jahre 1918–1922 machten, wie ein roter Faden. Ursprünglich ein heftiger Kriegsbefürworter, sah Troeltsch am Ende des Krieges die Sozialdemokraten als die eigentlichen Vertreter der neu zu schaffenden Mitte. Aber ohne die klassisch bürgerlichen Vertreter der Mitte, das katholische Zentrum, könnten sie diese Aufgabe nicht erfüllen. Welch ein Schade, daß Sozialdemokratie und Zentrum sich nicht vertrügen[43]. 1920, bei den ersten Wahlen nach der Konstituierung der neuen Republik, beklagte er, daß in ihnen das mühsam aufgerichtete Konstrukt einer politischen Mitte zerschlagen worden sei.[44] Feinsinnig merkte er an, daß damit der – im zeitlichen Verlauf vorangehende – Kapp-Putsch quasi post festum seine demokratische Segnung erhalten habe.[45] «Die Herrschaft einer

43 Vgl. Ernst Troeltsch: Die Fehlgeburt einer Republik, Spektator in Berlin 1918–1922, zusammengestellt und mit einem Nachwort versehen von Johann Hinrich Claussen, Frankfurt/M. 1994, S. 122

44 Vgl. Troeltsch, a.a.O., S. 148

45 Vgl. ebd.

Mitte ist jedenfalls das große Problem. Die Herrschaft der Extremen wäre das vollkommene Unheil... Für uns ist ohne Bürgerkrieg und Zertrümmerung nur eine Herrschaft der Mitte möglich.»[46] Daraus folgt für ihn: «Die Zerstörung der Mitte bedeutet daher die Gefährdung der Verfassung und des Reiches.»[47] 1921 beklagte er, daß nicht nur die politische Mitte, sondern auch die symbolische Mitte zerstört werde. Das Reich zerfalle: Es gebe Einzelstaaten, die sich aber dem Reich nicht fügen wollten.[48] Deshalb müsse die «Neubildung einer verbreiterten Mitte» das Ziel sein.[49] Es sei notwendig, einen Parteienblock aus Sozialdemokraten und Zentrum plus kleineren demokratischen Parteien (de facto einen liberalen Block) zu bilden. Natürlich könne all das nur glücken, wenn die Beamtenschaft kooperativ wäre. Darin lag aber gerade das Problem. Nicht nur seien erhebliche Teile der Beamtenschaft (insbesondere die Richterschaft) nicht kooperativ; ihre mangelnde Kooperationsbereitschaft sei auch Ausdruck des Unwillens des Bürgertums, politische Verantwortung zu übernehmen. Das Bürgertum wolle auf der anderen Seite die Verantwortung auch nicht anderen Kräften überlassen, es obstruiere. Eine feine Miniatur zeichnet Troeltsch vom rechten Bildungsbürgertum, das sich der Schaffung einer großen demokratischen Partei widersetzte: «Das ‹gebildete› deutsche Bürgertum, das ja zum kleinsten Teil reine Bourgeoisie ist, ist diesen Weg (des Aufbaus der Demokratie – AG) nicht gegangen, je länger desto weniger. Als die Angst geringer wurde, ging es in die Opposition um jeden Preis und erfand sich die Juden als Prügelknaben für alles.»[50] Mit Anspielung

46 Troeltsch, a.a.O., S. 151f
47 A.a.O., S. 166
48 Ebd.
49 A.a.O., S. 222
50 A.a.O., S. 235

auf Ludendorff mokiert er sich über den psychologischen Salto mortale, die Friedensbedingungen der Entente zu einer jüdischen Weltverschwörung à la *«Die Weisen von Zion»* umzumogeln. Das Bildungsbürgertum «setzt die Ideologien des Weltkriegs einfach fort und hält alles Geschehene für Intermezzo oder sozialistische und jüdische Gemeinheit.»[51]

Und immer wieder die rhetorische Frage: Wieviel «Zeit (ist) nötig, bis eine neue Rechtsordnung als legitim empfunden wird»[52]? *Zeit* ist überhaupt ein großes Thema, das immer mitläuft in den politischen Debatten: die knappen Zeitvorgaben der Entente, die Zeitnot, die vom Bürgerkrieg und von den drohenden Hungersnöten hervorgebracht wird, die unterschiedlichen Zeitrechnungen der politischen Fraktionierungen – Vergangenheit in der Gegenwart (Rechtsextreme) versus Zukunft in der Gegenwart (Kommunisten). Die Gegenwart selbst ist politisch schlecht vertreten. Geschwindigkeit ist angesagt oder totales Sich-stemmen gegen die Zeit; kontrollierte Dynamik gibt es nicht.

Die Suche nach der Mitte läuft sich bekanntlich tot. Männer wie Max Weber oder Ernst Troeltsch können den Verlust nur konstatieren, sind aber nicht in der Lage, eine Sammlungsbewegung der Mitte ins Leben zu rufen. Wie komplex das Phänomen «Mitte» dennoch ist, wird deutlich an der Person eines Schriftstellers, der sich noch wenige Jahre zuvor selbst im gedanklichen Horizont der völkischen Rechten bewegt hatte: Thomas Mann. In einem öffentlichen Auftritt, mit dem er sein eigenes Bekenntnis zur Republik ablegt, versucht der Schriftsteller, auf der völkischen Rechten Potential für die Mitte zu reklamieren. Sein programmatischer Text «Von deutscher Republik» (1922) stellt den Versuch dar, den

51 A. a. O., ebd.
52 A. a. O., S. 226

jüngeren Teil dieser Rechten für die Republik zu gewinnen.[53] Dem Text liegt die Rede zugrunde, die Thomas Mann im Oktober 1922 aus Anlaß des bevorstehenden 60. Geburtstags von Gerhart Hauptmann in Berlin hielt. Knapp vier Monate vorher war Außenminister Walter Rathenau von völkisch gesinnten Jungoffizieren ermordet worden.[54] Der Anschlag hatte ein breites positives Echo in revolutionär-konservativen und völkischen Kreisen gefunden. Eben diese saßen als Publikum im Saal, als der Schriftsteller seine Rede hielt. Mehr als einmal nimmt Thomas Mann darauf Bezug, daß seine Rede immer wieder durch unwilliges Scharren mit den Füßen unterbrochen wird. Gleichzeitig erklärt er diese Kreise zum Adressaten seiner Rede.

Thomas Mann hält eine ausgefeilte, hochartifizielle Rede, deren Gestus beeindruckend ist. Hier tritt eine Persönlichkeit auf, die sich der – gewiß nicht ungeteilten – Aufmerksamkeit der Zuhörer gewiß ist und sich der Gebärde des Herolds bedient, um diese in seinem Bann zu halten.

Aufschlußreich ist, *wie* der Schriftsteller seinen Übergang ins «Lager» der Republik, seinen – aus völkischer Perspektive – «Verrat» an den «Ideen von 1914» begründet. Thomas

53 Es kann in diesem Zusammenhang nur erwähnt, nicht jedoch erörtert werden, daß dieser Text ohne den jahrelangen Zwist zwischen Thomas Mann und seinem Bruder Heinrich vermutlich so nicht entstanden wäre. Nach Jahren des Verharrens in einer völkisch-kulturpessimistischen Sichtweise tritt Thomas Mann mit dieser Rede als Befürworter der Republik an die Öffentlichkeit. – Es kann auch nicht auf Heinrich Manns bekannten Essay «Kaiserreich und Republik» eingegangen werden, dessen Lektüre Thomas Mann gewiß beeinflußt hat. (Vgl. Heinrich Mann: Kaiserreich und Republik (1919), in: ders.: Macht und Mensch. Essays, Frankfurt/M. 1989, S. 173 ff; vgl. auch die dort abgedruckten Auszüge aus den den Bruderzwist betreffenden Tagebucheintragungen und Briefen Thomas Manns.)

54 Winkler: Weimar, a.a.O., S. 173 ff

Mann erklärt sich zum exemplarischen Überläufer, der Gleichgesinnten das Angebot macht, sie auf diesem Weg zu begleiten.

Analog zu jener Rede, die der erste Reichspräsident Friedrich Ebert 1919 vor der Nationalversammlung in Weimar gehalten hatte, versucht Thomas Mann, die verfeindeten Lager der Republikaner und der Völkischen miteinander zu versöhnen, indem er eine Symbiose aus nationaler Romantik, amerikanischer Demokratieeuphorie und zeitgenössischer politischer Realität vollbringt.

In der Dramaturgie des Textes bindet Mann zunächst Gerhart Hauptmann, den deutschen Nationaldichter *par excellence*, als Zeugen der Legitimität der Republik ein, um dann in einer Dialogisierung zweier Protagonisten politischer Poesie die Legitimität der Republik sowohl aus völkischer wie republikanischer Sicht zu beweisen. Der New Yorker Dichter Walt Whitman und der deutsche Romantiker Novalis werden von ihm zu Kronzeugen der Republikwerdung erhoben. «Deutsche Werte» (Romantik, Kultur, das Nationale, der gesunde Körper) sollen mit demokratischen/republikanischen politischen Prinzipien (Pluralismus, Individualismus und Verantwortlichkeit) versöhnt werden. Geschickt vermeidet es Mann, politische Feindbilder der Zeit zu zitieren (etwa den amerikanischen Präsidenten Woodrow Wilson oder den französischen Ministerpräsidenten Georges B. Clemenceau). Offensichtlich ist er bemüht, das Reizthema Frankreich ganz auszuklammern.[55]

55 Mann bedient – in milder Form – alle gängigen anti-französischen Klischees, so anknüpfend an seine Frankreich-Kritik aus «Betrachtungen eines Unpolitischen» (1915), wie er auch dem völkischen Antisemitismus dadurch Tribut zollt, daß er seine Zuhörer dazu auffordert, die Republik nicht «als eine Angelegenheit scharfer Judenjungen zu empfinden.» (Thomas Mann: Von deutscher Republik, in: ders.: Es-

Gleichzeitig knüpft der Schriftsteller im Bemühen, einen Raum der Verständigung nach außen und nach innen hin zu entwickeln, an die Tradition von 1789 und den Universalanspruch der Humanität an und bestimmt dieses Erbe zum «Kern» eines nationalen republikanischen Selbstbildes, das auch die Deutschen – ja auch die Völkischen – akzeptieren könnten. Dabei wird – ein genialer Kunstgriff – Novalis, der Kronzeuge romantischen, völkischen Selbstgefühls, zum ersten deutschen Republikaner.[56] Ebenso aufschlußreich ist, wie Mann die amerikanische republikanische Tradition einbringt. Mann zitiert Whitman mit einer Passage über die Spannung zwischen Individualismus, Pluralismus und Gemeinschaftssinn: «Denn wir begünstigen eine starke Vergemeinschaftung und einen starken Zusammenschluß hauptsächlich oder ausschließlich deshalb, um die Unabhängigkeit des Einzelmenschen zu stärken, gleichwie wir auf der Einheit der Union unter allen Umständen bestehen, um den Rechten der Einzelstaaten die vollste Lebensfähigkeit und Freiheit zu sichern, deren jedes genauso wichtig ist wie das Recht der Nation, der Union.»[57] Dies nun, so der Schriftsteller, ließe sich bruchlos auf die deutschen Verhältnisse übertragen: Gefragt sei die Vermittlung der Prinzipien des Individualismus und der Gemeinschaft. Genau das sei innerhalb der Verfassung der Republik nicht nur möglich, sondern auch notwendig. Thomas Mann bringt hier ein Gemeinschaftsverständnis ein, das auf der Anerkennung von Differenz und nicht auf deren Ausschließung via Verschmelzungspostulat basiert, wie dies auf der völkischen Rechten üblich war. Nacheinan-

says, 2 Bde., hg. von Hermann Kurzke, Bd. 2 Politik, Frankfurt 1986, S. 72)

56 Vgl. Thomas Mann: Von deutscher Republik, a. a. O., S. 86

57 Walt Whitman: ohne Titel, ohne Jahr und Ort, zit. nach Mann: Von deutscher Republik, a. a. O., S. 79

der berührt der Schriftsteller alle anstößigen Themen der Nationalrevolutionäre und der Völkischen – um sie zu integrieren in den republikanischen Diskurs:

▷ Der moderne demokratische Staat sei ein Feind der nationalen Kultur. Mann hält dagegen: Die Eigenwertigkeit der deutschen Kultur sei in einer republikanischen Verfassung aufgehoben.[58]

▷ Freiheit in der Demokratie sei etwas Chaotisches, Anarchisches, während Freiheit im völkischen Sinne identisch mit Einordnung und Verschmelzung mit der Gemeinschaft sei. Hier bringt Mann ein Argument ein, das zwischen amerikanischem Freiheitspathos und völkischer Ideologie vermitteln soll: «Die Republik ist ein Schicksal, und zwar eines, zu dem ‹amor fati› das einzig richtige Verhalten ist. Das ist kein zu feierliches Wort für die Sache. Denn es handelt sich um keine Kleinigkeit von Schicksal: die sogenannte Freiheit ist kein Spaß und Vergnügen... Ihr anderer Name lautet Verantwortlichkeit – und damit wird deutlicher, daß sie vielmehr eine schwere Belastung ist: und zwar namentlich für das geistige Talent... was Republik und sogenannte Freiheit an innerer Tragik mit sich bringen, wird sich erst zeigen.»[59]

Die Reizworte «Schicksal», «amor fati», «Tragik» verweisen in die düsteren Tiefen der völkischen Ideologie von Freiheit als tragischer Bestimmung. Hier wird auf die einsame «Sonderrolle» Deutschlands im Gemenge europäischer Staaten angespielt. Bemerkenswert ist, daß Mann nicht so sehr auf die konstitutionelle Freiheit (die Weimarer Verfassung

58 Vgl. Mann: Von deutscher Republik, a.a.O., S. 90, wo Mann, Whitman zitierend, von der «Einheit von Staat und Nation» spricht.
59 Thomas Mann: Von deutscher Republik, a.a.O., S. 69

weist er als gut gemeint, aber schlecht gelungen ab) als vielmehr auf ihre individuelle Dimension eingeht und sie ummünzt: Die Selbst-Verantwortlichkeit des Bürgers ist auch ein Kernstück der amerikanischen Verfassungsgeschichte und des sie tragenden Menschenbilds.

In der Schlußpassage seiner Rede spielte er noch einmal auf den universalistischen Generalnenner der neuen Republik an: Humanität sei zur nationalen Sache zu erklären: «Zwischen ästhetizistischer Vereinzelung und würdelosem Untergange des Individuums im allgemeinen; zwischen Mystik und Ethik, Innerlichkeit und Staatlichkeit; zwischen todverbundener Verneinung des Ethischen, Bürgerlichen, des Wertes und einer nichts als wasserklar-ethischen Vernunftphilisterei ist sie in Wahrheit die deutsche Mitte, das Schön-Menschliche, wovon unsere Besten träumten. Und wir huldigen ihrer positiven Rechtsform, als deren Sinn und Ziel wir die Einheit des politischen und des nationalen Lebens begriffen haben, indem wir unsere noch ungelenken Zungen zu dem Rufe schmeidigen: ‹Es lebe die Republik!›» [60]

Thomas Manns vielschichtiger Text wurde zitiert, weil in ihm der militante Kampf der politischen «Lager» zum Austausch von Argumenten wird. Der Schriftsteller tritt in der Rolle des öffentlichen Intellektuellen auf, der einen gewalttätigen Schlagabtausch ins Zivile transformiert. Dies gilt unabhängig von der Ambivalenz der Argumente. Das historisierende Lesen läßt deutlich werden, hier tritt jemand auf, der den historischen Zeitumständen und ihren intellektuellen Aporien verhaftet ist, der aber die dichotomischen Denkschablonen von innen aufbrechen und zu einer neuen «Mitte» finden will. Diese Dimension fehlt bei den scharfzüngigen Analysen eines Tucholsky oder eines Carl von Ossietzky, von den Pamphleten völkisch oder konservativ revolutionär

60 Thomas Mann, a. a. O., S. 93

orientierter Schriftsteller ganz zu schweigen. Ein Ernst von Salomon oder auch ein Ernst Jünger finden nicht heraus aus ihrer als aristokratisch vermummten zynischen Position gegenüber der Republik, die sich im Grunde gegen Politik im modernen Sinne überhaupt richtet. Sie zementieren die Spaltung des öffentlichen Lebens, indem sie die Attitüden der «Frontgeneration» (stirb oder werde!) auf das zivile Leben übertragen.

In der Debatte um die erste demokratische Verfassung bündeln sich die Kräftelinien der deutschen politischen Landschaft. Wenn irgendwo, so konnte nur die Debatte über die neue deutsche Verfassung zum Medium einer Position der Mitte werden. Die Parteien der Rechten nebst dem «Alldeutschen Verband» wie auch die Parteien und Gruppierungen der radikalen Linken konnten in der Verfassung kein Werk der politischen Selbstgründung der Nation sehen, sondern erblickten in ihr nurmehr den Versuch, Parteiungen und Interessen, die über ihr Wohl und Wehe eigentlich nur im Krieg/Bürgerkrieg entscheiden konnten, fade Formelkompromisse aufzusetzen, hinter deren Fassade dann ohnehin der Kampf weiterzuführen wäre. Daher beteiligten sie sich auch nicht an der Verfassungsdebatte von 1918/19. Die deutsche Verfassungsgebung konnte so von vorneherein nicht das Projekt der Freiheit werden, in dem sich die verwirrte und zerstrittene Nation hätte wiederfinden können. Sie war eine Notlösung, geboren aus der Not, als Folge des Drucks der Siegermächte. Sie wurde gemacht, weil man sie machen mußte, nicht weil man sie machen wollte. Überdies fehlten wichtige Voraussetzungen zu ihrem Erfolg: Es herrschte Bürgerkrieg; die Bürger lebten in derartiger Unsicherheit, daß der Kampf ums staatliche Gewaltmonopol von größerer Wichtigkeit erschien als die öffentlich angenommene Verfassungsdebatte. Es kam hinzu, daß das Staatswesen nicht im vollen Sinne souverän war; zwar trug die «Republik wider Willen» die volle Verantwortung für die Folgen des Krieges, dennoch oder gerade deswegen regierten die Siegermächte in die Innenpolitik hinein.

Es war eine kleine Gruppe von Honoratioren, die sich da in einem vom Innenministerium zusammengerufenen, inoffiziellen Beirat zusammenfand, um die Grundfragen der Verfassung zu beraten. Zu ihnen gehörten der Staatsrechtler Hugo Preuß (der «Vater» der Weimarer Verfassung), der schon mitten im Krieg (1915) mit einem demokratischen Verfassungsentwurf hervorgetreten war; Joseph Herzfeld, Mitglied der USPD; der parteilose Diplomat Kurt Riezler; Max Quarck, sozialdemokratischer Schriftsteller und Politiker; Paul von Krause, der sich schon im Krieg für Verfassungsreformen ausgesprochen hatte und später eine Zeitlang Fraktionsvorsitzender der DVP wurde; Theodor Lewald, Verwaltungsbeamter, der im Innenministerium arbeitete; der österreichische Historiker und Politiker Ludo Moritz Hartmann, ein Sozialdemokrat; Carl Petersen, der der Deutschen Demokratischen Partei angehörte; der Diplomat und zeitweilige Außenminister Walter Simons; der Verfassungsrechtler Robert Alfred Schulze, der auch an der sächsischen Staatsverfassung mitwirkte, und schließlich Max Weber, der berühmte Nationalökonom, der zu jener Zeit in die Politik wollte.

Die Männer sollten, im Auftrag der neuen Regierung, eine Verfassung schreiben, um dem Diktat der Siegermächte zuvorzukommen, die den preußischen dominierten Monarchismus zerschlagen wollten. Vier Tage lang berieten sie unter Ausschluß der Öffentlichkeit.

Von «Neugründung» konnte also sehr wohl *de jure*, nicht aber in einem politischen Sinne die Rede sein. Die Demokratie mußte gemacht werden, weil es nicht anders ging oder, wie Ernst Troeltsch in seinen «Spektatorbriefen» schrieb: Die Demokratie «scheint mir für uns Deutsche zunächst das einzige Mittel der auswärtigen Politik und das einzige Mittel der politischen Erziehung zu eigener Einsicht und eigener Verantwortlichkeit.»[61] Erschwerend trat hinzu, daß ja Demokratie keineswegs die einzige Perspektive war. Immerhin hatten die radikale Straßenbewegung, der Bürgerkrieg und die Machtergreifung der bolschewistischen Sozialisten in Rußland den Sozialismus als die andere Alternative deutlich erkennen lassen. Schon damals ahnten die Zeitgenossen, daß der Sozialismus keine vorübergehende Erscheinung sein würde, wenngleich niemand wissen konnte, daß er eine der beiden großen totalitären Systeme des 20. Jahrhunderts werden sollte. Was hatte Rosa Luxemburg in ihrem Ende 1918 geschriebenen Manifest «Was will der Spartakusbund?» gesagt: «Sozialismus ist in dieser Stunde der einzige Rettungsanker der Menschheit. Über den zusammensinkenden Mauern der kapitalistischen Gesellschaft lodern wie ein feuriges Menetekel die Worte des ‹Kommunistischen Manifestes›: Sozialismus oder Untergang in die Barbarei.»[62]

Dem großen Dualismus der extremen Lösungen, der die Massen erfaßt hatte und dessen Fürsprecherin Rosa Luxemburg war, haben die Verfassungsväter nur die Suche nach einer Mitte entgegenzusetzen, von der sie selbst nicht recht wissen konnten, wo und was sie war. Die Mitte selbst war ein Postulat.

Der *circulus vitiosus*, in dem sie sich sahen, verlangte die Konstituierung eines nationalen Pathos in einer Situation, in der noch nicht einmal das reine Überleben der Nation gesichert schien. Der Soziologe Max Weber griff deshalb zu sophistischen Argumenten: «Gewiß, es ist für die Entwicklung dieses nationalen Selbstgefühls schlimm, daß die Demokratie zu uns nicht wie in Holland, England, Amerika, Frankreich,

61 Troeltsch: Die Fehlgeburt, a. a. O., S. 154
62 Rosa Luxemburg: Was will der Spartakusbund, a. a. O., S. 161

in Verbindung mit erfolgreichen Kämpfen oder, wie wir es erstrebt hatten, in Verbindung mit einem ehrenvollen Frieden gekommen ist, sondern im Gefolge einer Niederlage. Die schmachvolle Konkursliquidation des alten Regimes, mit der sie belastet ist, tritt hinzu, um ihre politische Zukunft zu verdüstern.»[63] Aber, fügt er hinzu, diese Lage sei doch immerhin dazu gut, das schwache und sicherheitsfixierte Bürgertum aus der «Geborgenheit der sozialen und materiellen Privilegien und Interessen in der historischen Legitimität des Gottesgnadentums»[64] hervorzulocken und zu seiner politischen Verantwortung zu bringen, will sagen «das Bürgertum endlich politisch *auf eigene Füße zu stellen*.»[65]

Deutschland hatte zwar eine parlamentarische Tradition. Doch hatte Bismarcks Politik mit der einen Hand zerstört, was er mit der anderen aufgerichtet hatte. Es gab alles Zubehör einer konstitutionellen Monarchie: Parteien, Parlament, Wahlrecht. Aber der Reichstag wurde ohnmächtig gehalten durch den Einfluß eines Bundesrats (der Vertreter der Regierungen der Bundesstaaten, die frühere Fürstenversammlung), der seine großen Zeiten in der vordemokratischen Ära gehabt hatte – und die noch stärkere Stellung des Kanzlers, der dem Kaiser und nicht dem Parlament verantwortlich war, und schließlich auch durch die dominante Stellung Preußens. Der preußische König, nicht der sächsische oder der bayerische, wurde deutscher Kaiser. Die Parteien des Bürgertums aber begriffen Politik als Handlangerdienste für wirtschaftliche

63 Max Weber: Deutschlands künftige Staatsform, Skizzen aus der Frankfurter Zeitung vom Dezember 1918, in: Max Weber: Zur Neuordnung Deutschlands. Schriften und Reden 1918–1920, Studienausgabe der Max Weber Gesamtausgabe, Band I/16, hg. von Wolfgang J. Mommsen, in Zus.arb. mit Wolfgang Schwentker, Tübingen 1991, S. 29

64 Vgl. Weber, ebd.

65 Vgl. ebd.

Interessen. Die neue republikanische Verfassung konnte in dieser Lage – den ständig auf- und abflauenden Bürgerkrieg mit eingerechnet – nur ein Kompromißwerk besorgter Honoratioren sein. Ihr Kompromißcharakter wird an Max Webers Diskussionsbeiträgen deutlich.

Für Weber sollte die Verfassung einen wichtigen Zweck haben: das Bürgertum aus seiner selbstverschuldeten Unmündigkeit herauszulocken und zu politischer Verantwortlichkeit zu bringen. Und dies in einer Situation, in der das Bürgertum real- und machtpolitisch in der Defensive war. Anfang Dezember 1918, als die Beratungen stattfanden, war der Bürgerkrieg im vollem Gange. In Berlin lieferten sich verfeindete Divisionen Gefechte, dazwischen die Massen entwurzelter Soldaten und Arbeiter. Im ganzen Reich wurde der Kampf um das Gewaltmonopol im Staat mehr oder weniger offen ausgetragen – eine Situation, die durchaus an Thomas Hobbes' Schilderungen des englischen Bürgerkriegs erinnert.

An den östlichen Grenzen, im Baltikum, kämpften deutsche Freischärlerverbände, die sich illoyal zur neuen Regierung verhielten, die diese aber dennoch gewähren ließ. Noch gab es keinen Friedensvertrag, dafür aber permanenten Druck seitens der Siegermächte auf Errichtung einer parlamentarischen Demokratie. Dies war keine für eine Verfassungsdebatte zuträgliche Situation. In dieser Lage konnte die Verfassung nach Webers Meinung nur ein Kompromiß sein, durch den folgendes erreicht werden mußte:

- Der Entente sollte Deutschlands Wille zum Abschied von der alten Ordnung deutlich signalisiert werden.
- Die Ansprüche der rebellierenden Arbeiter mußten stillgestellt werden.
- Die entlassenen Soldaten und Offiziere durften nicht vor den Kopf gestoßen werden.

Es mußte, alles in allem, ein Konsens zwischen den verschiedenen Interessengruppen hergestellt werden, der ein Mindestmaß an friedlichen Beziehungen zwischen ihnen zuließ.

Weber versuchte, Unvereinbares miteinander zu vereinbaren: Föderalismus mit Zentralismus, Populismus mit Autoritarismus, Mehrheitsentscheid mit Minderheitenschutz. Er plädierte für ein gemischtes Modell, das sich an die amerikanische Verfassung anlehnen sollte. Er sprach sich dafür aus, «soviel Unitarismus als möglich in eine föderalistische Verfassung» aufzunehmen.[66] Das bedeutete eine föderale Verfassung mit starken exekutiven Befugnissen des Bundes. Weber sprach sich weiterhin gegen die Zerschlagung Preußens aus, was aus den Kreisen der Entente, aber auch von radikalen Sozialisten (z. B. vom späteren bayerischen Ministerpräsidenten Kurt Eisner) gefordert worden war.[67] Webers Föderalismus ist ein gebremster Föderalismus, der sein Gegenbild, den Zentralismus, immer präsent hat.[68]

Mit Rücksichtnahme auf die starke Massenbewegung, aber auch aus eigener Überzeugung, spricht sich Weber für einen starken, vom Volk direkt gewählten Präsidenten aus. Er beruft sich dabei auf das amerikanische Modell der Volkswahl des Präsidenten. Die Art, wie er die Institution des Präsidenten im Sinne seines Verständnisses der politischen «Führerpersönlichkeit» interpretiert, läßt keinen Zweifel daran, daß er eine starke Persönlichkeit für das Land für wichtig hält; das plebiszitäre Moment hingegen ist die Konzession an die Zeitumstände. Wie einem kranken Patienten redet er der

66 Vgl. Weber, a. a. O., S. 2

67 Das Thema der Zerschlagung Preußens taucht dann wieder nach dem Zweiten Weltkrieg auf und wird umgesetzt, da es sich mit den Interessen der Siegermächte und auch der späteren DDR deckte.

68 Vgl. Weber: Deutschlands künftige Staatsform, a. a. O., S. 19, 75 und 76

Mehrheitssozialdemokratie, die zu diesem Zeitpunkt noch tief verunsichert ist, ins Gewissen: «Möchte sie (die Sozialdemokratie – AG) doch bedenken, daß die viel beredete ‹Diktatur› der Massen eben: den ‹Diktator› fordert, einen *selbstgewählten Vertrauensmann der Massen*, dem diese so lange sich unterordnen, als er ihr Vertrauen besitzt.»[69] Das alte Modell der Autorität durch Vorenthaltung der demokratischen Rechte wollte Weber durch ein neues Modell der freiwilligen Delegierung von Macht an einen regulär abberufbaren, gleichwohl starken politischen Führer ersetzen. Zugleich sollte der Präsident aber noch ein zweites Bollwerk bilden: «Der Partikularismus ruft nach einem *Träger des Reichseinheitsgedankens*.»[70] Der Präsident sollte also Repräsentant in doppelter Hinsicht sein: gegenüber den Wählern und gegenüber den Bundesstaaten. Weber versuchte so, die Unabwendbarkeit der modernen Massendemokratie mit der starken Stellung eines mit Autorität ausgestatteten Präsidenten aufzufangen.

Um der Diktatur willkürlicher Mehrheiten vorzubeugen, spricht er sich für die verfassungsmäßige Verankerung des Enquêterechts aus, das auch parlamentarischen Minderheiten zustehen solle.

Um der Partizipation gerecht zu werden, verficht er die Einführung des Referendums.[71] Webers Vorschläge gehen zum Teil direkt, zum Teil gebrochen (letztendlich wird es

69 Max Weber: Der Reichspräsident, in: ders.: Zur Neuordnung Deutschlands, a. a. O., S. 75

70 Weber: Der Reichspräsident, a. a. O., S. 76

71 «In den Grundzügen lassen sich die(se) Ideen Max Webers den verfassungspolitischen Vorstellungen des demokratischen Liberalismus zuordnen, der... ein hohes Maß an Gewaltenteilung als Gegengewicht gegen die Volksvertretung wünschte», schreibt Wolfgang J. Mommsen (Wolfgang J. Mommsen: Nachwort, in: Max Weber: Zur Neuordnung Deutschlands, a. a. O., S. 155).

mehr Föderalismus geben, als Weber beabsichtigt hatte) in die Verfassung ein, die dann Ende Februar 1919 als sogenannter «4. Preuß'scher Entwurf» in der Nationalversammlung in 1. Lesung debattiert wurde.

Eine Dimension, die sich unter diesen Umständen gar nicht entfalten konnte, war die symbolische Dimension der Repräsentation des Volkssouveräns. Die einheitsstiftende Wirkung der symbolischen Repräsentation wurde bei Weber quasi personal gebunden durch die Projektionen auf den «starken politischen Führer».

Bemerkenswert ist jedoch, daß die Rechte in dieser Zeit des politischen Tumults einen ausgeprägten Sinn für Symbole hat. Der «Flaggenstreit» in den zwanziger Jahren um die Reichsfarben (schwarz-weiß-rot gegen schwarz-rot-gold) wird von ihnen mit Erbitterung geführt. Ihre politischen Morde (Kurt Eisner, Matthias Erzberger, Walther Rathenau und andere) inszenieren die rechten Geheimbünde im Vollgefühl ihrer Akzeptanz bis weit in das Bürgertum hinein und sich selbst als Symbolgestalten des «anderen» Deutschland.

Auf der radikalen Linken setzt spiegelverkehrt eine politische Symbolsprache ein, die den Raum der Jetztzeit mit den verheißungsvollen Symbolen der Zukunft füllt, so zum Beispiel mit den Märtyrern einer noch uneingelösten Zukunft (Rosa Luxemburg; Karl Liebknecht; schließlich Ernst Thälmann).

Der politische Raum der Weimarer Republik, so ist im vorhergehenden gezeigt worden, ist sehr frühzeitig von den beiden extremen Lagern besetzt worden. Eine Position der überbrückenden Mitte konnte sich dagegen nur schwer festigen, obwohl es Angebote gab. Ein «politisches Erwachen» des Bürgertums fand nicht statt. Um noch einmal deutlich zu machen, welche intellektuellen Perspektiven jenseits der direkten politischen Lager die Republik begleiteten bzw. welche in ihr möglich waren, sollen im folgenden zwei namhafte Denker zu Wort kommen: Helmuth Plessner und Carl Schmitt, die mit konträren Vorstellungen zur politischen Freiheit die äußersten intellektuellen Margen des Diskurses darstellen.

Carl Schmitt oder Die Liebe zum Ausnahmezustand

Am Beginn dieses Ausflugs in die Republik von Weimar stand eine fiktive Begegnung des Rechtstheoretikers Carl Schmitt mit dem Kulturanthropologen Helmuth Plessner. Beide stehen in der Weimarer Republik für die polaren Varianten eines politischen Denkens im Umbruch, das sich seiner Plausibilität immer wieder rückversichern muß. Beide begreifen die Weimarer Republik als Verkörperung einer politischen Moderne, die nur vor dem Hintergrund der Brüche im neuzeitlichen Denken verstanden werden könne.

Carl Schmitt hält das moderne politische Denken seit der Französischen Revolution für einen ebensolchen Irrläufer wie die Selbstkonstitution der demokratischen Nationen in symbolischen Formen. Sein politisches Denken mündet in pyramidalen Entscheidungsstrukturen mit einem personalen Volkssouverän an der Spitze. Helmuth Plessner sucht im Angesicht des Chaos nach den Gründen für die kollektive Verweigerungshaltung gegenüber der republikanischen Demokratie. Sein Denken mündet in eine Perspektive horizontaler Vernetzungen.

Schmitts theoretische Schriften in den zwanziger und dreißiger Jahren gießen Hohn und Häme über die erste deutsche Republik aus. Geradezu leidenschaftlich und mit immer noch zunehmendem Nachdruck verschreibt er sich dem Nachweis, daß die Republik eine Mißgeburt ist, die auf falschen Annahmen, logischen Fehlschlüssen und unlösbaren Widersprüchen beruhe.

Schon in seiner 1919 erschienenen Schrift «Politische Romantik» hatte er zu einem Rundumschlag gegen den politischen Liberalismus ausgeholt, indem er dessen Denken folgendermaßen karikierte: «Aus immer neuen Gelegenheiten entsteht eine immer neue, aber immer nur occasionelle Welt, eine Welt ohne Substanz und ohne funktionelle Bindung, ohne feste Führung, ohne Konklusion und ohne Definition, ohne Entscheidung, ohne letztes Gericht, unendlich weitergehend, geführt nur von der magischen Hand des Zufalls, *the magic hand of chance.*» Diesem Denken sei «die Welt nur ein Anlaß.» [72] Diese Kritik wird später in immer neuen Varianten ventiliert.

Die Schrift «Politische Theologie. Vier Kapitel zur Lehre von der Souveränität», die im März 1922 zum ersten Mal erschien, setzt mit einem verfassungstheoretischen Paukenschlag ein: «Souverän ist, wer über den Ausnahmezustand entscheidet.» [73] In diesem Eingangssatz ist Schmitts ganze Programmatik enthalten; sie läßt sich in vier Axiomen zusammenfassen:

1. Das Staatswesen ist höherwertig als das Rechtswesen und diesem gegenüber existentiell vorrangig.

2. Souveränität und Souverän-sein ist immer an Personen gebunden. Souverän ist ein «Er». Das ist eine Kampfansage an den politischen Liberalismus seit Locke und Rousseau. Damit wendet sich Schmitt gegen die Gewaltenteilungslehre und die Prinzipien der Repräsentation und der Volkssouveränität.

3. Souveränität heißt ausschließliche Entscheidungsgewalt und Entscheidungsfähigkeit; Souveränität ist kein Entschei-

72 Carl Schmitt: Politische Romantik, Berlin 1991, S. 25

73 Carl Schmitt: Politische Theologie. Vier Kapitel zur Lehre von der Souveränität, Berlin 1990, S. 11

dungsprozeß, an dem verschiedene Interessengruppen und Gewalten beteiligt sind.

4. Die Nagelprobe auf die tatsächliche Souveränität eines Staatswesens wird ausschließlich in existentiellen Ausnahmesituationen erbracht: im Angesicht des Krieges. Von dieser Ausnahmesituation her ist das Rechtswesen eines Staates zu konstruieren.

Mit ätzendem Sarkasmus äußert sich Schmitt über seine Kollegen, die Verfassungsväter: Hugo Preuß, Hans Kelsen, Otto von Gierke und andere, die dem Recht die höchste Geltung im Staat zusprechen. Schmitt will dagegen eine Rechtsphilosophie in der Tradition des Katholizismus begründen: eine «politische Theologie». Da die Aufklärung mit ihrer Freisetzung der Menschen von personaler Autorität und ihrem Konzept von persönlicher Autonomie in die Irre geführt habe, sei die Moderne nur mit der Rückkehr zur personalen Souveränität der Vormoderne zu retten. Diesen Ausweg eröffne die katholische Theologie mit ihrem hierarchischen, auf die Person Gottes zugeschnittenen Denken, eine Perspektive, nach deren Ebenbild Schmitt eine weltliche Hierarchie formen will: eine pyramidale Entscheidungsstruktur mit einem Entscheidungsgeber an der Spitze.

Damit wird die Aufklärung zum großen Sündenfall erklärt, hinter den zurückzugehen einzig Erlösung und Vergebung verspreche. Schmitt eröffnet eine zweite, nicht-liberale Staatsrechtstradition mit Jean Bodin, Thomas Hobbes, Joseph de Maistre, Louis de Bonald und Donoso Cortez – gegen John Locke, Adam Smith und Montesquieu. Er will damit eine Tradition begründen, an die anzuknüpfen der Weimarer Rechts- und Verfassungsdiskussion einen philosophischen Hintergrund geben würde, der dem der liberalen Staats- und Verfassungslehre ebenbürtig wäre.

1922, drei Jahre nachdem die Nationalversammlung in Weimar zusammengetreten war, ist Schmitt bemüht, die Verfassung und ihre Väter *ab ovo* zu widerlegen. Er hat es vor allem auf den Kompromißcharakter der Verfassung abgesehen. Und der wird am deutlichsten und – in seinem Blickwinkel – am schmählichsten gerade in jenem Artikel sichtbar, der doch seinem, Schmitts, Denken so nahe kam: Artikel 48 der Weimarer Reichsverfassung, durch den der Reichspräsident Vollmachten erhielt, die die Grundrechte suspendierten. Zur Beschränkung eventueller Willkür war im gleichen Artikel festgelegt worden, daß der Reichstag die vom Präsidenten getroffenen Maßnahmen außer Kraft setzen könne.[74] Gerade diese rechtsstaatliche Beschränkung ist Schmitt Beispiel für die Laschheit, die Unentschiedenheit, die Weichlichkeit des Verfassungsprojekts und seiner Väter. Er spottet über seine rechtspositivistischen Kollegen, die nicht imstande seien, die Frage zu lösen, wie denn in einem Staatsnotstand zu verfahren wäre. Die parlamentarische Beschränkung des Art. 48 stellt er als *contradictio in reo* dar. Die Alternative sei einzig, dem Staat als substanziellem Wesen Höherwertigkeit gegenüber dem Recht zuzuerkennen. Dies aber bedeute: Der Staat (de facto: der Entscheidungsgeber) dürfe aus der Natur der Sache heraus durch Gesetz und Rechtsprechung nicht eingeschränkt werden.

Schmitt ist ein Meister der dichotomischen Spiegelfechterei. Für ihn gilt nur: Entweder – Oder. Gleichwohl wäre es falsch, sein Denken nur als mephistophelische Versuchung wahrzunehmen. Es hat sich nicht nur deshalb fatal für die junge Republik ausgewirkt, weil Schmitt ihr die geistige Elite quasi abspenstig machte. Als Denker ist Carl Schmitt für uns

74 Vgl. Die Verfassung des Deutschen Reichs (Weimarer Verfassung), in: Deutsche Verfassungen, hg. und mit einer Einführung versehen von Rudolf Schuster, München 1994, S. 190

hier wichtig, weil er nach einer Alternative zu Weimar sucht. Weimar steht ihm dabei als vorgeschobenes Beispiel für das Elend moderner Massendemokratien, die die «Substanz» der Politik in Form und Verfahren aufgelöst haben. Schmitt ist insofern ein Vertreter des 17. Jahrhunderts, als er die Frage der politischen Form für militärisch entscheidbar hält und glaubt, daß die Ökonomie der Politik wesensfremd sei.

Politische Freiheit ist für Schmitt nur in einer Hinsicht bedeutsam: als Abgrenzung eines Staatswesens gegenüber einem anderen. Eine innere Perspektive der Freiheit existiert bei ihm nicht. Die Fragestellung, die in diesem Buch verfolgt wird, wäre Schmitt daher so fremd, wie ihm die Weimarer Republik ärgerlich war. Darin trifft er sich mit Denkern der extremen Linken, denen die Frage nach der Symbolgestalt des politischen Gemeinwesens ebenfalls fremd war. Schmitt ist so die Personifizierung des Kriegs (nach innen und außen) als Salondiskurs. Er ruft nicht zum bewaffneten Kampf auf, aber er liefert den rechts- und linksextremen Akteuren die geistige Munition für den Bürgerkrieg. Die intellektuelle Radikalopposition von links bis rechts ist von ihm begeistert, da sie ihren eigenen Radikalismus in seinen Schriften wiedererkennt. Er wird zum intellektuellen Vorbild all derer, die die Republik verachten.

In «Die geistesgeschichtliche Lage des Parlamentarismus», der Schrift, die zum ersten Mal im Sommer 1923 erschien, widmet sich Schmitt ganz dem Nachweis, daß Demokratie noch nicht einmal ihre eigenen Postulate (zum Beispiel das der Gleichheit) erfüllen könne.[75] In Wirklichkeit habe sie sich in einem unlösbaren Widerspruch verfangen, von dem auch der Parlamentarismus betroffen sei.[76] Demokratie sei ein Be-

75 Vgl. Carl Schmitt: Die geistesgeschichtliche Lage des heutigen Parlamentarismus, Berlin 1979, S. 14 und 18 f

76 Vgl. Schmitt, a. a. O., S. 21 ff

griff für ein wirtschaftliches, nicht aber ein politisches System.[77] Sie beruhe auf der Konstruktion einer Identität von Herrschenden und Beherrschten und sei im Grunde identisch mit Diktatur, da sie auf dem Diktat der Gleichheit fuße.[78] Im Parlamentarismus würden alle Differenzen und Gegensätze in Diskussion aufgelöst, somit unkenntlich gemacht und verwischt.[79] Das Postulat der Öffentlichkeit für alle Entscheidungen innerhalb einer Demokratie würde diese zusätzlich handlungsunfähig machen; nichts könne mehr geheimgehalten werden.[80] In «Der Begriff des Politischen» (erstmals 1932) wird dieses Argument durch die These ergänzt, daß «der politische Begriff des *Kampfes* im liberalen Denken auf der wirtschaftlichen Seite zur *Konkurrenz*, auf der anderen, ‹geistigen› Seite zur *Diskussion* (wird); an die Stelle einer klaren Unterscheidung der beiden verschiedenen Status ‹Krieg› und ‹Frieden› tritt die Dynamik ewiger Konkurrenz und ewiger Diskussion.» [81]

Im Grunde, so Schmitt, zerstöre Demokratie den politischen Bereich einer Gesellschaft nur, indem sie alles, was ins «Arcanum» des Politischen gehöre, ans Licht der Öffentlichkeit zerre. Man muß sich vor Augen führen, daß 1923 von einer stabilen politischen Lage nicht die Rede sein konnte. Die Republik litt darunter, daß sich keine dauerhafte Parteienkoalition zusammenfand. In dieser Situation öffentlich von der strukturellen Verfehltheit des parlamentarischen Systems

77 Schmitt kann sich dabei auf Max Weber und Hans Kelsen berufen, die beide von einer Parallelität von politischer und wirtschaftlicher Organisation bzw. letztlich von einer Deckungsgleichheit von wirtschaftlichen und politischen Interessen ausgingen. (Vgl. Carl Schmitt: Die geistesgeschichtliche Lage…, a.a.O., S. 33)

78 Vgl. Schmitt, a.a.O., S. 35 ff

79 Vgl. Schmitt, a.a.O., S. 43 ff

80 Vgl. Schmitt, a.a.O., S. 61 ff

81 Carl Schmitt: Der Begriff des Politischen, Berlin 1979, S. 70 f

zu künden, kam einer Kampfansage gleich und unterschied sich in der Wirkung nicht von der Propaganda rechts- und linksextremer Kreise.

In der zuerst 1929 erschienenen Schrift «Der Hüter der Verfassung» erläutert Schmitt das gleiche Problem aus einer anderen Perspektive: Nicht das Rechtssystem, weder das Parlament noch ein Staatsgerichtshof sind ihm zufolge in der Lage, die Verfassung zu schützen, sondern nur die personale Autorität des obersten Repräsentanten, des Präsidenten.[82] Die Justiz könne nur bürgerliches Recht, die Sphäre der Gesellschaft, schützen, nicht aber die Sphäre des Staates.[83] Nur der Präsident sei dazu legitimiert, da er vom ganzen Volk gewählt sei.[84]

In seiner Kritik konnte sich Schmitt eine Schwäche der Republik zunutze machen: das Problem, tragfähige Mehrheiten für Grundsatzentscheidungen zu finden. Die Tatsache, daß die Regierungen mit wechselnden Mehrheiten zu kämpfen hatten, daher meist von kurzer Dauer waren, ließ die Frage entstehen, wer wie und wo die Garanten für die Stabilität des Landes wären. In quasi gebetsmühlenartiger Argumentation verwies Schmitt immer wieder auf die Institution des Reichspräsidenten. Mit dieser Klappe schlug er zwei Fliegen: Er verwies auf das Problem der Kontinuität, obwohl er an deren Existenz gar nicht interessiert war. Gleichzeitig wiederholte er das substantielle Argument, um das es ihm letztlich immer ging: Wer steht an der Spitze? Wer entscheidet? Wenn Schmitt also fragte: Wer schützt die Verfassung? Wer garantiert die Stabilität eines Staatswesens?, interessierte ihn vor allem die Frage: Wie ist die Verfassung auszuhebeln, um dem

82 Vgl. Carl Schmitt: Der Hüter der Verfassung, Berlin 1969, S. 14ff

83 Vgl. Schmitt: Der Hüter der Verfassung, a. a. O., S. 22ff

84 Vgl. Schmitt, a. a. O., S. 156ff

Mann an der Spitze (hier: der Reichspräsident und sein Beraterkreis) mehr Befugnisse gegen den liberalen Rechtsstaat zu verschaffen?

Im konkreten Falle ging es um die Verhinderung von Neuwahlen im August 1932 nach der Auflösung des Reichstags durch den Präsidenten. Es wurde schließlich der Staatsnotstand erklärt, um die Verfassung zu durchbrechen. Heinrich Winkler schreibt, Carl Schmitt habe «in seiner Schrift ‹Legalität und Legitimität›, die am 10. Juli (1932 – AG), also zehn Tage vor dem Preußenschlag, abgeschlossen vorlag, die These von den zwei Verfassungen, in die die Weimarer Reichsverfassung zerfalle (entwickelt): den ersten, organisatorischen Hauptteil, der formal und wertfrei sei, und den zweiten, den Grundrechtsteil, den Schmitt als substanzhaft und wertbestimmt charakterisierte. Unter günstigen Bedingungen hätten beide Teile nebeneinander bestehen können, doch diese Bedingungen gehörten Schmitt zufolge der Vergangenheit an. Der erste Hauptteil war von den Staatsorganen selbst außer Kraft gesetzt worden, während der zweite (der Grundrechtsteil – AG) weiterhin galt. Dieser eigentliche Teil der Verfassung ließ sich (nach Meinung Schmitts – AG) nur noch retten, wenn der erste Teil preisgegeben wurde. Im Namen seiner höheren, plebiszitären ‹Legitimität› durfte der Reichspräsident mithin der bloß formalen ‹Legalität› des pluralistischen Parteienstaates den Kampf ansagen und sie überwinden.» [85]

Das Ausspielen von substanzhafter Legitimität gegen bloß formale Legalität, ein Gegensatz, von dem Schmitt sehr wohl wissen mußte, daß in der politischen Realität beide untrennbar zusammenwirken müssen, war in dieser Situation Wasser auf die Mühlen der Propagandisten des Staatsnotstands (Papen, Gayl und andere) und konnte von den Nationalsoziali-

85 Winkler: Weimar, a. a. O., S. 519

sten mit Genuß für ihre eigene Propaganda verwendet werden.

Damit war Schmitts Position als Verfassungsfeind, Befürworter des Staatsnotstands und Anti-Pluralist[86] auch politisch offen bekundet. An Klarheit ließ er nichts zu wünschen übrig: Er suchte jede Chance, um die Republik so schnell wie möglich zu beenden. Dabei war er nicht nur Feind der Linken, im Gegenteil: Sein Feind saß eher in der politischen Mitte.

Es fragt sich, ob hier nicht auch jener bürgerliche Selbsthaß seine Wirkung entfaltete, auf den François Furet hingewiesen hat. Verbirgt sich hinter Schmitts beißender Kritik des Liberalismus nicht die These, daß das deutsche Bürgertum niemals zu einer politischen Form finden werde, die es ihm erlaube, das Eigentum zu schützen und den Staat zusammenzuhalten? Oder anders formuliert: Wenn man auf das europäische politische Tableau Ende der zwanziger und Anfang der dreißiger Jahre schaut, wird Schmitts Kritik dann nicht ganz simpel zur Legitimation des *Status quo*? Überall in Europa hatten sich nach dem Ersten Weltkrieg autoritäre und diktatorische Regimes etabliert. Wo immer man hinschaute, ob nach Italien oder nach Polen, nach Spanien oder Rumänien und Ungarn, die europäische politische Szenerie erweckte den Eindruck, als liege in der Diktatur die Lösung der politischen Probleme in den schwachen europäischen Demokratien. Man kann dies – zumal im Rückblick – freilich auch anders sehen: In der scheinbar unabwendbaren Selbstzerstörung der Demokratien lag die Tragik der Zwischenkriegszeit. Zu dieser Selbstzerstörung maßgeblich bei-

86 Daß er ein ausgesprochener Anti-Pluralist ist, daran läßt Schmitt keinen Zweifel. Als Invektive verwendet er die Formulierung: «...das Parlament ist zum Schauplatz eines pluralistischen Systems geworden.» (Carl Schmitt: Legalität und Legitimität, a. a. O., S. 90)

getragen zu haben, darin liegt die Verantwortung von Intellektuellen wie Carl Schmitt.

Helmuth Plessner oder Die Kunst des Möglichen

Es trägt zur Bedeutung von Helmuth Plessner noch heute bei, daß er die Dimension des politischen Raums als zentrale Fragestellung moderner Demokratien erkannt hat. Helmuth Plessner ist kein Liberaler im klassischen Sinne, da er anthropologisch und nicht politisch argumentiert. Er läßt sich zudem schwer einordnen, da er nicht der klassischen Rechts-Links-Achse zugeordnet werden kann. Im Unterschied zu völkischen Kulturanthropologen vom Schlage eines Spengler und Dühring, Chamberlain, Moeller van den Bruck und anderen nimmt Plessner Ökonomie und Technik nicht als Bedrohung wahr, sondern als Herausforderung für das politische Gemeinwesen. Er wirft keinen intentionalen, sondern eher einen okkasionalen Blick auf Geschichte und Gegenwart. In einer Zeit, in der die Kategorien politischen Denkens von Dichotomien wie Leben-Tod, Kampf-Sieg oder Untergang-Auferstehung geprägt werden, bringt Plessner Denkfiguren ein, die außerhalb dieser Dichotomien angesiedelt sind: Spielmöglichkeiten, Geschicklichkeit, Sichverstehen, Einandernachgeben …

In seiner berühmt gewordenen Abhandlung «Grenzen der Gemeinschaft. Eine Kritik des sozialen Radikalismus» von 1924 nahm Plessner die beiden Herzstücke des intellektuellen Diskurses in der Weimarer Republik in den Blick. Der Begriff ‹Gemeinschaft›, der eine mystifizierte ursprüngliche Einheit von Gesellschaft ansprach, war schon seit Ferdinand Tönnies' Abhandlung «Gemeinschaft und Gesellschaft» 1886 aus dem völkisch-weltanschaulichen Diskurs in die Wissenschaftssprache übernommen worden. «Radikal» und «Radikalismus» waren intellektuelle Kampfbegriffe in der Abgrenzung gegen den politischen Liberalismus und dessen Sprache der Vermittlung.

Plessner geht nun der inneren Verbindung zwischen beiden Begriffen nach. Er identifiziert sie in der beiden gemeinsamen Ablehnung des modernen Politikverständnisses.

Plessner verfolgte die dichotomische Formation des zeitgenössischen Denkens bis in die religiöse Vorgeschichte hinein.[87] Die Prägung durch das Luthertum hielt er für die entscheidende Blockade gegen politisches Denken. Die protestantische «Kehre» gegen Politik als bloße Äußerlichkeit[88] habe die unpolitische Rezeption der politischen Dimension stark beeinflußt.[89] In der Dominanz des lutherisch geprägten Preußen über die politische Landschaft des deutschen Reiches kehre dieses Schema auf Reichsebene wieder. – Wie ein Leitthema durchzieht die These von der deutschen Selbstverhinderung Plessners politische Anthropologie. In seiner 1935 im niederländischen Exil verfaßten Vorlesungsschrift «Die verspätete Nation» führte er die Selbstaufgabe der Republik auch auf die konfligierenden politischen Traditionen zurück (Reich versus Nation; Kaiser statt Volkssouverän), die dann der lutherische Protestantismus noch verstärkt habe.[90] Doch

87 Zur historischen Einbettung von Plessners Schrift in den zeitgenössischen Diskurs vgl. auch Helmut Lethen: Verhaltenslehren der Kälte. Lebensversuche zwischen den Kriegen, Frankfurt/M. 1994, S. 75 ff

88 Diese Entgegensetzung von Innerlich-Äußerlich geht in den politischen und Alltagssprachgebrauch ein. Sie taucht später in verschiedenen Variationen auf, von denen die auffälligste die zwischen «Kultur» (deutsch) und «Zivilisation» (französisch, westlich) ist.

89 Vgl. Helmuth Plessner: Grenzen der Gemeinschaft. Eine Kritik des sozialen Radikalismus, in: ders.: Gesammelte Schriften, 10 Bde., Bd. V, S. 24

90 Vgl. Helmuth Plessner: Die verspätete Nation, Frankfurt/M. 1994, S. 40 ff

während hier die Leitfrage ist, wie es dazu kommen konnte, daß die deutschen Eliten mit ausgebreiteten Armen in den Nationalsozialismus gestürzt sind, wird in den Schriften aus den zwanziger Jahren noch mit der Offenheit argumentiert, daß andere Handlungsmöglichkeiten zur Verfügung stehen.[91]

Als Kulturanthropologe geht Plessner von zwei Fragen aus:

- Was ist die angemessene Form des menschlichen Umgangs, des Zusammenlebens?
- Wie beeinflussen die ökonomischen und technischen Entwicklungen des Hochindustrialismus das politische Zusammenleben?

Den großen intellektuellen Konflikt seiner Zeit sieht er in dem Gegensatzpaar «Gesellschaft» und «Gemeinschaft». Im

91 «Im Indirekten zeigt sich das Unnachahmliche des Menschen. Aber es gibt nicht nur eine Ästhetik des Versteckspiels. In ihm liegt tieferer Sinn, bittere Notwendigkeit, wenn Menschen unverbunden, ohne Kontakt der Sache und des Blutes, miteinander auskommen wollen. Ihr geselliger Verkehr vollzieht sich, wenn auch unter Beobachtung der Gesetze des Zeremoniells und des Prestige, doch nicht unter Zuhilfenahme jener massiven Distanzmittel, welche das geschäftliche Leben braucht. Sucht sich der Mensch doch gerade vom Geschäft und der Last der Irrealisierung und Abstrahiertheit zu erholen, wenn er in Gesellschaft geht. Erholen aber unter Menschen, die er nicht kennt, entspannen in einer Atmosphäre ohne Vertrautheit, wie ist das möglich ohne eine Kunst des Nichtzunahetretens, des Nichtzuoffenseins? Die gordische Knotenlösung: Ganz so zu tun, als ob man zu Hause wäre, Fach zu simpeln, die Unterhaltung an sich zu reißen und allein zu reden oder sich auszuschließen und bloß die andern zu beobachten, ist knotenhaft, aber keine Lösung. Erst wenn man sich in die Gefahr begibt, andere zu verletzen und von anderen verletzt zu werden, erst wenn man diese Schwierigkeiten zu meistern versteht, fühlt man die Frage.» (Plessner: Grenzen der Gemeinschaft, a. a. O., S. 106)

Denken und Handeln der politischen Akteure in der Weimarer Republik reproduzierten sich immer wieder die klassischen Schemata: organische Gemeinschaft und pluralistische Gesellschaft. Dabei firmieren für Plessner unter «Lager der Gemeinschaft» sowohl die Rechte als auch die Linke; beide seien einem strukturell ähnlichen Gemeinschaftsdenken verhaftet.

Plessner erkannte sehr wohl, daß das Gemeinschafts-Lager erheblich mehr Attraktivität besaß als das der pluralistischen Gesellschaft. Er widmete seine Schrift daher dem Nachweis, daß die Gemeinschafts-Ideologie sich gegenüber den Herausforderungen der Zeit quasi nur reaktiv verhielt: «Gemeinschaft bedeutet ihren Verfechtern den Inbegriff lebendiger, unmittelbarer, vom Sein und Wollen der Personen her gerechtfertigter Beziehungen zwischen Menschen. Echtheit und Rückhaltslosigkeit sind ihre wesentlichen Merkmale, Gebundenheit aus gemeinsamer Quelle des *Blutes* zunächst ihre einheitsstiftende Idee.»[92] Gemeinschaft sei die Option, die auf den andauernden Prozeß der Abstraktion (Verflechtung von Beziehungen, moderne Massengesellschaft) und Ausdehnung (Weltmarkt) von Gesellschaften mit dem Rückzug auf den blutsmäßigen Selbstbezug antworte. Blut erscheine dabei als das letzte echte, weil existentielle Zugehörigkeits- und Unterscheidungskriterium. Die tatsächliche Entwicklung der modernen Gesellschaften hätte demgegenüber, verursacht durch die Ausbreitung von Industrie und Technik, immer neue Vermittlungsebenen hervorgebracht. Gesellschaft erscheine als Beziehungsgeflecht, als Netzwerk, das aufgrund von Signalen und Symbolen reagiere und funktioniere, aber immer vermittelt: «Fortwährend wächst das Netz der gegenseitigen Bindungen rechtlicher, wirtschaftlicher, technischer Natur, zugleich aber bieten sich darin immer neue Spielmöglichkeiten,

92 Plessner: Grenzen der Gemeinschaft, a. a. O., S. 44

teils neue Bindungen zu schaffen, teils die alten zu umgehen. Sache der Geschicklichkeit ist es, die Übereinkunft zwischen den Kontrahenten maximal einem natürlichen Ausgleich analog, will sagen, so zu gestalten, daß auch ein Ausgleich durch Überzeugung oder durch gegenseitiges Sichverstehen und Einandernachgeben nicht besser, gerechter, gleichmäßiger ausfallen könnte.»[93]

Plessner argumentiert als konservativer Liberaler. Die «Massen» sind ihm nicht demokratische Herausforderung, sondern Objekt von Ordnungsvorstellungen («nur so dient sie»).[94] Die Möglichkeiten, die die moderne Gesellschaft bietet, sind nur für diejenigen praktikabel, die zum Führen, zum Herrschen geboren sind, nicht für die Masse. Das liberale «Naturrecht» auf Gleichheit erscheint als notwendige juristische Konstruktion, hinter der sich andere, ebenfalls naturbedingte Ungleichheiten verbergen. Doch übernimmt Plessner auf der anderen Seite das Axiom des Liberalismus, nach dem der Staat keine Substanz, sondern ein Verfahren ist: «Die Opferung, in der er sich seiner unmittelbaren Freiheit über sich und was ihm anhängt, entäußert, in der er seine Gewalt an einen, der für die Gemeinschaft bestimmt und trägt, delegiert, ist der *Staat*, ein Verfahren, die gesellschaftliche Lebensordnung mit der gemeinschaftlichen ohne Einbuße an einer von beiden in dauernder Form zu verknüpfen. Der Staat ist ein Verfahren und keine Substanz, ein offenes System von Vorkehrungen, die Forderungen der Öffentlichkeit aus ihrer Unabsehbarkeit und Unbestimmtheit herauszuheben und dem Gemeinschaftsverlangen jedes Menschen, seinem Naturrecht auf Wärme und Vertrauen anzugleichen und die Gefahr beständiger Reibungen und Beeinträchtigungen der beiden Sphären zu bannen. Staat ist systematisierte Öffent-

93 Plessner, a.a.O., S. 97f

94 Vgl. Plessner, a.a.O., S. 38f

lichkeit im Dienste der Gemeinschaft, Inbegriff von Sicherungsmaßnahmen der Gemeinschaft im Dienste der Öffentlichkeit.»[95]

Plessners Staat ist kein liberaler Nachtwächterstaat, sondern ein Staat der Vermittlung. Ihm werden Attribute zugeschrieben, die in der Tat auch aus der Gemeinschaftsideologie kommen: Er befriedigt das Verlangen nach Gemeinschaft, das «Naturrecht» auf Wärme und Vertrauen, er sorgt für die Sicherheit der Gemeinschaft. Plessners Theorie stellt also nicht das genaue Gegenteil der Gemeinschaftsideologie dar, sondern er versucht, Liberalismus und Gemeinschaftsideologie gegeneinander auszugleichen. In einer sehr viel später verfaßten autobiographischen Skizze seines intellektuellen Werdegangs schrieb Plessner zur Entstehungsgeschichte von «Grenzen der Gemeinschaft»: «Zum ersten Mal waren mir sozialethische Fragen in Sichtweite gekommen, die als die Aporie von Privatmoral und Staatsmoral von jeher ein ebenso unerschöpfliches wie hoffnungsvolles Thema bilden. Die Standardlösung: Dem Kaiser was des Kaisers ist und Gott was Gottes ist, setzt eine wenigstens prinzipielle Trennbarkeit der beiden Sphären voraus, die im Liberalismus des 19. Jahrhunderts als Trennungslinie von Öffentlichkeit und Privatheit einigermaßen gesichert erschien. Dort konnte man noch mit Tönnies von Gemeinschaft und Gesellschaft als Gegensätzen, und zwar als Wertgegensätzen mit deutlicher Bevorzugung der Gemeinschaft, sprechen. Sie war als eine Erweiterung und Vertiefung der Privatsphäre gedacht, der Vertrautheit und Geborgenheit, in der es Schutz vor dem rauhen Wind der Öffentlichkeit gab. Diese Verklärung der Gemeinschaft stellte die deutsche Jugendbewegung im ersten Jahrzehnt des zwanzigsten Jahrhunderts der nachdrücklichen Industrialisierung im neuen Reich entgegen. Die Niederlage

95 Plessner, a.a.O., S. 115

von 1918 brachte die Politisierung des Gemeinschaftsgedankens, aus der sich die völkische Bewegung und das Nazitum entwickeln sollten.»[96]

Plessner beabsichtigte demnach, in gewisser Weise ähnlich wie Thomas Mann, die politische Debatte um die Republik nach Krieg und Niederlage 1918 jenseits des Lagerkampfs anzusiedeln.

Gegen die instinktive Reaktion der Völkischen, vor den Zumutungen der politischen Moderne in Wertesysteme und Ordnungen der Unmittelbarkeit und Einheit zu flüchten, argumentierte er mit der Unabwendbarkeit des Industriezeitalters.

Plessners Kritik richtete sich aber ebenso gegen den linken Radikalismus. Auch auf der Linken sei die Angst vor der Uferlosigkeit der Moderne das Motiv für die brachiale Gewalt, mit der sie sie überholen und gleichzeitig zügeln wollten. Auch die radikale Linke ziele ja auf politische Lösungen der Unmittelbarkeit.[97] Der «internationalistische Menschheitskommunismus... (beruft sich)... auf eine an-

96 Plessner: Biografische Selbstdarstellung, in: Helmuth Plessner: Gesammelte Schriften, a.a.O., Bd. X, S. 322f

97 Die Räte, die sie als Alternative zum bürgerlichen Staat propagiert, benutzten ihre Protagonisten nicht, um ein neues Repräsentationssystem von politischer Macht zu etablieren; sie wurden vielmehr beschränkt auf die Funktion, die Machtübernahme zu regeln und zu sichern. So waren sie weder in der russischen noch in der deutschen Revolution politische Organe. In diesem Punkt halte ich die Wertschätzung Hannah Arendts für Rosa Luxemburgs Rätekonzept für weit überzogen. Luxemburg hat weder eine ausgearbeitete Perspektive einer Neukonstituierung von politischem Gemeinwesen nach dem Machtwechsel ausgearbeitet, noch ist sie selbst der Meinung, daß die Räte nach Ende der revolutionären Bewegung wirklich eine tragfähige Grundlage für die sozialistische Republik darstellen; die Erfahrungen der russischen Revolution von 1905 und 1917 und auch die Erfahrungen mit den Massenstreiks der neunziger Jahre sprechen eine andere Sprache.

dere Möglichkeit der Gemeinschaft, auf die *Gemeinschaft der Sache* durch Teilhaberschaft an ein und demselben Wert... Diese Spielform des Kommunismus ist entschlossen rational... Ihr geistiges Rüstzeug stammt aus dem 18. Jahrhundert, aus der Aufklärung. Sie operiert mit der abstrakten Allgemeinheit».[98]

Beide Varianten des sozialen Radikalismus gründeten letztlich nicht in einem Verständnis dessen, was Politik in der Moderne sein könne. Beide erlägen einer «tragischen Verwechslung zwischen Gemeinschaftsmoral und Politik.»[99] Es sei dieses Nichtverstehen von Politik, was beide politische Lager zu gewalttätigen Herrschaftsphantasien, zu Blutsmythen und letztlich zu bloßem Obstruktionismus gegenüber der Republik getrieben habe.

Plessners eigene Vorstellung von Politik bleibt allerdings eher rudimentär. Dennoch sei auf einen Gedanken verwiesen, der uns indirekt schon die ganze Zeit begleitet hat: Welche Vorstellung von Politik wäre der politischen Moderne angemessen?

Politik in der Moderne besteht für Plessner in der Kunst des Möglichen. «Politik (ist) eben die Kunst..., aus Gelegenheiten Ereignisse zu machen und im Element einer unausgesetzten Willkür mit den tatsächlichen Mächten, Triebkräften, d. h. in den Grenzen des Möglichen einen Sinn hervorzubringen.»[100]

Dieses Politikverständnis steht in diametralem Gegensatz zur «Politik des Willens», die auf den extremen Flügeln der politischen Lager verfolgt wurden. Es ist genau diese Politik, die für Carl Schmitt bloßer Romantizismus ist. Es ist eine Politik, die gerade nicht auf «das Wesentliche» zielt, sondern

98 Plessner: Grenzen der Gemeinschaft, a. a. O., S. 49f
99 Plessner, a. a. O., S. 123
100 Plessner, a. a. O., S. 125f

auf das nach Lage der Dinge und nach den Fähigkeiten der Bürger Mögliche. Gleichwohl wird hier kein reiner Pragmatismus angesprochen. In Plessners Verständnis ist auch das Element einer ständigen Neugründung enthalten – freilich nach Lage der Dinge (und der Zufälle) und nicht entlang dem Freund-Feind-Schema.

Plessners Position ist im realen Kräftespiel der Weimarer Republik daher am Rande angesiedelt; sie spielte im öffentlichen politischen Diskurs praktisch keine Rolle. Gleichwohl wurde sie hier einbezogen, weil sie einen intellektuellen Ausweg aus dem Dilemma der Dichotomien anbot.

In diesem Kapitel habe ich versucht, den politischen Raum auszuloten, den die Weimarer Republik trotz aller Restriktionen durch die alliierte Politik und den heimischen Bürgerkrieg schuf. Da ich nicht der Meinung bin, daß Geschichte vorherbestimmt ist, mußte ich allen Handelnden Bewußtsein und Freiheitsspielraum zugestehen. Nicht die Frage, ob und wie die Vergangenheit, das Erbe, hindernd und blockierend auf der Gegenwart lasteten, stand im Vordergrund. Es sollte vielmehr untersucht werden, wie die handelnden Personen und Gruppen den Raum, der ihnen zur Verfügung stand, genutzt haben. Der erneuten Debatte über Möglichkeiten und Aporien, nicht der Schuldzuweisung sollte dieser Diskurs dienen. Das wichtigste Ergebnis scheint mir einerseits zu sein, daß die Konzeption von Politik von dem lutherischen, antiaufklärerischen Erbe belastet war, unter dem Politik und Öffentlichkeit als etwas «Äußerliches», nicht zum Volkscharakter Gehöriges abqualifiziert wurden. Andererseits ließen sich die politischen Akteure und Kommentatoren in der Weimarer Republik von einer «Politik des Willens» leiten, die die Wahrnehmung der Handlungsmöglichkeiten, die sich trotz der prekären Situation der jungen Republik boten, verhinderte. Beispielhaft wird das deutlich an dem leidenschaftlichen Haß von links und rechts, der auf Politiker gerichtet wurde, die sich für Verhandlungen und die Vermittlung der feindlichen Lager aussprachen. Walther Rathenau, Matthias Erzberger, aber auch Gustav Stresemann und namhafte sozialdemokratische Politiker wurden so zu Haßfiguren. Es wird auch deutlich an der allgemeinen Blindheit gegenüber der Tatsache, daß die einzige Alternative zum Bürgerkrieg der Aufbau einer politischen Mitte gewesen wäre, einer Mitte, die Deutschland bis dahin nicht kannte und in der sich Linke und Rechte hätten begegnen können.

Das protestantische Erbe der Innerlichkeit ist eine spezifisch deutsche Mischung; das dichotomische Mißverständnis von Politik ist jedoch der politischen Moderne auch andernorts zu eigen. Nicht die deutsche Tradition allein leidet unter der «Politik des Willens»; auch in Frankreich, in Spanien, in Italien und in den mitteleuropäischen Staaten unterliegt der Liberalismus einer «Politik des Willens», die in der Diktatur endet. Die deutsche Republik unterliegt hier auch einem gesamteuropäischen Sog.

Die Frage der Freiheit konnte unter diesen Bedingungen nicht aus ihrer für Deutschland typischen zweifachen Beschränkung herauskommen:

- der Konzentration auf Einheit und Zentralisation der Herrschaftsgewalt und
- der Bornierung durch übersteigertes Gleichheits- bzw. Hierarchiedenken.

Erst die gewaltsame Zerschlagung Deutschlands hat – so paradox dies klingt – diesen Bann zerstört und einen Neuanfang ermöglicht: 1945 für Westdeutschland und 1989 für Ostdeutschland.

IV. DER SCHLAF DER FREIHEIT

Über republikanische Öffentlichkeit oder Die gegenwärtige Schwäche des politischen Gemeinwesens

In seinem Essay über die «Grenzen der Gemeinschaft» von 1924 stieß Helmuth Plessner ein Thema an, das zwar in der politischen Kultur der Weimarer Republik immer wieder präsent war, wenn auch eher latent denn manifest: die Rolle der Öffentlichkeit im politischen Gemeinwesen. Plessner verwies auf einen historischen Wandel, dem die Öffentlichkeit unterlag. Öffentlichkeit in der Weimarer Republik war nicht nur Schauplatz, sondern Objekt des Kampfes zwischen politischen Gruppen selber. Diese Entwicklung schritt in der Weimarer Republik rasant voran, vor allem natürlich aufgrund der technologischen Neuerungen im Gefolge des Ersten Weltkriegs. Neue Massenmedien kamen empor: Rundfunk, Fotografie, Film (ab 1929 Tonfilm), Massenpresse und Billigbuchdruck. Sie beschleunigten den Fluß der Informationen, sie vergleichzeitigten Geschehen und Berichterstattung, sie eröffneten schließlich die Möglichkeit, auf das Geschehen über Propaganda und (manipulierbare) Information Einfluß zu nehmen.[1]

Alle politischen Lager erkannten die eminente Bedeutung

1 Auf die Wirkung von Massenpropaganda im Ersten Weltkrieg hat auch Christoph Schumacher hingewiesen. (Das Echo von Signalen... Der literarische und politische «Aufbruch» Deutschlands in den Weltkrieg 1914/18, Diss., RWTH Aachen 1997, Ms., S. 110ff; vgl. auch Barbara Duden, Der Kodak und der Stellungskrieg. Versuch einer Situierung von Weltkriegsfotografien, Habilitationsvortrag an der TU Berlin, erschienen in: Bios, Ztschr. für Biographieforschung und oral history, Jg. 7, H. 1, 1994, S. 64–83

eines öffentlichen Interpretationsmonopols und der Propaganda für die Masseneinwirkung. Öffentlichkeit wurde sehr bald auch als manipulierbare Größe im Interesse des Machterwerbs und des Machterhalts genutzt.

Zugleich fanden Demonstrationen und Straßenkämpfe «in aller Öffentlichkeit» statt. In dem Moment, in dem die alte Ordnung zu wanken begann, verlagerte sich Politik mehr und mehr «auf die Straße». Während des Bürgerkriegs spielten die öffentliche Demonstration, der öffentliche Aufstand ebenso eine prägende Rolle wie die Klandestinität der Offiziers-Verschwörungen oder die «Untergrundarbeit» der kommunistischen Revolutionäre. Es gab Bereiche der Politik, die quasi in die Öffentlichkeit geworfen wurden, ebenso wie andere dem Licht der Öffentlichkeit bewußt entzogen wurden.

Ein neuer Typus von «Volk» betrat die öffentliche Bühne: «die Massen», die sich nicht mehr vermittelt über ihre Repräsentationsorgane oder «Klassenvertreter» äußerten, sondern in unmittelbarer, immer wiederkehrender Präsenz ihre Interessen auf den Straßen darstellten.[2]

2 Für die «Entdeckung» dieses neuen sozialen Phänomens in den Industriegesellschaften des Westens, die den Abschied von der Klassengesellschaft brachten, sind die Beobachtungen und Analysen von Elias Canetti sehr aufschlußreich. Canettis Ur-Erlebnis war die Massendemonstration in Wien 1927 anläßlich des Justizpalast-Brandes gewesen. Seine Faszination, aber auch sein tiefes Erschrecken hat Canetti im Roman «Die Blendung» (1935), vor allem aber in seinem soziologischen Werk «Masse und Macht» (1960) verarbeitet. Wie wichtig dieses Erlebnis für seine ganze Biographie gewesen ist, wird nicht zuletzt in seinen Erinnerungen deutlich, in denen er sein Erlebnis der Masse als neues soziales «Phänomen» rekonstruiert: «Ein für allemal hatte ich hier erlebt, was ich später eine offene Masse nannte, ihre Bildung durch das Zusammenfließen von Menschen aus allen Teilen der Stadt, in langen, unbeirrbaren, unablenkbaren Zügen, deren Richtung bestimmt war durch die Position des Gebäudes, das den Namen der Justiz trug,

Und ein neuer Typus des Politikers profilierte sich: der Volkstribun, der die zur Mobilisierung bereiten «Massen» lenken und mit ihnen plebiszitären Druck auf Parlament und Regierung ausüben konnte. Man traf ihn auf der völkischen Seite im Propagandisten (die Röhm, Gebrüder Strasser, Hitler, Goebbels sind seit den frühen zwanziger Jahren unterwegs). Bei Kommunisten, Linkssozialisten und (mit Einschränkung) auch bei den Sozialdemokraten findet er sich ebenso. Offensichtlich war für die aus der Arbeiterbewegung kommenden Funktionäre der jüngeren Generation die Versuchung sehr groß, zum Volkstribunen zu werden. Dies um so mehr, als die chaotische politische Gemengelage unübliche politische Entscheidungen verlangte. Ein neuer Typus von Politik war gefragt, für den es keine Vorbilder gab. Ganz gewiß hat auf der Linken auch eine Rolle gespielt, daß sich über die Jahrzehnte, in denen die Führung der SPD die Forderung nach größeren Massenaktionen immer abgebremst bzw. auf den «Tag X» verschoben hatte, eine Art Handlungsdruck

aber durch den Fehlspruch das Unrecht verkörperte. Ich hatte erlebt, daß die Masse zerfallen muß und wie sie diesen Zerfall fürchtet; daß sie alles daran setzt, nicht zu zerfallen; daß sie sich selbst im Feuer sieht, das sie entzündet, und um ihren Zerfall herumkommt, solange dieses Feuer besteht... Ich sah, daß die Masse auf der Flucht sein kann, ohne in Panik zu geraten; daß Massenflucht und Panik wohl zu unterscheiden sind... Ich erkannte, daß diese Masse keinen *Führer* braucht, um sich zu bilden, den bisherigen Theorien zum Trotz... Wenn es etwas Herausragendes gab, das die Masse entfachte, so war es der Anblick des brennenden Justizpalastes... An diesem hellerleuchteten, entsetzlichen Tage gewann ich das wahre Bild dessen, was als Masse unser Jahrhundert erfüllt. Ich gewann es so sehr, daß ich aus Zwang und aus freiem Willen zu seiner Betrachtung zurückkehrte. Immer wieder war ich dort und habe hingeschaut, und noch jetzt verspüre ich, wie schwer es mir fällt, mich davon loszureißen, da mir nur der geringste Teil dessen gelungen ist, was ich mir vorgenommen habe: ihre Erkenntnis.» (Elias Canetti: Die Fackel im Ohr. Lebensgeschichte 1921–1931, München, Wien 1980, S. 281 f) aufgebaut hatte, der jetzt ein Ventil fand. Denn was trieb so besonnene Männer wie Kurt Eisner (USPD) oder Philipp Scheidemann (SPD) oder Otto Wels (SPD) dazu, sich an die Spitze von «Massenbewegungen» zu stellen? Wie kam ein Mann wie Scheidemann zur populistischen Losung des «bedingungslosen Nein» zum Friedensvertrag? Die Angst, sonst selbst von der «Flut» der überbordenden Massen[3] «hinweggespült» zu werden, kann es nicht alleine gewesen sein. Es war ein Gespür für das bestehende Machtvakuum und die eigenen Machtambitionen, das biedere Arbeiterführer zu öffentlicher Größe emporwachsen ließ; ein Vakuum, das ja nicht bloß Absenz von Macht, ein leerer Fleck war, sondern auch eine hektische, situative Aktivität und Phantasie bei den Beteiligten freisetzte. Auf der gemäßigten Linken verliert sich dieser Impuls Anfang der zwanziger Jahre. Auf der radikalen Linken gelangt er zur vollen Ausbildung in solchen Persönlichkeiten wie Eugen Leviné in der Münchner Räterepublik oder später Ernst Thälmann.

Die Nationalsozialisten bringen noch später das Zusammenwirken von Massenauftritt («die Bewegung») und populistischen «Führern» auf den verschiedenen Ebenen der Partei- und Organisationsgliederung zu einer eigenen symbiotischen Blüte. Der rheinische Katholik Joseph Goebbels vereinigt in sich den antiken Volkstribunen und den modernen Massentechniker, der die Manipulation der neuen Medien, insbesondere Zeitungen, Rundfunk und Film, ebenso beherrschte wie die psycho-physische Beschwörung großer Versammlungen.

Vor diesem Hintergrund wurde ein neuer Typus von Poli-

3 Vgl. die noch immer gewinnbringend zu lesenden Untersuchungen von Klaus Theweleit zur politischen Ikonographie und Metaphorik von Erstem Weltkrieg und völkischer Bewegung; Klaus Theweleit: Männerphantasien, 2 Bde., Reinbek 1980, insbes. Bd. 1.

tik geprägt: die Politik des Anti, des massenhaften und permanenten Dagegen-Seins.[4] (Auch hier bringen die Nationalsozialisten später eine neue Dimension hervor, die des totalen Protestes, der in den Aufmärschen der SA in die totalitäre Machtdemonstration umschlägt.) Von diesen Koordinaten – Kampf um öffentliche Medien und Räume, massenbezogener Populismus und Politik als Negation des Vorfindlichen – wurde das Öffentlichkeitsverständnis der Republik geprägt. Öffentlichkeit wurde zum offen ausgetragenen Kampf mindestens zweier unversöhnlicher Lager, die sich verbal *und* physisch bekriegten. Öffentliche Auseinandersetzung wurde zum Krieg in ziviler Verkleidung. Debatte, Diskussion, Kompromiß – Begriffe, die heutzutage das Verständnis von Öffentlichkeit prägen, wurden mit Nutzlosigkeit und Korruption assoziiert.

Komplementär dazu gelangten Institutionen wie Verfassung und Parlament als Rahmen, Symbole und Repräsentanten der demokratischen Öffentlichkeit gar nicht erst zu Ansehen. Von links wie rechts wurde das Parlament als «Schwatzbude», als «Tollhaus», als Bühne eitler Selbstdarstellung der Parteien gescholten. Demgegenüber wurde die echte, wahre, unverstellte öffentliche Auseinandersetzung des «Kampfes Klasse gegen Klasse» (radikale Linke und Kommunisten)[5] oder des Kampfes des «Volkes» (verstanden als rassische, nicht als politische Kategorie) gegen «das System», die «Volksverräter», «Juden» hervorgehoben.[6]

4 Vgl. Antonia Grunenberg: Antifaschismus – ein deutscher Mythos, Reinbek 1993, S. 21 ff

5 Vgl. Ernst Thälmann: Rede in der Hamburger Bürgerschaft, 30. März 1921, in: ders., Für ein freies sozialistisches Deutschland, ausgewählte Schriften in 4 Bde., Bd. I, 1, Faksimile-Nachdruck, Hamburg 1971, S. 33

6 Stellvertretend für die Kritik der völkischen bzw. nationalsozialistischen Rechten sei auf Alfred Rosenbergs «Der Mythus des 20. Jahr-

Die völkische und rechtskonservative Besessenheit war die eine Wand, die den öffentlichen Diskurs blockierte. Die andere Wand war der linke Illusionismus und seine Projektionslandschaft der Sowjetunion. Sehnsüchtig blickten die linksliberalen bis sozialistischen Intellektuellen auf das politische und soziale Großexperiment Sowjetunion. Auf die neue Sowjetunion konnten sie ihre eigenen Erlösungswünsche, Ängste, Borniertheiten, ihre Verachtung der bürgerlichen Kultur projizieren. Es soll hier nicht mehr von der Faszination des Kommunismus bzw. der sozialistischen Theorie und Ideologie gesprochen werden. Hier geht es nur darum zu verstehen, warum so viele Intellektuelle sich nicht zur Ausgestaltung der Republik, sondern nur zu ihrer Zerstörung im Namen eines utopischen Besseren verstehen konnten. Was an Faszination auf Rußland projiziert wurde, entging der Republik an ‹republikanischem Geist›. Diese Haltung reichte bis weit hinein in die Kreise der bürgerlichen Intellektuellen, die sich weniger am öffentlichen Diskurs beteiligten, sondern in Theoriezirkeln oder akademischen Kreisen verblieben. Die freiwillige Selbstbornierung ist der Grund, warum selbst so angesehene akademische Denker wie Max Horkheimer und Herbert Marcuse[7], aber mehr noch Schriftsteller wie Bertolt Brecht so

hunderts» verwiesen, das zwar erst 1934 erschien, aber doch die Kritik der extremen Rechten an der parlamentarischen Demokratie auch später zu Legitimationszwecken immer mit thematisierte (vgl. Alfred Rosenberg: Der Mythus des 20. Jahrhunderts, München 1934, S. 547 ff).

7 Ich meine hier einmal die uneingestandenen Affinitäten, die Denker im Umkreis der Frankfurter Schule zu republikfeindlichen Schriftstellern wie Carl Schmitt hatten, als auch die zum Teil naiven Phantasien, die mit der neuen Sowjetunion verbunden wurden; vgl. Antonia Grunenberg: Aspects of intellectual anti-liberalism in the Weimar republic and in post-war Germany, in: Critical theory and alternate modernities, Vortragsmanuskriptband für die gleichnamige Konferenz an der University of Michigan in Ann Arbor, 4.–6. Oktober 1996, S. 359–367

verächtlich auf die Republik und – zumindest zeitweise – so unverständig auf die Politik schauten.

Es sind jedoch nicht nur Naivität und Borniertheit der öffentlichen und akademischen Intelligenz, die hier beklagt werden; es entwickelt sich aus dieser Konstellation auch ein neuer Typus des intellektuellen «Aktivisten», des «Militanten», wie er von Kurt Tucholsky karikiert und nach dem Zweiten Weltkrieg von Jean-Paul Sartre und anderen glorifiziert wird. Gewiß macht er nur einen kleinen Teil der Intellektuellen aus, aber er verkörpert an Bereitschaft zur Selbstaufgabe in Extremform, was im Mittelmaß der Weimarer Republik ohnehin vertreten ist.

Dieser Typus von Intellektuellen findet sich quer durch alle europäischen Gesellschaften. Seine deutsche Variante weist aber Besonderheiten auf; sie bestehen darin, daß die deutschen Intellektuellen seit dem 19. Jahrhundert von der Überzeugung geprägt sind, das öffentliche Selbstverständnis der Gesellschaft zu artikulieren, Orientierungen für den öffentlichen Diskurs zu formulieren. Auf der anderen Seite fand der demokratische Impuls, der die nationale Konstitution 1871, wenn auch schwach, begleitet hatte, wenig Widerhall unter ihnen. Mit Ausnahme der sozialdemokratischen Intelligenz, die in den Jahren des Bismarckschen Kulturkampfes ihren Anteil an der nationalen Selbstgründung einforderte, waren große Teile der deutschen Intellektuellen schlicht nicht interessiert an der bürgerlichen Demokratie. Sie brachten damit zum Ausdruck, daß die demokratischen Formen (parlamentarische Regierungsform, Wahlrecht) in Deutschland in der Luft hingen, da die semiabsolutistische politische Kultur sie nicht integrieren konnte. Hinter der kollektiven Weigerung schaute der deutsche Bildungsphilister des 19. Jahrhunderts hervor, der statt des demokratischen Nationalstaats den völkischen Gemeinschaftsstaat oder – später – die revolutionäre (oder konterrevolutionäre) Fürsorgediktatur propagiert, eben das «ganz Andere». Er ist es, der den deutschen Anspruch auf Besonderheit immer weiter trägt.

Wenn man überhaupt von einer historischen Aufgabe der Intellektuellen sprechen kann, so hätte sie 1918–1933 darin bestanden, die republikanische Herausforderung eines demokratischen Nationalstaats intellektuell anzunehmen. Das wäre eine historische Leistung von großer Tragweite gewesen. Daß der größte Teil dieser Gruppe das nicht getan hat, sondern aus zum Teil durchaus berechtigter Kritik an der kläglichen Gestalt der Republik eskapistische Konsequenzen zog, ist, im nachhinein gesehen, ein historisches Versagen. Derartig an der geschichtlichen Situation vorbeizuhandeln hat sich am Ende selbstzerstörerisch für die intellektuellen Protagonisten des ‹Anderen› ausgewirkt, also gerade das Gegenteil von dem bewirkt, was beabsichtigt war.

Der neue Typus des öffentlichen Intellektuellen in der Weimarer Republik war ebenso Sprachrohr der Unübersichtlichkeit, wie er in ihr befangen war. Er trat im wesentlichen in zwei Gestalten auf: in der des oben erwähnten populistischen Führers oder Volkstribuns – und des intellektuellen Kritikers, der durch das Aufkommen der neuen Medien an Bedeutung gewann. Ohne den intellektuellen Kritiker (als Dichter, Journalist, Essayist, Theaterautor) wäre die kulturelle Blüte der zwanziger und beginnenden dreißiger Jahre nicht möglich gewesen; politisch war dieser aber eher desinteressiert. Natürlich gab es auch Mischformen. Diese Kreise konnten mit dem Gebot der Stunde, einen modernen demokratischen Nationalstaat zu schaffen, nicht nur nichts anfangen. Sie hatten Gegenvorstellungen im Kopf. Für sie hatten das Zeitalter des Imperialismus und der Erste Weltkrieg, die Schwäche des Bürgertums und die Stärke des preußischen Junkertums diese Perspektive in Frage gestellt. Daher lehnten sie auch die Herausforderung einer politischen Neugründung im Rahmen des demokratischen Verfassungsstaates mit geradezu fanatischer

Eloquenz ab.[8] Die Republik wird von linken und linksliberalen wie von rechten Intellektuellen nicht ernst genommen, weil ihnen die Perspektive des demokratischen Verfassungsstaats als von außen erzwungen, wesensfremd, undeutsch, inkonsequent erscheint und – *last but not least* – weil die politischen Konturen der Republik hinter der Überlagerung durch soziale Fragen, undurchsichtige Interessenkämpfe und klassenkämpferische bzw. rassistische Terminologien nicht mehr erkennbar waren. Mehr als zu anderen Zeiten der deutschen Geschichte wird am Ende des Ersten Weltkriegs bzw. zu Beginn der Weimarer Republik deutlich, daß der öffentliche Intellektuelle eben nicht der Herold der Zukunft, nicht der Träger messianischer Botschaften – auch wenn sein Selbstbild dies nahelegt –, sondern Kind seiner Zeit ist, ihren Konflikten und Dichotomien erliegt.

Warum sind die klügsten Köpfe der Republik keine Republikaner, sondern selbsternannte Herolde der rechten oder linken Revolution? Weil für sie ein politisches Gemeinwesen nur aus der Perspektive der sozialen und politischen Gegensätze denkbar war und nicht jenseits dieser. Der Republik wurde keine selbständige – etwa symbolische oder verfassungspolitische – Dimension zuerkannt; ihre politische Form wurde als Produkt politischer (das Hineinwirken der Siegermächte), gesellschaftlicher (die soziale Not der Stadtbevölkerungen) oder ökonomischer (die Reparationen) Gegebenheiten wahrgenommen. Ihre tatsächliche politische Gestalt aber wurde als schwach, von fremden Interessen geformt und in sich zerklüftet erfahren. Es war dies ein *circulus vitiosus*, eine

8 Auf die im wahrsten Sinne des Wortes unpolitische Einstellung sehr vieler Weimaraner Intellektueller habe ich schon in meinem Essay «Antifaschismus – ein deutscher Mythos» (1993) hingewiesen. Siehe auch Peter Gay: Die Republik der Außenseiter, Frankfurt/M. 1987, S. 99 ff

Perspektive, die auch die Nachdenklichen immer zu Schlußfolgerungen brachte, die sie schon erwartet hatten. Nur so ist zu verstehen, daß sich die klügsten Köpfe des intellektuellen und kulturellen Lebens verächtlich über die Republik äußerten und es viel aufregender fanden, sich mit sozialen Utopien, klassenkämpferischen Phantasien oder nationalistischen Allmachtsgefühlen zu beschäftigen. Diese anti-politische Einstellung brachte rhetorisch brillante Kritiken der schwächlichen Republik hervor, aber eben kein politisches Potential für ihre Erneuerung.

Mit beißendem Spott überzieht Kurt Tucholsky den intellektuellen Volkstribunen, der «den Massen» die Revolution predigte: «Was da heute zum Teil morphinistisch, zum Teil voll Kokain, nervös, käseweiß und mit der Literatenlocke vor die Arbeiter tritt, überwältigt sie häufig genug einfach durch die rhetorische Leistung, durch das augenblickliche Feuer... Wer sind diese Überradikalen, denen wir in allen Organisationen begegnen? Junge Leute, die sich als Ende einer historischen Reihe betrachten und nicht wissen, daß es nach ihnen noch weitergeht, suchen und finden vor den Massen eine Wirkung, die ihnen im Geisteskampf unter ihresgleichen versagt bleibt. Aber es kostet ja nichts, was sie tun.

Es ist ungeheuer billig, vor eine Versammlung zu treten und ihr entgegenzudonnern, von heute ab müsse eine vollkommene Umwälzung der Gesellschaftsformen, der Liebe, der Kultur, des Pazifismus und der Rätediktatur eintreten. Bravo, bravo! Denn wer Hunger hat und nur ein zerrissenes Hemd auf dem Leibe, erhofft sich von allem Rettung und ist geneigt, zu glauben. Dieser Radikalismus ist überall im Ausverkauf zu haben...» [9] Tucholskys Befund läßt erkennen (wie auch schon Plessners Kritik am intellektuellen Radikalis-

9 Kurt Tucholsky: Führer?, in: ders.: Gesammelte Werke in 10 Bänden, Bd. 2, Reinbek 1960, S. 426f

mus), welche intellektuelle Geste die verbreitete Anti-Haltung begleitet: daß nämlich die neue Politik mit einer «Tabula rasa», mit einem leeren Blatt im Buch der Geschichte zu beginnen habe. Dies «den Massen» in die Köpfe zu hämmern, sei Sendung der revolutionären Intelligenz.[10]

Öffentlichkeit als Vermögen und Macht

Das größte Unglück der Weimarer Republik ist nach Meinung Hannah Arendts die Selbstzerstörung ihrer öffentlichen Sphäre gewesen; der größte Erfolg des nationalsozialistischen Herrschaftssystems, daß seine Träger an dieser Selbstzerstörung der Öffentlichkeit anknüpfen und sie durch Propaganda, Ideologie und Terror ersetzen konnten. Die aus Deutschland vertriebene jüdische Denkerin hat angesichts der Katastrophen des Nationalsozialismus (und des Stalinismus) die zentrale Bedeutung von Öffentlichkeit für die Demokratie hervorgehoben. Ohne einen öffentlichen Schutzraum, so Arendt, sei Demokratie populistischen Strömungen ausgeliefert. Diese Auffassung hat weitreichende Folgen für das politische Verständnis von Demokratie. Sie bedeutet, daß Demokratie nicht nur über die Solidität ihrer Institutionen wirkt. Auch gute Verfassungen schützen demnach Demokratien nicht vor ihrer (Selbst-)Zerstörung. Demokratien benötigen Arendts Auffassung nach einen «Geist», um lebendig zu bleiben. Dieser «Geist der Demokratie» kann nur erscheinen in einem öffentlichen Raum.

Wer heute «Öffentlichkeit» denkt, denkt an «Institutionen im öffentlichen Raum», an Parteien und Verbände, an Fern-

10 Protagonist dieser ‹revolutionären Sendung› war zum Beispiel der ungarische Philosoph Georg Lukács, vgl. Antonia Grunenberg: Bürger und Revolutionär. Georg Lukács 1918–1928, Köln 1975, S. 229ff

sehen, Zeitungen, Verlage, Rundfunk, Internet. Der öffentliche Raum wird als etwas vorausgesetzt, was diese Institutionen zwar begleitet, aber für sich genommen völlig fiktiv ist und ohne die Institutionen gar nicht existieren kann. Öffentlicher Raum muß im allgemeinen Verständnis in Institutionen verkörpert sein.

In ihrem Buch «Vita Activa oder Vom tätigen Leben» gibt Arendt eine Bestimmung von «öffentlich» und «Öffentlichkeit», die in eine andere Richtung weist: «Das Wort ‹öffentlich›... bedeutet *erstens*, daß alles, was vor der Allgemeinheit erscheint, für jedermann sichtbar und hörbar ist, wodurch ihm die größtmögliche Öffentlichkeit zukommt. Daß etwas erscheint und von anderen genau wie von uns selbst als solches wahrgenommen werden kann, bedeutet innerhalb der Menschenwelt, daß ihm Wirklichkeit zukommt... Der Begriff des Öffentlichen bezeichnet *zweitens* die Welt selbst, insofern sie das uns Gemeinsame ist und als solches sich von dem unterscheidet, was uns privat zu eigen ist, also den Ort, den wir unser Privateigentum nennen... In der Welt zusammenleben heißt wesentlich, daß eine Welt von Dingen zwischen denen liegt, deren gemeinsamer Wohnort sie ist... Der öffentliche Raum wie die uns gemeinsame Welt versammelt Menschen und verhindert gleichzeitig, daß sie gleichsam über- und ineinanderfallen.» [11]

Öffentlichkeit meint also die Beziehungen von Menschen in der sie umgebenden Welt. So wie Bürger nur erscheinen können, indem sie miteinander in Beziehungen treten, die auf das gemeinsame Dritte, das Gemeinwesen verweisen, so kann die Welt der uns umgebenden Dinge nur «erscheinen», wenn sie sichtbar und hörbar, mitteilbar wird. Auf die politische Dimension übertragen, meint dies: «Wirkliche Politik kann

11 Hannah Arendt: Vita Activa oder Vom tätigen Leben, München 1989, S. 49 und 52

nur im Innern eines gemeinsamen Raumes, eines ‹Zwischenraums›, einer Differenz existieren, die die Pluralität aufrechterhält und so verhindert, daß die Menschen... sich in eine amorphe Masse verwandeln.» [12]

Die andere, ebenfalls grundlegende Bedeutung von Öffentlichkeit liegt darin, daß nur in ihr und durch sie Pluralität sichtbar gemacht werden kann. Pluralität aber macht wiederum Differenz deutlich, denn sie beruht auf der Anerkennung von Individualität und Verschiedenheit. Keineswegs also ist für Arendt die Gesellschaft der privaten Bürger, die ihren Geschäften nachgehen, schon ein politisches Gemeinwesen. Diese Überzeugung teilt sie mit Carl Schmitt. Im Unterschied zu Schmitt aber, der die Politik wieder mit einer arkanischen Aureole umgeben will, ist für Arendt der «öffentliche Erscheinungsraum» dazu da, die Pluralität, die Differenz zwischen den Menschen sichtbar und hörbar zu machen und gleichzeitig in Bewegung zu setzen. Im Unterschied zu Schmitt also ist nicht Einheitlichkeit der Sinn des politischen Gemeinwesens, sondern Verschiedenartigkeit, eben Pluralität. Sie erst schafft eine Atmosphäre, in der Menschen aus der Masse heraustreten und zu einem ‹politischen Körper› werden. Aus der «gleichzeitigen Anwesenheit zahlloser Aspekte und Perspektiven, in denen ein Gemeinsames sich präsentiert, und für die es keinen gemeinsamen Maßstab und keinen Generalnenner je geben kann», ersteht die «Wirklichkeit des öffentlichen Raums».[13]

12 Simona Forti: Vita della mente e tempo della polis. Hannah Arendt tra filosofia e politica, Milano 1994, S. 288. Im Original lautet das Zitat: «vera politica deve esistere all'interno di un ambito commune, un ‹intervalle›, una differenziazione, che mantenga in vita la pluralità, impedendo che gli uomini, quasi cadendo l'uno addosso all'altro, si transformino in una massa amorfa.»

13 Arendt: Vita Activa, a. a. O., S. 56

Arendt nennt diese eigenartige Zwitterdimension von menschlichen Beziehungen, in denen sich einerseits etwas Gemeinsames präsentiert, andererseits aber Verschiedenheit und Differenz, also Pluralität zutage tritt, auch «Band».[14] Dieses Band ist einerseits durch die Existenz der Dingwelt und ihre Beziehung zur Welt der Subjekte möglich, andererseits muß es aber ständig neu geschaffen, aktiviert werden. Der Sinn dieses Bandes ist es, das «republikanische Moment» in der Demokratie immer wieder neu zu stiften.

Öffentlichkeit hat noch eine darüber hinausgehende Dimension: Sie schafft politische Macht.[15] Für Arendt ist politische Macht die Dimension, die entsteht, wenn Menschen in einer Gesellschaft in politische Beziehungen zueinander treten. Arendt setzt sich hier sowohl vom populären wie vom sozialwissenschaftlichen Verständnis von Macht als angehäufter, zentralisierter Verfügungsgewalt ab, wie man sie etwa bei Max Weber findet.[16]

14 Vgl. Arendt: Vita Activa, a. a. O., S. 52; ein von hier ausgehender Querverweis auf den jüdischen Gedanken des «Bundes vor Gott» bzw. des Bund-Charakters des «Mayflower-Paktes» der ersten amerikanischen Siedler von 1615 erscheint in ihrem Buch «Über die Revolution», in dem sie darauf verweist, daß durch den «Bund» eine neue Vorstellung von politischer Macht eingeführt wird, eine Art horizontaler Machtbegriff, der auf der Erweiterung von Macht in einer repräsentativen Demokratie und nicht auf ihrer Verengung beruht. (Vgl. Hannah Arendt: Über die Revolution, München 1986, S. 216; vgl. auch a. a. O., S. 221)

15 Vgl. Antonia Grunenberg: Macht kommt von möglich, in: dies. und Lothar Probst (Hg.): Einschnitte. Hannah Arendts politisches Denken heute, Bremen 1995; vgl. Antonia Grunenberg: «Politik entsteht im Zwischen...». Zur politischen Übertragbarkeit des Arendtschen Denkens, Festvortrag auf dem Internationalen Symposium «Treue als Zeichen der Wahrheit». Hannah Arendt – Werke und Wirkung, Essen, 12. November 1995, Ms.

16 «*Macht* bedeutet jede Chance, innerhalb einer sozialen Beziehung den eigenen Willen auch gegen Widerstreben durchzusetzen,

Das Zusammenschließen von Bürgerinnen und Bürgern, die über ihre privaten Interessen hinaus eine politische Sphäre begründen und darin zu einer pluralen Gemeinsamkeit des Sprechens und Handelns finden können: dies begründet die politische Macht eines Gemeinwesens. Macht ist also ein Vermögen, eine Fähigkeit. Macht ist nicht etwas, was man «macht». Nicht umsonst verweist Arendt auf die etymologischen Wurzeln des Wortes, das sich von «möglich», aber nicht von «machen» ableitet. Macht ermöglicht etwas, einen Raum, in dem neues Handeln möglich wird. «Macht ist, was den öffentlichen Bereich, den potentiellen Erscheinungsraum zwischen Handelnden und Sprechenden überhaupt ins Dasein ruft und am Dasein erhält... Macht ist immer ein Machtpotential, und nicht etwas Unveränderliches, Meßbares, Verläßliches wie Kraft oder Stärke... Macht... besitzt eigentlich niemand, sie entsteht zwischen Menschen, wenn sie zusammen handeln, und sie verschwindet, sobald sie sich wieder zerstreuen.»[17] Macht zu schaffen bedeutet, den politischen Raum der Gegenwart zu öffnen. Dieser Raum wird durch die natürlichen Zufälle von Geburt und Tod begründet.[18]

Es wäre irreführend, die politische Macht eines Gemeinwesens nun anbinden zu wollen an eine institutionelle, und sei es auch horizontale Verteilung von Macht; auch der in Volksbewegungen immer wieder hörbare Ruf: «Die Macht gehört dem Volke» ist irreführend. Denn Macht gehört niemandem.

gleichviel worauf diese Chance beruht.» (Max Weber: Wirtschaft und Gesellschaft, I. Teil, Kap. I., hier zitiert nach ders.: Soziologische Grundbegriffe, Tübingen 1984, S. 89) Auf größtmögliche Abstraktheit und Verallgemeinerbarkeit bedacht, unterscheidet Weber hier auch nicht zwischen privater und politischer oder öffentlicher Macht.

17 Hannah Arendt: Vita Activa, a. a. O., S. 194

18 Auf die philosophische Begründung dieses Zusammenhangs bei Aristoteles, Augustinus und Heidegger, Arendts philosophische Lehrer, kann hier nicht weiter eingegangen werden.

Sie ist keine feste Substanz, sondern ein Vermögen. Im Unterschied zu Gewalt, die eine sichtbare Energie ist, ist Macht unsichtbar.[19] Sie benötigt einen «Erscheinungsraum», indem sie sich zeigen kann.

Macht und Öffentlichkeit sind also beides Beziehungsbegriffe, bei denen die institutionelle Verankerung zwar von Bedeutung ist, aber von ambivalenter Bedeutung. Die institutionelle Festigung sichert keineswegs ihr positives Wirken. Dies macht zugleich den Unterschied zwischen Arendt und Plessner aus. Plessner und Arendt orientieren sich an einer Vorstellung von Gesellschaft und Öffentlichkeit als Beziehung. Arendt geht – mehr noch als Plessner – vom bedürftigen Subjekt aus, das auf öffentliche Bezüge angewiesen ist, um sich mitzuteilen. Geburt und Tod bringen bei Arendt nicht nur Endlichkeit und Grenzen ins Spiel, sondern auch das optimistische Moment des Anfangen-Könnens, des Beginnens. So wie mit der natürlichen Geburt eine neue Menschen-Zeit einsetzt, die Zeit eines Lebens, so setzt mit der Veränderung der menschlichen Beziehungen immer etwas Neues wieder ein. – Öffentlichkeit ist also bei Arendt in Bewegung, in Selbst-Veränderung. Sie ist zugleich das, was das politische Gemeinwesen lebendig erhält; sie ist Forum der Mitteilbarkeit.

Die Perspektive des immer wieder in Gang gesetzten Neu-Beginnens, des Selbst-Stiftens von Öffentlichkeit ist ein Element, das für das Verstehen und Wahrnehmen von Öffentlichkeit unabdingbar ist. Unter politischer Öffentlichkeit wäre also dann zu verstehen, daß sichtbare und hörbare Beziehungen zwischen Bürgern gestiftet werden, die auf die politische Dimension des Gemeinwesens bezogen sind und den politischen Sinn des Zusammenlebens berühren. Das heißt, es ist eine Dimension, die über private Interessen hinausgeht

19 Darauf hat Paul Ricœur verwiesen; vgl. Paul Ricœur: Lectures I. Autour du politique, Paris 1994, S. 32

und an der potentiell alle Bürgerinnen und Bürger in ihrer Unterschiedlichkeit teilhaben können. Das «Können» hat hier etwas mit «Vermögen» zu tun, mit einer Fähigkeit, die nicht automatisch jedem Bürger zu eigen ist, die man sich jedoch aneignen kann.

Öffentlichkeit ist auf der einen Seite etwas Reales, Institutionelles, auf der anderen Seite ist es eine symbolische, unsichtbare Dimension. In der politischen Öffentlichkeit erscheinen nicht alle Bürger, sondern nur diejenigen, die dazu beitragen. Anders formuliert: *De jure* und *de facto* sind alle Bürgerinnen und Bürger Mitglieder des politischen Gemeinwesens. Aber die aktive Teilnahme an der Öffentlichkeit des Gemeinwesens setzt die Fähigkeit zur Differenzierung zwischen politischen (Beziehungen stiftenden) und sozialen (auf die eigene Gruppe oder Person bedachten) Interessen voraus.

Hannah Arendt verfaßte ihre Analyse der Öffentlichkeit vor dem Hintergrund des Zusammenbruchs der bürgerlichen Öffentlichkeit in der Weimarer Republik. Wenn ich hier über ihr Verstehen von Öffentlichkeit so ausführlich berichtet habe, dann deshalb, weil Arendt darauf aufmerksam macht, daß das politische Gemeinwesen (und seine Institutionen) verletzbar *und* kostbar sind und daher des besonderen Schutzes eines öffentlichen Raumes bedürfen.

Die Bundesrepublik: Öffentlichkeit mit Schlagseite

Die Verfassungsväter und -mütter der neuen Bundesrepublik waren sich 1948/1949 der besonderen Bedeutung der Öffentlichkeit für das neue politische Gemeinwesen, das unter dem Schutz der Westmächte entstand, bewußt. Daher sollte die Öffentlichkeit anders als in der Weimarer Republik ausgestattet werden.[20] Im Grundgesetz wurden die Grund- und

20 Dies gilt mit umgekehrtem Blickwinkel auch für die DDR. Auch

Menschenrechte – zu denen auch der Schutz der freien Meinungsäußerung und der Medien gehört – an den Anfang und nicht, wie in der Weimarer Verfassung, ans Ende gestellt. Die Medien wurden als Kontroll- und Schutzinstitutionen der Öffentlichkeit verankert und nicht als Gegner der Politik.

Es ist viel getan worden für die Einrichtung einer demokratischen Öffentlichkeit nach 1945, von der Etablierung der Parteien und des freien Pressewesens, der öffentlich-rechtlichen Rundfunk- und Fernsehanstalten bis hin zu den Universitäten, den Schulen und den Akademien für politische Bildung. An der Geschichte der Bundesrepublik läßt sich jedoch auch ablesen, daß Öffentlichkeit eben nicht nur auf Institutionen- und Verfahrensregelungen basiert, sondern daß dazu eine Art öffentlicher Atmosphäre gehört, ein *public spirit*, in dem diese Institutionen wirken können und von dem sie getragen werden. So hat es Jahre gedauert, bis sich die Wirkung der institutionellen Demokratisierung in Deutschlands Westen in einer demokratischen Kultur zeigte.

Die große Frage ist nun, ob dieser ‹öffentliche Geist› überhaupt noch entstehen und wirken kann, wenn das politische Gemeinwesen derartig von sozialen Interessen überlagert ist, wie dies in den modernen Demokratien – nicht nur in der Bundesrepublik – der Fall ist. Die Zäsur von 1989 beleuchtet sehr anschaulich, wie schwierig es ist, die politische Dimension eines weltgeschichtlichen Ereignisses öffentlich darzustellen.

Der Zusammenschluß der beiden deutschen Staaten ist in aller Öffentlichkeit vollzogen worden, war monate-, ja jahre-

dort war die Besatzungsmacht sehr an der Etablierung einer (wenngleich gelenkten) Öffentlichkeit interessiert. Sowohl in der sowjetisch besetzten Zone wie in den Westzonen wurde auf die schnelle Gründung von Parteien und Medien Wert gelegt.

lang das Medienthema Nummer eins; gleichzeitig ist die Vereinigung ohne politische Idee geblieben. Zu kritisieren ist nun nicht der Transfer demokratischer Institutionen in die neuen Bundesländer. Es ist jedoch auffällig, daß der Westen die Umwandlung einer post-totalitären Gesellschaft in eine demokratische nicht öffentlich politisch darstellen konnte. Es fehlte der politische Übertragungsraum, in dem sich Ost und West im Prozeß der Neugründung hätten begegnen können, und es fehlte eine stiftende Idee, die das Zusammenkommen der beiden Staaten symbolisch hätte darstellen können.[21] Die westdeutsche Politik konnte zudem die Herausforderung einer politischen Neugründung im Osten für sich nicht annehmen. Der Begriff des «Anschlusses», obwohl er *de jure* korrekt ist, ist gleichzeitig verräterisch: er signalisiert, daß der anschließende Teil intakt bleibt, während der anzuschließende sich vollständig transformiert. So sinnvoll gegenüber den Großmächten die Demonstration der Normalität und gegenüber den Bürgern die Darstellung der Kontinuität war, so kontraproduktiv wirkt sich jetzt aus, daß es nicht genügend Persönlichkeiten des öffentlichen Lebens gab, die etwa das Problem von Kontinuität und Bruch in beiden deutschen Staaten öffentlichkeitswirksam thematisiert hätten. Die Repräsentanten der Bundesrepublik fühlten sich außerstande, den gemeinsamen Akt des Zusammenschließens und der Neugründung in Worten und Taten politisch darzustellen. Es gab wenig der Situation angemessene Symbolik: der Gesang des Deutschlandliedes auf dem Balkon des Schöneberger Rathauses am 10. November 1989 erweckte bei den Fernsehzu-

21 Der einzige Politiker, der die symbolische Dimension dessen, was im November 1989 geschah, sofort begriff, war Willy Brandt, dessen berühmt gewordener Spruch «Es wächst zusammen, was zusammengehört» genau die Situation traf, allerdings keine weiterreichenden politischen Ideen evozieren konnte.

schauern den Eindruck, als sänge eine Regierung gegen ein johlendes und pfeifendes Volk an.[22] – Der Gang der Regierungsrepräsentanten durch das Brandenburger Tor 1990 war gewiß ein symbolischer Akt des Zusammenfügens, aber angesichts der Zwiespältigkeit dieses Symbols nicht für dauerhafte Wirkung geeignet. Die Volksfeste an der Mauer verbreiteten eine Stimmung, die schnell wieder verflog.

Um so eloquenter war der wirtschafts- und finanzpolitische Diskurs. Westdeutsche Politiker haben die Vereinigung eher als wirtschaftlichen denn als politischen Anschluß begriffen. Eine Verständigung über die Probleme des Ostens scheint in wirtschaftlichen Kennziffern ausdrückbar, aber politisch nicht formulierbar. Das im ersten Kapitel zitierte Umfrageergebnis von 1990 über demokratische Werte, das erbracht hatte, daß eine Mehrheit der Ostbürger soziale Gleichheit der Freiheit vorziehe, beleuchtet genau dieses Problem: Die unterschiedlichen Kontexte politischer Begriffe und Vorstellungswelten hängen im Leeren, weil sie auf der politischen Ebene nicht vermittelt werden können. Die Funktionalisierung der Einheit ist inzwischen so weit fortgeschritten, daß die politische Verständigung als Luxus oder Zeitverschwendung erscheint. Den Preis dafür zahlen alle, nicht nur die Bürger im Osten: eher noch zunehmende Mißverständnisse zwischen Ost und West; Erfolge der PDS auf kommunaler und regionaler Ebene; mythische Kultivierung des Fürsorgestaats DDR; westliches Unverständnis und Ungeduld... Dabei würde eine vergleichende Studie zwischen Ost- und Westdeutschland wahrscheinlich zu dem Ergebnis führen, daß das Demokratieverständnis der Westdeutschen ähnlich stark von wirtschaftlichen Sicherheitsbedürfnissen geprägt

22 Gleichwohl muß festgehalten werden, daß sich hier vielleicht eher der alte populistische Unmut von «wir hier unten» gegen «die da oben» bemerkbar machte.

ist wie das der Ostdeutschen, nur daß der Westen dem Osten die jahrzehntelange Erfahrung der individuellen Freiheit voraus hat. Das Verstehen von politischer Freiheit ist auch im Westen sehr rudimentär ausgeprägt.

Inzwischen liegt offen auf der Hand, daß das Fehlen einer symbolischen Neustiftung des deutschen politischen Gemeinwesens sich nachhaltig auswirkt. Von einer politischen Einigung der beiden Gesellschaften kann überhaupt nicht die Rede sein. Die Reduzierung des Politischen auf das Institutionelle und das Wirtschaftliche hat weder im Osten noch im Westen jenen «politischen Raum», jenen «öffentlichen Geist» geschaffen, der notwendig wäre, um den Neuanfang als gemeinsamen zu begreifen.

All dies kann nicht irgend jemandem als ‹Schuld› zugerechnet werden. Die symbolische Neustiftung war eine Möglichkeit, und sie ist nicht ergriffen worden. Dies läßt sich weder von Amts wegen korrigieren noch aus dem Boden stampfen: Das Beispiel der westdeutschen Gesellschaft nach 1945 zeigt, daß die Herausbildung einer Demokratie ein Generationenprojekt ist und nicht in ein paar Jahren bewerkstelligt werden kann. Es hat bis in die sechziger Jahre gedauert, bis in der neuen Bundesrepublik eine unabhängige Öffentlichkeit sich herausbildete, die weit über ihre Institutionen hinausreicht. Die routinierte, gleichwohl unpolitische Einstellung der bundesrepublikanischen Behörden verlangsamt diesen Prozeß jedoch noch zusätzlich, weil sie falsche Polarisierungen begünstigt (Ost gegen West, unten [Ost] gegen oben [West]).

Öffentlichkeit hat jedoch noch andere Funktionen als die kommunikative Begleitung des Gemeinwesens.

Öffentlichkeit hat eine historische Tiefendimension. Sie vermittelt politische Traditionen, Symbole, Leitbilder. Sie setzt sich fort in einer immer wieder neu beginnenden Verständigung über Formen, Inhalte, Werte, Perspektiven des politischen Gemeinwesens in der Gegenwart. Diese können nicht privat, je individuell geleistet werden; hier zeigt sich der kommunikative Charakter von Öffentlichkeit sehr klar.

Daher ist die öffentliche Verständigung über die deutschen Vergangenheiten so wichtig. Ob deutsche Geschichte auch in Zukunft als Geschichte der verpaßten Chancen und Katastrophen wahrgenommen wird oder als Erbe, das im europäischen Kontext neu erschlossen werden will und noch viele Schätze in sich birgt, die nicht gehoben sind – sich solchen Fragen zuzuwenden, ist Aufgabe einer kritischen Öffentlichkeit. Die Medien tragen dazu ihren Teil bei. Aber Medien sind keine Anstalten der Wahrheitsverkündung, und Öffentlichkeit ist nicht nur eine Institution, sondern auch ein Prozeß, der immer wieder neu beginnt. An ihm sind viele in unterschiedlicher Weise immer wieder beteiligt.

Öffentlichkeit soll – dies ist in der bundesrepublikanischen Nachkriegsära sehr in den Vordergrund geschoben worden – der Integration der pluralen Gesellschaft und ihrer divergierenden Interessengruppen dienen. Darauf verweisen vor allem Öffentlichkeitstheoretiker immer wieder. Bedeutsam für das Verstehen von Öffentlichkeit in der Bundesrepublik wurde ein Denker, der seit den sechziger Jahren wie wenige andere als philosophischer und moralischer Mahner der Republik anerkannt wurde. Jürgen Habermas, der seit der Veröffentlichung seiner 1962 erschienenen Untersuchung zum «Strukturwandel der Öffentlichkeit»[23] immer wieder auf das Thema Öffentlichkeit zurückgekommen ist, hat es vor allem

23 Vgl. Jürgen Habermas: Strukturwandel der Öffentlichkeit, Neuauflage mit einem Vorwort zur Neuauflage von 1990; Frankfurt/M. 1991

an die Frage der Integrationsfähigkeit von Gesellschaften geknüpft: Ein politisches System müsse auf höchstmögliche Integrationsfähigkeit abzielen; Öffentlichkeit sei dazu da, diese Integrationsfähigkeit ständig zu erneuern.

Dem liegt eine Vorstellung zugrunde, nach der Gesellschaft eine Gesamtheit von steuerbaren Prozessen, Verfahren und Sub-Systemen ist, die nach rationalen Kriterien einrichtbar seien. Habermas unterscheidet zwischen drei Funktionen der Öffentlichkeit:

- Öffentliche Debatte als Kontrolle der Politik;
- Öffentlichkeit als «Resonanzboden für Probleme, die vom politischen System bearbeitet werden müssen... Insoweit ist die Öffentlichkeit ein Warnsystem...»[24];
- Öffentlichkeit als «im kommunikativen Handeln erzeugte(r) *soziale(r) Raum*»[25].

Der soziale Raum ist erfüllt von einer Spannung zwischen funktionalen Elementen der Integration (plurale Organisation, öffentliche Kommunikation, private Sphäre, Rechtssystem) und normativen Elementen der Wertorientierung des Gemeinwesens.[26] Habermas nimmt so auf der einen Seite eine Ausweitung des Öffentlichkeitsbegriffs vor, indem er nicht unterscheidet zwischen sozialem und politischem Raum; die Kehrseite dieser Ausweitung ist der Verlust des Unterscheidungsvermögens von politischer und sozialer Öffentlichkeit. Wenn Öffentlichkeit ein «sozialer Raum» ist, dann bedeutet dies, daß er von Interessengruppen, die sich

24 Jürgen Habermas: Faktizität und Geltung, Frankfurt/M. 1992, S. 435

25 Habermas: Faktizität und Geltung, a.a.O., S. 436

26 Bei seiner Bestimmung des sozialen Raums stützt sich Habermas auf die von Jean Cohen und Andrew Arato vorgelegte Untersuchung zur «Civil Society and Political Theory», Cambridge, Mass., 1992, S. 346

nicht unbedingt aufs Gemeinwesen beziehen müssen, begründet und in Anspruch genommen wird. Daraus entsteht erst einmal keine politische Öffentlichkeit. Die Ineinssetzung von sozialem Raum, getragen von sozialen Interessen, und der politischen Dimension des Gemeinwesens geht zuungunsten der letzteren aus. Eine politische Dimension der Öffentlichkeit ist dann nicht mehr zu erkennen, wenn zum Beispiel jede «neue soziale Bewegung», gleich ob sie sich auf das Gemeinwesen oder nur auf ihre eigene Anerkennung konzentriert, als Teil der politischen Öffentlichkeit anerkannt wird. Habermas' Intention, alle neu entstehenden Phänomene und Gruppen zu integrieren und ihren Anteil am Gemeinwesen vorauszusetzen (indem alle in irgendeiner Weise an der Öffentlichkeit teilnehmen), ist auch Folge seiner Annahme, jede gesellschaftliche Größe, jede Beziehung und Bewegung müsse institutionell gefügt sein – und jedes dauerhaft außerinstitutionelle Moment stelle eine Gefahr für den Bestand des Gemeinwesens dar. Solche theoretischen Grundannahmen sind – obwohl in der modernen soziologischen Theorie üblich – im deutschen Kontext in gewisser Weise auch ein Erbe von Weimar und müssen historisierend gelesen werden. Sie sind geprägt von der Angst, unkontrollierte «Bewegungen» würden die Demokratie von innen heraus zerstören. Daher rührt auch das Bemühen, alles einzubinden in einen öffentlichen Diskurs, an dem teilzunehmen die Bürgerinnen und Bürger verpflichtet seien. Dieses dem akademischen Diskussionsgebot entlehnte Postulat tritt mit einem moralischen Anspruch auf. Nur wer sich in diesen Diskurs einbindet, ist ein guter Bürger oder eine gute Bürgerin. Die moralische Akzentuierung des Diskurses ist jedoch seiner politischen Dimension abträglich. Dies wird immer dann deutlich, wenn die theoretische Erörterung in die ‹Niederungen› der Politik übergeht. Dann wird erkennbar, daß es sich um eine idealtypische Vorstellung von Öffentlichkeit handelt, die

Probleme mit der Wahrnehmung der nicht paßförmigen politischen Realität hat.[27]

Auf das Öffentlichkeitsmodell von Jürgen Habermas wurde deshalb Bezug genommen, weil seine Grundthesen seit Jahrzehnten zum bundesrepublikanischen *common sense* gehören. Die Integrationsfähigkeit der demokratischen Institutionen, von den Parteien angefangen bis zu den Medien, wird noch immer als das vorrangige Ziel der bundesrepublikanischen Demokratie aufgefaßt. Jeder Bürger, jede Bürgerin solle die Möglichkeit erhalten, sich aktiv am Gemeinleben zu beteiligen. Diese Schlußfolgerung ist seit den sechziger Jahren in eine nicht abreißende Diskussion über Partizipation gemündet, die weit in die sozialen Bereiche hineinging. So wurde das passive Nachkriegs-Schweigen überwunden. Diese Debatte hatte jedoch ein entscheidendes Manko: sie vermengte permanent Politisches und Privates.

Die einseitige Betonung des integrativen Charakters von Öffentlichkeit wirkte auch verdeckend. Die andere Seite der Integrationsfähigkeit des Gemeinwesens ist nämlich seine Fähigkeit zur Differenzierung und zur Öffnung. Diese Funktion hat Öffentlichkeit in der Bundesrepublik *de facto* seit den sechziger Jahren erfüllt; *de jure* hat die bundesrepublikanische Öffentlichkeit große Schwierigkeiten, zwischen Erweiterung der Öffentlichkeit und Störung der öffentlichen Ordnung zu unterscheiden.

Schon in den fünfziger Jahren bildeten sich, in die dominante «Kultur des Schweigens» und ihre antisemitischen Subkulturen hinein, neue Öffentlichkeiten: so die (von der DDR manipulativ genutzte) ‹Anti-Atomtod-Bewegung›, die *de facto* eine Anti-Kriegsbewegung war. Als 1962 in der «Spiegel-Affäre» die Exekutive die Pressefreiheit einschrän-

27 Vgl. auch Habermas' simplifizierende Bemerkungen zur DDR im Vorwort zu «Strukturwandel der Öffentlichkeit», a. a. O., S. 29 und 49

ken wollte, fand sich spontan eine Öffentlichkeit zusammen, um die Verfassung der Freiheit und die Öffentlichkeit zu verteidigen. Eine selbstbewußter werdende Bürgergesellschaft zeigte zum ersten Mal Profil. Langsam brach das versteinerte Gesicht der neuen Republik auf. Die Prozesse gegen Männer und Frauen der Kommandos in den Konzentrationslagern, die 1963 mit dem ersten «Auschwitz-Prozeß» einsetzten, leiteten eine neue Phase der Beschäftigung mit der Nazi-Vergangenheit ein, die seither nicht abgerissen ist.

Einen deutlich öffnenden Schub erhielt die Öffentlichkeit seit Mitte der sechziger Jahre mit der Studentenbewegung und der außerparlamentarischen Opposition, die nicht fallweise öffentlich auftrat, sondern Öffentlichkeit – und sich selbst als öffentliches Subjekt – zum Permanenz-Zustand erklärte: gegen die hierarchischen Universitätsstrukturen; gegen die Politik hinter verschlossenen Türen; gegen den amerikanischen Krieg in Vietnam; gegen die Notstandsgesetze... Unter Öffentlichkeit wurde hier permanente öffentliche Diskussion und Aktion gegen die etablierte Ordnung verstanden. Nicht zufällig entstand in diesem Zusammenhang der Begriff der ‹Gegen-Öffentlichkeit›.

Die permanente öffentliche Debatte richtete sich auf die Reform des Bildungswesens, vor allem aber auf die Aufklärung der nationalsozialistischen Verbrechen und ihrer Täter. Die radikale Aufklärungshaltung brachte jedoch einen Grundirrtum hervor: daß man mit der Geste des Neuanfangs auch die Schuld der Eltern politisch bewältigen könne. Viele Protagonisten dieser Bewegung haben die Sprachlosigkeit der Eltern (meist zu Recht) als Verweigerung des Dialogs interpretiert und dabei nicht verstanden, daß große Teile der Eltern ihren Kindern sprachlos gegenüberstanden, weil sie in einem anderen Zeichensystem aufgewachsen waren und die Symbole, Bedürfnisse und Interessen derer, die sie geboren hatten, nicht mehr verstanden. Eine Öffentlichkeit, in der sich beide Teile hätten treffen können, bestand zwar institutionell, aber nicht atmosphärisch. So hat die intellektuelle Öffentlichkeit auf der einen Seite das Verdienst, verschwiegene Kapitel der NS-Vergangenheit publik gemacht zu haben. Heinrich Böll, Marie-Luise Kaschnitz, Günter Grass, Luise Rinser, Rolf Hochhuth und viele andere haben sowohl mit ihren Büchern als auch in öffentlicher Rede nicht aufgehört, auf das nazistische Erbe der Bundesrepublik in Regierung und Verwaltung aufmerksam zu machen. Erinnert sei hier nur an zwei berühmte Fälle: Adenauers Staatssekretär Hans Globke, der zu den Kommentatoren der Nürnberger «Rassengesetze» gehörte, und der seinerzeitige Ministerpräsident von Baden-Württemberg, Hans Filbinger, der als Marinerichter der Wehrmacht im Zweiten Weltkrieg tätig war.

Die moralische Dimension der Schuld überdeckte jedoch oft genug die politische Dimension. Das radikaldemokratische Beharren auf der Übereinstimmung von Verfassungstext und Verfassungswirklichkeit brachte auch einen Wertefundamentalismus hervor, dessen Kommunikationsfähigkeit sehr eingeschränkt war. Letztlich blieben große Teile dieser Aufbruchsbewegung im moralischen Protestgebaren stecken – oder wiederholten die Fehler der Intellektuellen der Weimarer Zeit.

Öffentlichkeit wurde zu einem Allheilmittel erklärt. Mit dem berühmt gewordenen Slogan der Studentenbewegung: «Das Private ist politisch und das Politische privat» wurde zugleich jene seit der Antike sinnvolle Unterscheidung zwischen der Privatsphäre und der Öffentlichkeit in Frage gestellt. Von heute aus gesehen hat die Verquickung von privater und öffentlicher Sphäre – die im übrigen kein deutsches Spezifikum ist – durchaus ihren historischen Sinn gehabt. Sie brachte die Öffnung des Alltagslebens in der Bundesrepublik nach Jahren des Abgeschottetseins gegenüber der Außenwelt ein gutes Stück voran. Die westliche Alltagskultur erhielt Einzug in die Familien und Bildungsinstitutionen. Die öffentliche Thematisierung von Sexualmoral, autoritären Familienstrukturen, von Drogen, Pop-Kultur war Teil des Sich-Einlassens auf eine Welt, von der Deutschland lange Jahre abgeschnitten gewesen war. Ihre Kehrseite lag in der «Tyrannei der Intimität» (Richard Sennett), die die öffentliche Sphäre dadurch gefährdete, daß sie den privaten Schutzraum der Individuen in Frage stellte und damit die Differenz, aus der sich erst die Fähigkeit zum öffentlichen Sprechen ergibt, einebnete. Indem die Differenz zwischen Öffentlich und Privat zum Verschwinden gebracht wurde, löste sich auch die Grenze zwischen dem für das Gemeinwesen Bedeutsamen und dem Unwichtigen auf. So brachte der antiinstitutionelle Impuls dieser sozialen Bewegung einerseits eine weitreichende Öffnung der Öffentlichkeit hervor, überlagerte diese Öffnung jedoch mit einer sozialen Kultur, aus der keine politischen Interessen hervorgingen.

Die politische Öffnung der bundesrepublikanischen Gesellschaft in den sechziger Jahren war so nicht ‹geplant›; sie entstand eher im Ergebnis einer Bewegung, als daß sie das Ziel ihrer Protagonisten gewesen wäre. Deren fundamentalistische Orientierung auf ein substantielles, an absoluten Werten (wie Gleichheit und Gerechtigkeit) orientiertes Demokratieverständnis hatte auch antidemokratische Begleittöne.

Eine politische *und* soziale Öffnung wurde dann vor allem in den siebziger und achtziger Jahren durch neue soziale Bewegungen (Frauen, Bürgerinitiativen, Friedensbewegung, ökologische Bewegung) hervorgerufen. Spätestens seit dieser Zeit hatte sich das politische Gemeinwesen Bundesrepublik so weit ausdifferenziert, daß man von *Öffentlichkeiten*, und nicht mehr von einer kohärenten Öffentlichkeit (und ihrer Gegen-Öffentlichkeit) sprechen mußte. Seit den achtziger

Jahren werden diese Öffentlichkeiten zunehmend als segmentiert wahrgenommen.

Die Ausdifferenzierung hat auf der einen Seite eine Bereicherung der politischen Kultur hervorgerufen. Bürgerinitiativen, die Partei der Grünen, Friedensbewegungen, die Frauenbewegung und viele andere Initiativen mehr haben das Gesicht der Bundesrepublik nach innen und außen nachhaltig verändert. Die Überlagerung der politischen durch eine aufs Soziale fixierte Öffentlichkeit hat aber auch zum Verlust der öffentlichen politischen Redekultur geführt, zu einer Verwirrung der ‹öffentlichen Sitten›, die gar nicht mehr kenntlich macht, was nun für den öffentlichen Gebrauch und was für die private Neugier bestimmt ist.[28] Natürlich ist dies nicht nur einer naturwüchsigen Verwilderung zu danken. Die fehlende Redekultur ist auch Ergebnis des Umstands, daß Weimar zwar über eine ausgeprägte, aber dezidiert anti-politische öffentliche Redekultur verfügte; sie ist auch auf den Schock des nationalsozialistischen Traumas zurückzuführen. Daß man öffentlich über etwas spricht, was viele noch immer nicht verstehen können, auch wenn sie beteiligt waren, das ist im Grunde erst seit den politischen Aufklärungsfilmen der siebziger und achtziger Jahre möglich geworden. Die fehlende politische Redekultur ist aber auch Ergebnis der engen Koppelung von wirtschaftlichem Wohlergehen und Demokratie. Warum so viel über Politik reden, wenn es doch allein darum geht, daß die Politik die Rahmenbedingungen für eine bessere Wirtschaftslage setzt? Vor diesem Hintergrund wird es verständlich, warum in Deutschland Politiker als Rücktrittsgrund nicht angeben können: Ich habe mich geirrt – oder: Ich habe nicht genügend produktive Ideen – oder: Mein Verhalten hat dem Gemeinwesen Schaden zugefügt. Statt dessen müssen der kranke Körper oder die vernach-

28 Vgl. Cora Stephan: Neue deutsche Etikette, Berlin 1995, S. 107 ff

lässigte Ehefrau, allenfalls noch die höhere Parteidisziplin (‹im Interesse meiner Partei liegend›) herhalten. Die Öffentlichkeit derer ‹da draußen im Lande› aber fängt dann an zu mutmaßen, welche klammheimlichen Schweinereien sich hinter solch vernebelndem Sprachgebrauch verbergen.

Als eine der grundlegenden Aufgaben von Öffentlichkeit wird ihre Kontrollfunktion gegenüber der Exekutive hervorgehoben; Öffentlichkeit soll Korrektiv sein. In die Kontrollfunktion der Öffentlichkeit fällt die Aufdeckung von Übergriffen der Exekutive («Spiegel-Affäre» 1962), von Korruptionsvorgängen wie der Parteispendenaffäre 1982/83. Aber auch hier führt die Vermengung von Privat, Sozial und Politisch dazu, diese Kontrollfunktion in einer Weise auszudehnen, die die politische Dimension eines «Falles» zum Verschwinden bringen kann. Dies betrifft die Verwendung von Steuermitteln durch Politiker (Diäten, Privatreisen u. ä.) ebenso wie private Verfehlungen öffentlicher Personen; es betrifft die Berichterstattung über Kriege auf dem Balkan, die Flüchtlingsströme in Rwanda, das Elend des Bürgerkriegs in Tschetschenien, den Fundamentalismus der Taliban-Krieger in Afghanistan ebenso wie die Aussöhnung zwischen Tschechen und Deutschen, die Einführung einer gemeinsamen europäischen Währung, die Angst vor den Mafia-Banden aus dem Osten, die Nicht-Entschädigung von enteignetem Eigentum in der ehemaligen DDR, die Verbrechen der Wehrmacht, die vermeintliche Schuld der Behörden an der Häufung von Kindesmißbrauch.

Aus der Fülle der Themen wird erkennbar, daß die öffentliche Kontrollfunktion darunter leidet, daß das politisch Bedeutsame zugenommen hat, während gleichzeitig das Unterscheidungsvermögen für das, was für das Gemeinwesen wichtig ist, abhanden gekommen ist. Die Kontrollfunktion der Öffentlichkeit tritt inzwischen auf in der Form des Protestes und der Aufdeckung (Aufklärung) von Mißständen und Fehlern von Personen und Institutionen, von Regierungen und privaten Hilfsorganisationen. Der Protest richtet sich gegen etwas, was für falsch und empörend gehalten wird. Aber es tritt auch eine Beliebigkeit des Protestes ein. Eigentlich müßte gegen den allgemeinen Weltzustand protestiert werden. Denn eigentlich läuft ja alles falsch, oder? Die Darstellung der öffentlichen Kontrolle durch die Medien läßt oft das Unterscheidungsvermögen vermissen. Die Kommerzialisierung der Medien, obwohl auch einen Zuwachs an Pluralismus bringend, hat dieses Unterscheidungsvermögen noch mehr in den Hintergrund gedrängt. Die Gesetze der Konkurrenz auf dem Markt der Medien verlangen die sensationelle Aufbereitung, hinter der der Gegenstand der öffentlichen Verständigung zunehmend verschwindet.

Hellsichtig hat dieses Dilemma der Öffentlichkeit die Grünen-Politikerin und gegenwärtige Bundestags-Vizepräsidentin Antje Vollmer formuliert, als sie anmerkte, es gehe nicht darum, den Medien totalitäre Manipulation vorzuwerfen. Das Neue sei vielmehr, «daß es sich nicht... um eine bewußte Zerstörung... der Instrumente der Polis oder der bürgerlichen Demokratie handelt, sondern daß die Zerstörung durch ein Nicht-mehr-Wissen, durch ein Vergessen der Bedrohung dieser Regeln bewirkt wird. Es passiert uns sozusagen nebenbei, ohne daß das jemand beabsichtigt.»[29] Sie meinte damit, daß der sogenannte «investigative Journalismus» den Sinn für Wohl und Wehe des Gemeinwesens verloren hat, dabei aber die Medienvertreter der Meinung seien, sie handelten «im Auftrag der Öffentlichkeit».

29 «In einer Zeit, in der das Politische sehr verachtet wird. Über die wiederentdeckte Faszination des Denkens von Hannah Arendt. Eine Gesprächsrunde mit drei Politikern, moderiert von Antonia Grunenberg, in: Frankfurter Rundschau, 4. Dezember 1995»

Hier soll nun keine bequeme Diskussion über die «Verkommenheit» der Medien begonnen werden: Die Entgleisungen des Medienzirkus in punkto Enthüllungsjournalismus halten zudem durchaus europäisches Niveau. Meine These ist, daß das politische Gemeinwesen neue Formen der Öffentlichkeit hervorbringen sollte und diese nicht den Medien überlassen darf. Denn die Medien beschleunigen zwar die Auflösung der politischen Öffentlichkeit, sie verursachen sie aber nicht. Verursacht wird sie durch das Fehlen jener ‹öffentlichen Atmosphäre› (public spirit), an der die Bürger selbst teilnehmen können. Hier müßte an erster Stelle stehen, das Unterscheidungsvermögen zwischen Privat, Sozial und Politisch wieder möglich zu machen. Vielfach nehmen Interessengruppen Öffentlichkeit instrumentalistisch wahr, um ihre Interessen besser durchsetzen zu können. Die viel zitierte Formulierung «Man muß an die Öffentlichkeit gehen, um etwas zu erreichen» zielt eben auf diesen Zusammenhang, daß auf der öffentlichen Bühne Interessen miteinander ringen darum, wer der oder die Stärkere ist. Statt dessen müßte es heißen: Man muß an die Öffentlichkeit gehen, um sich darüber zu verständigen, was der Krieg in Bosnien für Europa bedeutet, welche Auswirkungen auf das politische Gemeinwesen eine technokratisch betriebene, nur auf die finanziellen Kriterien schauende europäische Einigung hat, wie Armut die Fähigkeit des Bürger-Seins beschneiden kann…

Gerade weil die Kontroll- und Protestfunktion der Öffentlichkeit nicht gegen populistische Manipulation gefeit ist, gerade weil Öffentlichkeit nicht nur einen symbolischen Gemeinsinn repräsentiert, sondern in ihr Interessengruppen wirken, ist die Möglichkeit des Irrtums nicht ausgeschlossen. Von daher tut öffentliche Rückbesinnung not, wie und ob der oder jener Skandalfall das politische Gemeinwesen betrifft.

Es genügt nicht, hier auf die regulativen Grundideen menschlichen Zusammenlebens wie Würde, Pluralität, Individualität, Humanität, Wahrheit zu verweisen. Es helfen kein Ethik-Kodex und kein Maulkorb für die Medien. Wenn das Grundübel nicht angepackt wird, wenn nicht auf einer genuin politischen Dimension bestanden wird, dann besteht überhaupt kein zureichender Grund zu verhindern, daß über Politik im Parlando-Ton der *talk show* verhandelt wird und über Politiker in der Geste des «Wir haben es ja schon immer gewußt, was *die* für Schweinereien machen».

Öffentlichkeit ist auch deshalb so wichtig für das politische Gemeinwesen, weil sie Medium des politischen Selbstbewußt-Werdens und der Selbstdarstellung nach außen ist.

Napoleons Spruch, jeder mache die Politik seiner geographischen Lage, stimmt schon längst nicht mehr. Die ‹glücklichen Tage› des Nationalstaats sind vorbei, wenn es sie denn je gab. Wer nur die Politik seiner geographischen Lage macht, politisiert an den Problemen vorbei. Im Zuge der Globalisierung entgrenzen sich die Gemeinwesen – und rücken auf anderer Ebene näher zusammen. Dieses Näher-Zusammenrücken ist es, was die Bedeutung der Öffentlichkeit hebt. Die internationalen und regionalen Öffentlichkeiten werden immer wichtiger. Wie der Streit um Europa deutlich macht, verzahnen sich die europäischen Gemeinwesen auf politischem, militärischem, juristischem und finanziellem Gebiet; dies bringt Einigung, aber in gleichem Maße Friktionen. Es erfordert eine andere Art von Rücksichtnahme als vor hundert Jahren. Es erfordert ebenso eine andere Art von öffentlicher Darstellung des Gemeinwesens nach außen. Sicher ist, daß Europa in dieser multipolar gewordenen Welt nur eine Chance hat, wenn sich die europäischen Staaten stärker aufeinander beziehen. Das muß heißen, daß innerhalb Europas keine Interessenpolitik im Stil des 19. Jahrhunderts mehr gemacht werden kann, nach dem Motto: die Franzosen halten es mit den Serben, weil sie das immer so getan haben, die Engländer halten es mit allen, die die Rolle der Deutschen schwächen, und die Deutschen versuchen, die Unschuldslämmer zu spielen, dabei aber ihre Interessen als die bestorganisierten durchzusetzen.

Die Präsentation nach außen wird ebenso wichtig wie Selbstdarstellung des politischen Gemeinwesens nach innen hin.

Drei Rollen sind es im wesentlichen, in der sich die Deutschen gegenwärtig nach außen darstellen:

▷ als potentielle Ungeheuer, die gebändigt und gezähmt werden müssen, damit sie nicht Übles anrichten. Aus dieser Selbstdarstellung entspringen vorauseilende Demutsgesten und falsche Selbstverdächtigungen. Europa nur aus dem Grund gutzuheißen, ‹damit die Deutschen eingebunden werden›, entspricht nicht dem, was Europa von den Deutschen benötigt, sondern entspringt einer Verabsolutierung und Anthropologisierung der deutschen Verantwortung an zwei Weltkriegen;

▷ als Musterschüler, die nach endlosem Nachsitzen wieder in die Klasse zurückkehren dürfen, wissend, daß sie sowieso die Besten sind. Hier hinein gehört die immer wieder auftauchende Bemerkung: ‹Es muß doch einmal Schluß sein mit der Vergangenheitsbewältigung.› Das mangelnde Verständnis für den Zusammenhang von Schuld und politischer Verantwortung macht diesen Typus so problematisch wie die erste Gruppe;

▷ vielleicht am zahlreichsten ist das Rollenmodell der Ambivalenz vertreten. Nach der einen Seite wird das Klischee der ewig mit gesenktem Blick daherlaufenden Deutschen bedient, nach der anderen Seite das der ‹normalen› Deutschen, die wissen, daß sie besser sind

– je nach der Umgebung, in der man ist, je nach den Erwartungen, die man auf sich zukommen spürt.

Ein besonders aufschlußreiches Beispiel war in dieser Hinsicht die unrühmliche Rolle, die bedeutende deutsche Schriftsteller und Intellektuelle in der deutsch-deutschen Wiedervereinigung spielten. Ein Gutteil der linksliberalen Öffentlichkeit im Westen wollte die deutsche Einigung nicht. Namhafte west- und ostdeutsche Intellektuelle konnten die politische Bedeutung der Vereinigung nicht wahrnehmen. Intellektuelle Begleittöne der Einigung waren:

- der Westen kolonisiere den Osten, drücke ihm «sein System» auf und zerstöre die Identität der ehemaligen DDR-Bürger;
- die deutsche Teilung sei im Grunde eine gerechte Strafe für die Verbrechen des Zweiten Weltkriegs und des Judenmords, die nicht abgedient sei;
- die DDR sei der wenn auch autoritäre, so doch antifaschistische, das heißt moralisch bessere Staat gewesen;
- die deutsche Vereinigung brächte über kurz oder lang die Wiedergeburt des großdeutschen Nationalismus («Viertes Reich»);
- Deutschland sei eine Art unmündiges Kollektiv, dem die Großmächte auf die Finger schauen müßten, damit sich nicht Gleiches wiederhole wie in der Weimarer Republik.

Das nennen französische Gesprächspartner mit einem gewissen Recht «negativen Nationalismus» und meinen damit, daß die offensichtliche Stärke Deutschlands durch eine Unmündigkeitserklärung verschleiert werden soll, die keiner so recht ernst nehmen kann.

An diesem Beispiel wird – und dies zielt auf beide deutschen Gesellschaften – deutlich, daß Öffentlichkeit an einer Überlagerung durch Moral krankt, die auf ein typisch deutsches Mißverständnis zurückgeht: als sei Öffentlichkeit eine Instanz, die die Wahrheit verkünden würde. Gerade dies ist Öffentlichkeit nicht, sondern sie ist ein Gewebe von Stimmen und Interessen, aus deren Mit-, Gegen- und Übereinander sich erst ein Verstehens-Zusammenhang herstellt. Die Schwergewichtigkeit des Moraldiskurses (und des Wirtschafts-Diskurses) hat in Deutschland die Funktion der fehlenden politischen und historischen Tiefendimension übernommen. Dies führt zu einer ausgeprägten Schizophrenie: Auf der einen Seite ist der neue Staat, der inzwischen auf sein 50jähriges Jubiläum zusteuert und damit auf die längste Phase ohne Krieg in der deutschen Geschichte zurückblicken kann, ein demokratischer Musterstaat mit einer erheblichen Zufriedenheit seiner Mitbürger.[30] Auf der anderen Seite durchziehen die intellektuellen Beiträge immer wieder moralische Selbsterklärungen zur Unmündigkeit («Der Schoß ist fruchtbar noch, aus dem das kroch...»). Die Anmahnung öffentlicher Moral ist zum Paradigma der westdeutschen Nachkriegsgesellschaft geworden, aber auch zum gefälligen Ritus, der davon ablenkt, daß es eigentlich um öffentliche politische Verantwortung geht. Die öffentliche Kontroverse zum Golfkrieg 1991 hat die Ambivalenz dieser Moralität deutlich gemacht: Hier kreuzten sich ein jahrzehntelang gewachsener Pazifismus, der unversehens antisemitische Konnotationen erhielt (wie war Pazifismus vereinbar mit der Tatsache, daß Israel vom Irak manifest bedroht wurde?), mit anti-westlicher Überlast (ausgedrückt in der publizitätsträchtigen Losung «Kein Blut für Öl») und politischer Erklärungsnot (welche Rolle sollte/wollte das neue Deutschland in internationalen Konflikten eigentlich spielen?). Moralische Haltung kann eben nicht politisches Denken, «negativer Nationalismus» nicht öffentliches Selbstbewußtsein ersetzen.

30 Selbst wenn man die vergleichsweise große Unzufriedenheit der Bürger in den neuen Bundesländern einschließt, gehört die Zufriedenheit mit der Demokratie zum guten Mittelstandard im Vergleich zu anderen europäischen Demokratien.

Öffentliche Selbstpräsentation, die die politischen Nationen Europas von der deutschen Republik verlangen, entsteht nur auf der Grundlage eines politischen Selbstvertrauens. Genau dies ist gegenwärtig das Problem, das durch die doppelte Diktaturerfahrung im Osten Deutschlands noch verstärkt wird. Deshalb wurde im Kontext der deutschen Vereinigung so viel von Identität und so wenig von öffentlicher Kommunikation gesprochen. Als ob die Suche nach der einen wesenhaften deutschen Identität nicht längst kontraproduktiv geworden wäre. In einer Welt, in der die Gemeinwesen näher zusammenrücken, kommt alles auf die Kommunikationsfähigkeit an; diese aber erfordert Selbstbewußtsein.

Gibt es eine Sprache der Selbstdarstellung? Müssen die Deutschen sie neu erfinden?

Der Historiker Christian Meier griff unlängst Konrad Adenauers Formulierung wieder auf, den Deutschen stünde ‹respektable Bescheidenheit› an. «Hier ließen sich Konsequenzen aus unserer Vergangenheit ziehen. Sie bestünden nicht nur in der Vermeidung von Fehlern, sondern auch in dem Versuch, der Welt, der wir auf besondere Weise geschadet haben, um so mehr zu nützen, in Maßen und ohne Aufdringlichkeit.

Nicht daß wir Musterschüler sein sollten: Aber zu zeigen, daß man etwas eingesehen hat, was auf der Hand liegt, ist kein Strebertum. Und ein wenig aufmerksamer über sich selbst und seine Umstände Rechenschaft zu geben, das könnte doch wohl verlangt werden, entspricht außerdem guter alter deutscher Tradition... Kurz gesagt, es gibt Anlaß genug, unsere Demokratie neu zu beleben, zu stärken, vielleicht gar auszubauen. Und dazu gehört, daß wir wissen, wer wir sind, als Nation, und das heißt auch im Hinblick auf unsere Geschichte: daß uns etwas aufgegeben ist, daß wir etwas zu verantworten haben... Wir brauchen Vertrauen zu uns, also einen Neuanfang.»[31] Das neue Selbstbewußtsein aber kann nicht nur aus den Regierungsamtsstuben kommen; es muß aus dem politischen Gemeinwesen kommen, aus einer urteilsfähig gewordenen Öffentlichkeit.

31 Christian Meier: Wir brauchen Vertrauen, in: Der Spiegel Nr. 5/1995, S. 154

V. DER RAUM DER FREIHEIT

Auf dem Weg in eine neue Politik

> «Der Bürger ist am besten daran, wo er durch möglichst viele Bande mit seinen Mitbürgern vereint ist, aber durch möglichst wenige an die Regierung gekettet.»
>
> WILHELM VON HUMBOLDT

In diesem Buch ist darüber geschrieben worden, daß politische Freiheit auch in demokratischen Gemeinwesen in einen Latenzzustand absinken kann, der ihren Sinn verdunkelt. Nun soll im letzten Kapitel skizziert werden, wie eine Politik aussehen könnte, die diesen Sinn der Freiheit ins Zentrum rückt. Aber was heißt Politik? Politik ist nicht gleichbedeutend mit «machen», «verwalten», ein «Projekt» verfolgen. Unter Politik wird hier verstanden das Denken und Handeln innerhalb eines Gemeinwesens von Bürgerinnen und Bürgern zum Zwecke der Freiheit. Eine solche Politik ist nicht voraussetzungslos.

Traditionslinien

Politik der Freiheit ist immer auch historischen Erbschaften verhaftet. Sie bestehen in Traditionslinien, die das Verstehen von Freiheit und die Erfahrungen mit Freiheit und Unfreiheit prägen. Es sind politische, kulturelle und linguistische Kontexte, aber auch geschichtliche Ereignisse und Erinnerungskulturen, die in unser Verstehen von Freiheit hineinragen. Entscheidend ist, wie das politische Denken mit diesen Traditionslinien umgeht. Dies ist nicht so zu verstehen, als handele es sich um eine Summe verschiedener Entwicklungslinien, die auf ein Ziel zulaufen (Fortschritt, Katastrophe, Wachstum).

Es geht vielmehr um verschiedene geschichtliche Verstehenshorizonte und Erfahrungen, die bei der Verständigung über Politik immer mitlaufen, ohne daß sie von stets gleichbleibender Bedeutung wären. Im Falle Deutschlands heißt dies zum Beispiel nicht, daß die deutsche Geschichte auf den Holocaust zugelaufen wäre, wie manche noch immer glauben. Die Entwicklung wurde in deutschen Landen immer wieder beeinflußt und gebrochen durch die Tradition des Republikanismus; seit dem 18. Jahrhundert scheint sie immer wieder auf, ohne daß sie sich durchsetzen konnte. Dabei ist die Überlagerung des republikanisch-politischen durch den völkisch-biologistischen (heute zum Beispiel in der Asyldebatte) und den sozialen Diskurs (zum Beispiel in der Gesundheits-, Renten- und Steuerreform) eine Hypothek, die bis heute – hier stärker, dort schwächer – fortwirkt.[1]

Wie präsent das Erbe des 19. Jahrhunderts ist, wurde mit Blick auf die Weimarer Republik deutlich. Die völkisch-biologistische bzw. marxistisch-klassenkämpferische ‹Weltanschauung› mündete in politische Antagonismen: rechts gegen links, völkisch gegen demokratisch, konservativ-revolutionär gegen kommunistisch-revolutionär, vitalistisch gegen

1 Ich meine damit nicht jene militante völkische Tradition, wie sie sich in der Weimarer Republik bemerkbar machte, sondern Paradigmen, die auch aus der anti-französischen Denkkultur herrühren wie z. B. der deutsche Kulturbegriff (Tiefe, anti-Mammon), wie er in der deutsch-deutschen Debatte zum Vorschein kommt (s. auch die Kontroverse in *DIE ZEIT* zwischen Christoph Dieckmann und Gunter Hofmann um die Frage, ob der Osten ernster [d. h. tiefer] sei als der Westen; vgl. Christoph Dieckmann: Die heilige Schrift. Eine Rede wider das Verschwinden der Sprache in der Gegenwart, in: *DIE ZEIT* Nr. 35, 23. August 1996; Gunter Hofmann: Die profane Demokratie, in: *DIE ZEIT* Nr. 37, 6. September 1996) ferner die anti-politische Vorstellung von Volk als dem durch Blutsbande zusammengehörigen Volksstamm, wie sie in der Asyldebatte zum Tragen kam.

rationalistisch, Hierarchiedenken gegen politisches Gleichheitsstreben, Harmoniedenken gegen Klassenkampfstrategien… In der rassistischen Ideologie des Nationalsozialismus wurde das Prinzip des dichotomischen Denkens auf die Spitze getrieben.

Durch die Katastrophen des Nationalsozialismus, des Zweiten Weltkrieges und des Genozids an den europäischen Juden sind nicht alle alten Traditionslinien gekappt worden, sie setzten sich teils gebrochen fort (wie das deutsche Kulturverständnis), teils wurden sie schlichtweg tabuisiert. Seit 1989 ist nun deutsche und europäische Geschichte auch in Deutschland wieder eingekehrt. Die Rückkehr der geschichtlichen Tiefendimension wird meist unter zwei Aspekten angesprochen: als Wunsch nach Einkehr in die Ruhe der Kontinuität und als Beharren auf der Absolutheit des «Zivilisationsbruchs» (verursacht durch den Holocaust), der eben jene Einkehr unmöglich mache.

An dieser Stelle sollen die weiterwirkenden Traditionslinien als politische Herausforderungen thematisiert werden. Meine These lautet: Das politische Denken kann nur dann aus jenem scheinbar unüberwindbaren Dualismus zwischen dem Streben nach Kontinuität und «Normalität» (was immer das ist) und dem Beharren auf dem absoluten Bruch der Geschichte durch Nationalsozialismus und Holocaust herausfinden, wenn es sich stärker auf die republikanische Dimension der Selbstgründung in Freiheit besinnt. Voraussetzung dieser «Wiederfindung» (als Nation, als europäische Republik) ist die Anerkennung eines Bruchs, der zwar keine «Tabula rasa» geschaffen hat, aber doch die geschichtliche Kontinuität nachhaltig zerspalten hat. Der Historiker Christian Meier hat die Herausforderung, die darin liegt, treffend beschrieben: «Gerade die Anerkennung der ganzen Ungeheuerlichkeit und der Nachwirkung, die Auschwitz für uns hat, ist die Brücke, über die wir den

Zugang zu unserer Geschichte gewinnen können. Nur durch sie kann deren zwanghafte Beziehung auf Auschwitz gelöst werden.»[2]

Das Erbe der Freiheit – und der Unfreiheit – in deutschen Landen ist kaum ohne seine europäischen Bezüge aufzuschließen. Dies hat das zweite Kapitel am Beispiel des französischen Einflusses auf die Konzeption der politischen Freiheit in mehrerlei Hinsicht gezeigt. Aus dem das 19. und 20. Jahrhundert so nachhaltig prägenden Erbfeind-Brudervolk-Verhältnis zu Frankreich stammt das Verständnis von Freiheit als Befreiung (von Frankreich). Auf diesen Kontext geht auch die Überlagerung von Freiheit durch nationale Einheit zurück. Der zivile Horizont von politischer Freiheit als freiheitlicher Selbst-Verfassung der Bürgergesellschaft ist dagegen zwar theoretisch (und auch verwaltungsrechtlich) ausgeprägt, bleibt aber politisch schwach ausgebildet. Er wird immer wieder gekreuzt von der aus der Frühmoderne (und aus dem lutherischen Protestantismus) sowie aus der Opposition zu Frankreich herrührenden Tradition der Freiheit als Einbindung in das Ganze, in die Hierarchie und die festgefügte Ordnung.

Gleichzeitig bildet sich eine beträchtliche Individualisierung des Freiheitsbegriffs heraus, bedingt durch die Idee der Autonomie des Individuums in der französischen Aufklärung und deutschen Romantik. Das Individuum ist frei, die Grenzen seiner Willensfreiheit liegen einzig im allgemeinen Gesetz (Kant). Auch dieses Erbe, das in der sogenannten Spät-, Post- oder reflexiven Moderne besonders zum Tragen kommt (siehe die seit den achtziger Jahren laufende Debatte um die Individualisierung der Gesellschaft), überlagert das politische Konzept der Freiheit. Schließlich tritt seit der zweiten

2 Christian Meier: Wir brauchen Vertrauen, in: Der Spiegel, Nr. 5, 1995

Hälfte des 19. Jahrhunderts mit der aufkommenden Arbeiterbewegung die «soziale Frage» in den Vordergrund, und dies in der öffentlichen Meinung wie in den Kreisen der Arbeiterbewegung (als Forderung nach sozialer Gleichheit) selbst. Bismarck kann die unruhigen Arbeiter und den kleinen Mittelstand mit dem Sozialversicherungswerk ruhigstellen. Für die Führer der Arbeiterbewegung geht die Verfassung der Freiheit in der Forderung nach sozialer Gleichheit und der Machtteilhabe an einem «Volksstaat» auf. Welche verheerenden Folgen das hat, wird erst so richtig deutlich in der doppelten Zäsur von 1914/1918. Die Tradition, das politische Gemeinwesen hauptsächlich als sozialen Zusammenhang zu verstehen, der vom Staat geschützt werden soll, hat sich als immer stärker erwiesen, je mehr sich die «demokratische Massengesellschaft» herausbildete. Sie war nach dem Zweiten Weltkrieg die *conclusio* aus dem Untergang der Weimarer Republik, der Katastrophe des Nationalsozialismus und dem Massenmord an den europäischen Juden. Alle diese historischen Linien sind in der politischen Kultur der Bundesrepublik, zum Teil verdeckt, präsent. Sie werden nach 1945 durch den politischen Einfluß des Westens (vor allem der Vereinigten Staaten) und die Bereitschaft der Bevölkerung, die Demokratie anzunehmen, abgemildert:

▷ das Denken in dualistischen bzw. dichotomischen Schemata;

▷ die Überlagerung der politischen Selbstbestimmung durch die soziale Fürsorgeaufgabe;

▷ die Projizierung politischer und sozialer Probleme und Gestaltungswünsche auf den Staat;

▷ die ewige Suche nach der deutschen Identität und das Beharren auf der deutschen Besonderheit;

▷ das Übergewicht des Einheitsgedankens: Einheit des Staates nach außen, mangelnde Konfliktakzeptanz, Höherwertigkeit des Konsenses, der «inneren Einheit». Die deutsche Idee von der «Aufhebung» der Besonderheit im allgemeinen Gesetz hat hier ihre Kehrseite;

▷ das Zuschneiden von politischer Freiheit auf Freiheit von... Dieses Verständnis schien stimmig, solange Freiheit einerseits als Befreiung verstanden werden konnte. Die Erfahrungen mit Nationalsozialismus und Stalinismus als den beiden Abgrenzungshorizonten legten überdies ein Verständnis nahe, nach dem Freiheit eben das Andere zu diesen beiden Formen des Totalitarismus sei. Und da beide auf die Zerstörung von Individualität zielten, stieg der Wert der individuellen Freiheit überproportional zu dem der politischen Freiheit bzw. wurde das eine mit dem anderen schlichtweg gleichgesetzt;

▷ das Verständnis von politischer Freiheit als etwas Inkorporiertes (in Institutionen, in Verfassung, in Gewaltenteilung etc.), das, einmal gefügt, auf ewig besteht und unveränderlich bleibt. Diese Dimension ist in der westdeutschen Nachkriegsgesellschaft besonders stark ausgeprägt, bei deren Gründung besonderes Augenmerk auf die Stärkung der Institutionen gelegt wurde, weil ihre Schwäche eine Ursache für das Versagen der Weimarer Republik war. Die Kehrseite davon: Es ist wenig präsent, daß das Institutionenwerk nur in einem öffentlichen Raum wirken kann, der ständig neu gestiftet wird.

Zum Erbe gehört schließlich auch jene Vorstellung, nach der Politik eigentlich etwas mit Kultur zu tun habe und gegenüber dem schnöden Mammon erhaben sei. Um einen neuen Begriff von Politik zu gewinnen, müßte der innere Lutheranismus (vgl. Kapitel II) abgebaut werden: die Zweiteilung von Innen und Außen, von Geist und Macht, von Kultur und Geld, die in der deutschen Tradition besonders ausgeprägt ist.[3] Sie führt zur Abwertung der sogenannten «Realpolitik», die als etwas kulturell Minderwertiges gesehen wird. Gerade in diesem letzten Aspekt schlägt ein bildungsbürgerliches Erbe durch, nach dem Politik ein schmutziges Geschäft ist. Der Hinweis auf die Ambivalenz des Politischen ist freilich nicht neu. Er ist schon in einem Epigramm des deutschen Kanzleirats Friedrich von Logau in der ersten Hälfte des 17. Jahrhunderts zu finden:

> «Anders sein, anders scheinen,
> Anders reden, anders meinen.
> Wer sich dessen will befleißen,
> Kan politisch heuer heißen.»[4]

Der Kanzleirat verwies auf die Dehnbarkeit des Begriffs des Politischen, auf den Zusammenhang mit taktischem (also nicht ideengeleitetem) Handeln. Dieses Verständnis wirkt im populären Gebrauch («Wir hier unten – die da oben») noch immer fort. All die angesprochenen Elemente wirken wie konzeptionelle Erbschaften, in denen gedacht und gehandelt wird und von denen zu abstrahieren in der politischen Praxis

3 Vgl. z. B. Marion Gräfin Dönhoff: Zivilisiert den Kapitalismus!, in: *DIE ZEIT*, Nr. 36, 30. August 1996.

4 Das Epigramm wurde dem Grimmschen Wörterbuch entnommen; Jakob und Wilhelm Grimm: Deutsches Wörterbuch, Bd. 7, Leipzig 1854, S. 1979; vgl. auch Antonia Grunenberg: «Anders sein, anders scheinen …» Wandlungen im Begriff des Politischen, in: Politikwissenschaft als Kritische Theorie. Festschrift für Kurt Lenk, hg. von Michael Th. Greven, Peter Kühler und Manfred Schmitz, Baden-Baden 1994.

kaum möglich erscheint.[5] Um so wichtiger ist, sich zu vergegenwärtigen, daß diese Erbschaften zwar vorhanden sind, daß sie aber nicht den Raum der Gegenwart zustellen. Es gibt eine Freiheit des Handelns, die das historische Erbe annimmt, aber nicht in seinen Beschränktheiten befangen bleibt und die «Sachzwänge» der Praxis nicht als fraglose Gesetze akzeptiert. Das öffentliche Nachdenken über Politik der Freiheit gehört dazu.

«Politik entsteht im Zwischen...»

In den nachgelassenen Fragmenten Hannah Arendts unter dem Titel «Was ist Politik?» heißt es: «Die Philosophie hat zwei gute Gründe, niemals auch nur den Ort zu finden, an dem Politik entsteht. Der erste ist: 1) Zoon politikon: als ob es *im* Menschen etwas Politisches gäbe, das zu seiner Essenz gehöre. Dies gerade stimmt nicht; *der* Mensch ist a-politisch. Politik entsteht in dem *Zwischen-den*-Menschen, also durchaus *außerhalb des* Menschen. Es gibt daher keine eigentlich politische Substanz. Politik entsteht im Zwischen und etabliert sich als Bezug.»[6]

Als zweiten Grund für die Nicht-Verortbarkeit der Politik führt Arendt die im Christentum wurzelnde Vorstellung vom Menschen als dem Ebenbild Gottes an, die die Konnotationen Einsamkeit und Individualismus mit sich führe.[7] Die

5 Kari Palonen bemerkt dazu: «Time and concepts are no longer instruments of politics, but they have become themselves also the subject matter of politics.» (Kari Palonen: Politics, Rhetoric And Conceptual History. Studies on modern languages of political theory, Jyväskylä 1994, S. 33)

6 Hannah Arendt: Was ist Politik, aus dem Nachlaß herausgegeben von Ursula Ludz, München, Zürich 1993, S. 11.

7 Arendt spricht von dem «im Ebenbild der Einsamkeit Gottes erschaffene(n) Mensch(en)». (Ebd.)

starke Subjektorientierung der neuzeitlichen europäischen Tradition des Denkens wirke der Wahrnehmung dieses Zwischenraums zwischen den Individuen entgegen; sie verhindere die Selbstgründung von Gemeinwesen, deren Mitglieder sich nicht als private, voneinander abgegrenzte Individuen sähen, sondern als aufeinander bezogene Bürger eines Gemeinwesens.

Das moderne kontinental-europäische Politikverständnis kennt die Sphäre des Stiftens eines politischen Gemeinwesens nur über den Staat. Getrennt davon existiere eine Gesellschaft, bestehend aus isolierten Individuen. Viele Protagonisten des nationalstaatlichen politischen Denkens seit dem 17. Jahrhundert, von Jean Bodin über Thomas Hobbes und G.W.F. Hegel bis hin zu Max Weber, waren davon überzeugt, daß die bürgerliche Gesellschaft mit ihren Interessenkämpfen nicht anders zu befrieden sei als mit der Konstruktion einer übergeordneten Instanz (dem Staat), die den Interessen der Gesellschaftsmitglieder gegenüberstehe (obwohl in deren – womöglich objektivem – Interesse liegend). Demnach ist Politik das an die zentrale Gewalt gebundene Macht-Monopol, das die Interessen der Gesellschaft nach außen, aber auch gegenüber jedem einzelnen Menschen und jeder einzelnen Gruppe im Namen des Gemeinwohls zu vertreten hat. Zugleich wird Politik mit dem Konzept des Machens und Organisierens verbunden, eine Vorstellung, die der französische Historiker François Furet und der amerikanische Philosoph Dick Howard als «Politik des Willens» bezeichnet haben.[8]

Das politische Gemeinwesen ist in diesem Verständnis

8 Vgl. François Furet: Das Ende der Illusion, a.a.O., S. 49; Dick Howard: Zur Politik der Urteilskraft, in: Antonia Grunenberg und Lothar Probst (Hg.): Einschnitte. Hannah Arendts politisches Denken heute, Bremen 1995, S. 67 ff

gleichzeitig Ergebnis eines Abstraktionsprozesses und eines Individualisierungsprozesses. Der Staat ist der privaten Sphäre der Gesellschaft quasi übergeordnet. Die Gesellschaft ist die Sphäre der «chaotischen Mannigfaltigkeit» (Hegel), in der die individuellen und Gruppen-Interessen gegeneinander kämpfen und daher einen Staat als Machtmonopol überhaupt erst möglich und notwendig machen. Eine politische Dimension als Gemeinwesen wird nur über den Staat möglich.

Auf der anderen Seite gibt es den Staatsbürger, der seine Partizipationsrechte über das Wahlrecht ausübt (das Wahlrecht wird bis 1918 freilich nur Männern gewährt) und seine «Macht» an die Repräsentanten, die Volksvertreter, delegiert.

Der Dualismus von Staat und Gesellschaft ist im Verständnis von Politik immer noch präsent, obwohl der moderne Sozialstaat ihn de facto längst abgebaut hat. Der Soziologe Ulrich Beck hat die Folgen dieser Entwicklung beschrieben.[9] Die politische Dimension werde in sogenannte «subpolitische» Bereiche verlagert. «Subpolitisierung» meint bei Beck auf der einen Seite die Verlagerung und Diversifizierung politischer Entscheidungen von oben (Regierung, Staatsspitze) nach unten (große Wirtschaftsunternehmen, die politische oder politikrelevante Entscheidungen treffen; regionale Politiken) und auf der anderen Seite die Wahrnehmung politischer Interessen und Aufgaben durch Bürgerbewegungen, lokale und kommunale Initiativen. Politische Entscheidungen wandern aus der traditionellen Sphäre des Politischen aus, das Politische wird «entkernt». Staat, Regierung und Parteien verlieren ihr Monopol auf Politik. Für Beck hat sich der Dualismus zwischen Staat und Gesellschaft längst aufgelöst. Politik könne mehr und mehr von den Bürgern angeeignet

9 Vgl. Ulrich Beck: Die Erfindung des Politischen. Zu einer Theorie reflexiver Modernisierung, Frankfurt/M. 1993

werden. Mit einem neuen Partizipationsmodell könne ‹von unten her› eine neue Demokratisierung erfolgen.

Am Ende weist Beck jedoch in eine Richtung, die Politik gleichsetzt mit Projektemachen. Die Konsequenzen für die Politik, die aus dem Verschwinden der politischen Öffentlichkeit resultieren, können so gar nicht angesprochen werden. Der optimistische Blick, der aus Becks Modell spricht, läßt die Frage völlig offen, wie eigentlich ein neues politisches Gemeinwesen begründet wird, jenseits des «politischen Engagements» der einzelnen Bürgerinnen und Bürger.

Gerade die «Entkernung» des politischen Bereichs, die Beck als demokratische Chance sieht, kritisieren die ungarischen Philosophen Agnes Heller und Ferenc Fehér als Entpolitisierung – in weltweitem Maßstab: «In den letzten Jahrzehnten sind die Parteien im westlichen Politikverständnis fast ausschließlich zu wirtschaftlichen Vermittlungsagenturen geworden, während die sozialen Bewegungen die Rolle übernommen haben, die politischen Optionen vorwärtszutreiben. Im Endeffekt haben sich Wahlen fast ausnahmslos um wirtschaftliche Belange gedreht.»[10]

Die Unterschätzung des Raumes, in dem die Angelegenheiten des Gemeinwesens öffentlich beraten werden, hat die politische Dimension der Gesellschaften geschwächt und zur – im wörtlichen Sinne – Verantwortungslosigkeit und Vereinsamung der Gesellschaftsmitglieder geführt. Darauf hat Hannah Arendt immer wieder hingewiesen. Der moderne europäische Liberalismus mit seiner Ableitung des Gemeinwohls aus

10 «In the last decades in western politics parties have almost exclusively become economic agencies while movements have been allotted the role of forging the political options. As a result, elections are focussing, almost without exception, on economic issues.» (Agnes Heller und Ferenc Fehér: The Postmodern Political Condition, Cambridge 1988, S. 10)

dem Wohl des einzelnen sei nicht in der Lage gewesen, den Zusammenbruch der öffentlichen Sphäre und die Selbstzerstörung der Gesellschaft aufzuhalten oder gar abzuwenden.[11]

Wie ihre Formulierung «Politik entsteht im Zwischen und etabliert sich als Bezug» andeutet, will Arendt die politische Dimension des Gemeinwesens jenseits des Dualismus von Staat (das Politische) und Gesellschaft (das Soziale) wieder freilegen. Sie versteht darunter ein Netz von Bezügen zwischen Menschen, die auf das Gemeinwohl orientiert sind. Man kann es auch umgekehrt formulieren: Alle Beziehungen, die Menschen miteinander eingehen um ihrer gemeinsamen Interessen am Gemeinwesen willen, sind politisch; alle Bezüge, die sie eingehen um ihrer privaten Interessen willen, sind sozial. Die am Gemeinwesen orientierten Beziehungen aber nennt Arendt die politische Macht einer Gesellschaft. Der Begriff wird hier als Synonym für die Fähigkeit der Bürgerinnen und Bürger verwendet, diese Beziehungen untereinander selbst zu stiften. Es ist eine Art politischer Körper *(political body)* republikanischer Bürgerinnen und Bürger, die sich des Sinnes ihres Zusammenlebens dadurch vergewissern, daß sie ihm im öffentlichen Denken und Handeln Ausdruck verleihen. Diese Art von Gemeinwesen ist damit gerade nicht mit den in einem Staatswesen zusammenlebenden Individuen identisch. Diese sind zunächst und vor allem private Menschen. Zum politischen Gemeinwesen werden sie erst, wenn sie sich öffentlich begegnen und zueinander in Beziehung setzen.[12] Wenn der

11 Dies ist ein durchgängiges Motiv in Arendts politischen Schriften, angefangen von «Elementen und Ursprüngen totaler Herrschaft» (1951) über «Vita Activa oder Vom tätigen Leben» (1958) bis hin zu «Über die Revolution» (1963).

12 Vgl. Hannah Arendt: Vita Activa oder Vom tätigen Leben, München 1989, S. 49ff.

Sinn von Demokratie darin besteht, allen Individuen gleiche Rechte zu garantieren, so besteht der politische Sinn einer republikanischen Demokratie darin, jene Dimension zu stiften, die jedem Bürger die Möglichkeit verschafft, seine Stimme in der Öffentlichkeit geltend zu machen.

«Politik entsteht im Zwischen...» hieße demnach: Politik entsteht aus der Eröffnung eines Raums nach zwei Seiten hin: nach der Seite der historischen Tiefendimension des Gemeinwesens – und in die Gegenwart hinein. Man könnte auch sagen: Politik hat im wesentlichen eine öffnende Funktion, indem sie auftretende Probleme in ihrer historischen Dimension sichtbar macht und eine öffentliche Beziehung der Bürger mit dem politischen Gemeinwesen *(political body)* ermöglicht.[13]

Natürlich läßt sich diese symbolische Ebene nicht direkt in die praktische Politik übersetzen. Es müßte gelingen, einen Übertragungsraum zu schaffen, in dem sich symbolische Dimensionen und reales Handeln begegnen könnten. Gewiß ist gegenwärtig nur, daß Politiker das Fehlen dieses Raumes allenthalben spüren, so wenn der SPD-Politiker Erhard Eppler beklagt, daß Politik keine Ideen mehr hat[14], wenn der CDU-Politiker Heiner Geißler kritisiert, daß «Politik ohne Herz» gemacht werde und «der Mensch zu einem Produktions- und

13 Im Arendtschen Denken hat dieses Verständnis von Politik viel damit zu tun, dem sogen. ‹Sachzwang› zu widerstehen und statt dessen zu einer Hermeneutik von Politik zu finden, die den Bezug zum Gemeinwesen nicht verliert (vgl. Zoltan Szankay: Arendtsche Denkungsart und Öffnungsweisen der ‹demokratischen Frage›, in: Antonia Grunenberg und Lothar Probst [Hg.]: Einschnitte. Hannah Arendts politisches Denken heute, a.a.O., S. 47).

14 Vgl. «Geblieben ist ein fürchterliches perspektivloses Gewurstel». Erhard Eppler über das Verschwinden der Politik, in: Frankfurter Rundschau, Nr. 287, 9. Dezember 1996.

Kostenfaktor degradiert» werde.[15] Auch in den allfälligen rhetorischen Rückgriffen politischer Repräsentanten und renommierter Journalisten auf die deutsche Ideengeschichte (auf Georg Wilhelm Friedrich Hegel, Immanuel Kant und Max Weber) kommt das Bewußtsein zum Tragen, etwas fehle, was die sogenannte «praktische Politik» mit der Ebene des öffentlichen Nachdenkens verbinden könnte.

Der Epochenbruch 1989 hat auf einer ganz anderen Ebene den Blick auf das gleiche Problem gelenkt. Der Zusammenbruch des (post)totalitären Systems in den ehemaligen sozialistischen Staaten, die Auflösung der Blockordnung, die fünfzig Jahre lang die Koordinaten des politischen Denkens und Handelns bestimmt hatte, die demokratischen Aufbrüche und die Erwartungen der Menschen – all dies eröffnete einen neuen politischen Raum. Plötzlich erschien Europa mit einem neuen Gewand. Es gab wieder eine Mitte Europas, von der viele Westeuropäer geglaubt hatten, daß sie verschwunden sei bzw. sich dem Osten untergeordnet hätte. Plötzlich erhielten Europa und die neue deutsche Republik wieder eine geschichtliche Tiefendimension. Grenzen wurden durchstoßen; Sichtweisen änderten sich, ungeahnte politische Perspektiven erschienen. Erwartungen in die neu aufzubauenden Gemeinwesen wurden artikuliert. Ein neuer politischer Raum tat sich auf, in dem Verständigung möglich wurde, Austausch über die Entmündigung und die (Selbst-)Demütigungen in der Vergangenheit und Kommunikation über die politische Neugründung der Freiheit. In diesem Raum hätte eine Art politische Selbstvergewisserung entstehen können. Die Bürgerinnen und Bürger Mitteleuropas hätten gewahr werden können, daß sie als politisch gleichberechtigt im neuen Europa willkommen sind, auch wenn all die sicher-

15 Vgl. Heiner Geißler: Gefährlicher Sieg. Die Bundestagswahl 1994 und ihre Folgen, Köln 1995, S. 84.

heitspolitischen und wirtschaftlichen Zugehörigkeitskriterien zu den europäischen Institutionen noch nicht geklärt waren. Die Stärkung des symbolischen Zusammenhalts wäre in dieser Situation von überragender Bedeutung gewesen.

Der westliche Liberalismus und seine öffentlichen Repräsentanten haben diesen Raum vor lauter «Sachzwängen» nicht wahrgenommen. Sie haben ihn schnellstens wieder geschlossen nach dem Motto: «Tun wir doch bitte so, als wäre das alles normal und eigentlich nichts passiert» – und damit die Chance verpaßt, der Aufbruchsstimmung weiterreichende Impulse zu geben. Die Bürger- und Dissidentenbewegungen, die auf die Geschwindigkeit der Entwicklung nicht vorbereitet waren, sind der Dynamik der wirtschaftlichen Prozesse unterlegen oder haben – wie im Falle der DDR – zum großen Teil nicht wahrnehmen können, was Freiheit jenseits des Zusammenbruchs der Diktaturen politisch meinte. Was statt dessen kam, um beim Beispiel Ostdeutschland zu bleiben, waren falsche Versprechungen der Art: «Es wird blühende Landschaften geben» (Helmut Kohl) oder düstere Prophezeiungen à la «Es wird alles noch viel schlimmer kommen» (Oskar Lafontaine) – oder irreführende Sehnsüchte à la «Es muß doch einen dritten Weg geben» (Teile der Bürgerbewegung). In der Folge verschwanden die nebelhaften Konturen einer politischen Neugründung Europas im grauen Alltag des Zusammenbruchs der alten Ordnung; die Umrisse des Neuen waren nur für manche und nur manchmal sichtbar. Geschäftigkeit war angesagt – und Frustration war ihre Kehrseite. «Ja, aber...», werden geneigte Leserinnen und Leser einwenden, «das sind ja Höhenflüge, die in abstrakte Gefilde führen. Was ist mit der konkreten Politik? Es war und ist doch Eile geboten, es besteht Handlungsbedarf, der Not muß abgeholfen werden, und überhaupt die Arbeitslosen...» Es ist in der Tat leichter zu sagen, was eine neue Politik nicht ist, als zu benennen, was sie sein könnte.

▷ Politik sollte ihr Ziel nicht in der Effektivierung der Verwaltung sehen (auch wenn die staatsunabhängige Verwaltung eine historische Errungenschaft ist). Die Verwaltung der Gesellschaft in Form von «Vorgängen» ist zwar in den westlichen Demokratien wegen der Komplexität der Probleme unabwendbar, aber das Primat der Verwaltbarkeit hat die politischen Dimensionen des Handelns vernebelt.

▷ Es geht nicht darum, daß sich die Politiker und Politikerinnen wieder mehr den Bürgern zuwenden. Die Selbstkritik der Parteien steht diesen wohl an (siehe Korruptionsskandale), aber was nützt der Wunsch nach Überwindung der Distanz zwischen «denen da drinnen» (im Parlament, in den Ministerien, im Kanzleramt) und «den Bürgern draußen im Lande», wenn der Sinn von Politik im täglichen Geschäft des Löcherstopfens und der Sachzwänge untergegangen ist? Was nützt die Aufforderung zur Selbstreinigung der Parteien, wenn diese nur ein Phänomen, nicht aber das Problem trifft, daß nämlich die Parteien zum politischen Gemeinwesen wenig beizutragen haben?[16]

16 Trotz vieler wertvoller Hinweise, etwa zur Selbstentwertung demokratischer Institutionen und zur Delegitimierung der demokratischen Parteienlandschaft, stellt sich beim Lesen von Gegenwartsdiagnosen wie Hermann Scheers «Zurück zur Politik. Die archimedische Wende gegen den Zerfall der Demokratie» doch auch das Unbehagen ein, daß die Aneinanderreihung kritikwürdiger Phänomene an der Oberfläche bleibt.

Es ist nicht ausreichend, die Entpolitisierung, gar die Gefährdung einer Gesellschaft am Rückgang der Wahlbeteiligung und der Wählerbindung an die Parteien zu messen, so verständlich dies auch ist von einem Politiker, der gewählt werden will. Zum einen muß Rückgang nicht gleichbedeutend mit dem Zerfall des Gemeinwesens sein; dies kann auch Zufriedenheit anzeigen. Zum zweiten sind die Parteien, wie der Autor selbst anmerkt, den neuen Politikanforderungen strukturell nicht gewachsen – und die Wähler merken das; daher macht der moralische Zeigefinger in

▷ Politik darf sich nicht in Sozialpolitik und staatlicher Fürsorge erschöpfen. Dies ist ein provozierender Gedanke angesichts der zunehmenden sozialen Desintegration. Seit dem Aufkommen der «sozialen Frage» und dem Beginn der Arbeiterbewegung in den sechziger Jahren des 19. Jahrhunderts ist das Verständnis von Politik durch ihre Identifizierung mit Sozialpolitik geprägt. Die Weimarer Republik scheiterte, so der Nachkriegskonsens in beiden deutschen Staaten, weil ihre Politiker die Dringlichkeit der «sozialen Frage» (Arbeitslosigkeit, Armut, Wohnungsnot) nicht erkannten. In der Bundesrepublik wurde dem Trauma von Weimar seit den fünfziger Jahren die «soziale Marktwirtschaft» entgegengesetzt, in der DDR wurde – ideologisch verbrämt – daraus seit den achtziger Jahren die «Einheit von Wirtschafts- und Sozialpolitik». Soziale Gleichheit ist zu einem unverzichtbaren Kernbestand der Politik in beiden deutschen Staaten (in der DDR sogar in der Verfassung verankert) geworden, und dies nicht nur im nationalen Rahmen. Unter «guter Politik» verstehen kluge Politiker die weltweite Abschaffung der Armut. So sagte der CDU-Politiker Heiner Geißler in einem Gespräch über die Dimension des Politischen: «Hannah Arendt sagt, das Ziel der Politik sei die Freiheit. Es ist aber auch die Gleichheit. Vieles, was wir heute an Defiziten beklagen, re-

Richtung Wähler wenig Sinn. Im übrigen beweisen die 60/70/80er Jahre doch, daß es die neuen sozialen Bewegungen waren, die den Parteien selbst Erneuerung gebracht haben und darüber hinaus vor Augen geführt haben, daß es auch andere Formen von Beteiligung als die Wahl gibt. Parteien können sich demnach gar nicht mehr als Monopolstrukturen des politischen Lebens begreifen. (Vgl. Hermann Scheer: Zurück zur Politik. Die archimedische Wende gegen den Zerfall der Demokratie, München 1995, S. 120, 121, 96ff.) Viel entscheidender ist inzwischen, daß beide, Parteien und Wähler, sich wechselseitig als Gegner begreifen und beschreiben. (Vgl. Benjamin Barber: Coca Cola und Heiliger Krieg, Bern, München, Wien 1996, S. 288.)

sultiert aus einem Mangel an Solidarität. Die Frage ist also: Wie kann Solidarität verwirklicht werden? Solidarität kann nicht nur nach innen eingeklagt werden. Sie können, was die globalen Armutswanderungen angeht, die Leute niemals an den Lebensstandard der Industrieländer heranführen ... aber realistischerweise können wir erreichen, daß die Menschen nicht mehr hungern, daß sie ein Dach über den Kopf bekommen, und daß sie ärztlich versorgt werden, denn dann werden sie auch in ihrer Heimat bleiben können.»[17]

Hier wird Politik von der Abschaffung der Armut abhängig gemacht. Solidarität wird nur mehr als soziale Solidarität verstanden, Gleichheit nur mehr als soziale Gleichheit. Freiheit kann nicht mehr ohne soziale Gleichheit gedacht werden. Ohne soziales Netz kann politische Freiheit hierzulande gar nicht mehr gedacht werden.[18] Heute kann man mit Fug sagen: Die Perspektive der Freiheit ist in deutschen Landen der Bewahrung des Sozialstaats nachgeordnet.

Politisches Denken und «gute Politik» haben sich, wie man den Worten Geißlers entnehmen kann, unter dem Ansturm der sozialen Belange und Nöte in soziale Aufgaben verwandelt. Die permanente Rückbindung des Politischen an das So-

17 «In einer Zeit, in der das Politische sehr verachtet wird.» Die wiederentdeckte Faszination des Denkens von Hannah Arendt. Eine Gesprächsrunde mit drei Politikern (Antje Vollmer, Freimut Duve, Heiner Geißler), moderiert von Antonia Grunenberg, in: Frankfurter Rundschau, 4. Dezember 1995.

18 So sehr hat das Soziale den politischen Diskurs überlagert, daß selbst Freiheit nicht mehr ohne soziale Auflagen gedacht werden kann. So sagte unlängst ein kluger Politiker: «Wenn die Politik nur sagt, wir wollen Freiheit schaffen, dann wird es die Freiheit für ein bestimmtes Personal. Nämlich das Personal, was Zugangschancen zur Freiheit hat, und das andere Personal hat dazu keine Zugangschancen.» (Freimut Duve in: «In einer Zeit, in der das Politische sehr verachtet wird», a. a. O.) Die politische Dimension von Freiheit taucht in dieser Perspektive nicht mehr auf.

ziale wird aus der Perspektive vorgenommen, daß es eines Tages gelingen könne, soziale Not und Elend auf dem Globus abzuschaffen.[19] Politische Ideen erscheinen so als Funktion der sozialen Aufgaben.

Es ist vielleicht dies, was der sozialdemokratische Politiker Erhard Eppler, der jahrzehntelang zu den Vordenkern seiner Partei gehörte, meint, wenn er sagt: «Ich habe das Gefühl, daß wir in einer Zeit der *politics without policy* leben... Die wirklichen Entscheidungen fallen nicht mehr in den politischen Gremien. Es wird nicht einmal der Versuch einer politischen Gestaltung oder Rahmensetzung gemacht, man reagiert nur auf Impulse, die aus der Ökonomie kommen, und zwar von denen, die die Ökonomie machen.»[20]

Es wäre müßig und irreführend zu verlangen, daß die Politik sich von den sozialen Belangen distanzieren müßte. Die sozialen Probleme können nicht wegdefiniert werden. Und die Bürger brauchen in der Tat einen Grundstock an Sicherheit, um ihren Möglichkeiten als Bürger eines Gemeinwesens überhaupt gerecht werden zu können. Man muß sich nicht auf Marx berufen, um einen Zusammenhang zwischen der Fähigkeit, Bürger im politischen Sinne zu sein, und der sozialen Lebenssituation zu begreifen. Soziales Elend, ja schon der Verlust des Arbeitsplatzes in einer Gesellschaft, die soziale Wertigkeit über Arbeit definiert, sind mit dem Verlust von Selbst-Wertigkeit verbunden. Das Bewußtsein von Selbst-Wertigkeit, die Bewahrung der individuellen Würde ist aller-

19 Kritisch kommentieren hierzu Heller und Fehér: «We are still very far from universal recognition of the inescapable conclusion that the complete solution of the ‹social question› is either a myth or a regulative idea.» (Heller und Fehér: The Postmodern Political Condition, a.a.O., S. 10)

20 «Geblieben ist ein fürchterlich perspektivloses Gewurstel». Erhard Eppler über das Verschwinden der Politik, a.a.O.

dings die Voraussetzung für die Urteilsfähigkeit der Bürger und die Fähigkeit zur Teilnahme am Gemeinwesen. Existentielle Verunsicherung führt zu Populismus, aber nicht zu politischer Freiheit.

Materielle Sicherheit war für die politischen Philosophen seit der Antike und die Gründergenerationen von Staatswesen immer äußerst wichtig: Sicherheit vor dem äußeren Feind, Sicherheit vor dem inneren Feind (der unwillkürliche Tod durch Mord und Bürgerkrieg) und Sicherheit vor materieller Not. Sicherheit wurde vermittelt durch die Existenz eines Privateigentums, das eine Art Schutzaura um die verletzliche Person bildete. Daß das Wahlrecht in europäischen Landen lange Zeit an ein bestimmtes Eigentum gebunden gewesen ist, hat einst auch diesen Sinn gehabt.[21] Inzwischen hat sich dieser Anspruch auf Sicherheit vom Eigentum losgelöst und auf alle Bürger (und später auch Bürgerinnen) ausgedehnt. Es gibt jetzt einen quasi grundrechtlich verankerten Anspruch auf staatlichen Schutz vor sozialer Not und Elend.

Materielle Sicherheit ist andererseits in Zukunft nicht mehr allein über den Arbeitsplatz zu gewährleisten. Die «männliche Normalarbeitsbiographie» und die garantierte lebenslange Arbeitsstellung werden wahrscheinlich irgendwann sogar zur Ausnahme werden. Zu verhindern, daß Armut überhandnimmt, bleibt gleichwohl *conditio sine qua non* für die Entstehung jenes politischen Raums, in dem sich die Bürger als Bürger (und nicht als Arbeitslosen- oder Sozial-

21 Hannah Arendt unterstreicht in «Vita Activa oder Vom tätigen Leben» die historische Bedeutung des Eigentums: «Innerhalb des Öffentlichen erscheint das Private als ein Eingegrenztes und Eingezäuntes, und die Pflicht des öffentlichen Gemeinwesens ist es, diese Zäune und Grenzen zu wahren, welche das Eigentum und Eigenste eines Bürgers von dem seines Nachbarn trennt und gegen ihn sicherstellt.» (Hannah Arendt: Vita Activa, a.a.O., S. 61)

hilfeempfänger/innen) bewegen. Nur so kann verhindert werden, daß die Perspektive der Freiheit zu einem intellektuellen Luxus wird, zu einer Angelegenheit derjenigen, die über Zeit und Muße verfügen (oder dafür bezahlt werden).

Indessen ist gerade nach 1989 und besonders in der gegenwärtigen wirtschaftlichen Wandlungsphase offensichtlich geworden: Der Überhang an sozialen Problemen ist so stark geworden, daß die Politik permanent unter Zwang steht, soziale Probleme zu bewältigen, für die sie realiter allenfalls Teillösungen anbieten kann. Dadurch verschwindet jene Schutzaura, die das politische Gemeinwesen benötigt, um sich selbst erneuern zu können: die öffentliche Sphäre. Das Politische wird zum Sozialen, die Bürger sind nur noch als Individuen angesprochen; jene «andere Dimension», in der sich die politischen Organisationen und die Bürger begegnen, um über das Wohl des Gemeinwesens zu streiten, löst sich auf. Es hat etwas Entmündigendes, was hier geschieht.

Die nicht mehr rückgängig zu machende Fixierung von Politik auf die Versorgung der Bürger ist das größte Hindernis für Politik heute. Der Topos von der «Politikverdrossenheit» spiegelt diese Lage: Je mehr sich Parteien und Regierung bemühen, das Bild vom fürsorgenden Staat aufrechtzuerhalten, desto mehr wächst die Verdrossenheit darüber, daß die Ansprüche nicht befriedigt werden können. So reproduziert sich auch das dualistische Bild von «Politik machen», als sei Politik Angelegenheit der politischen Klasse.[22] Am Ende bleibt: Man kann Politikern nicht trauen. Das aber ist die Fortschreibung jener in der Moderne sich festsetzenden Mißtrauenshal-

22 Die Kritik daran verfährt nach einem immer wiederkehrenden Muster: Die politische Klasse ist verkommen zu einem Klüngel gegenseitiger Vorteilsnahme (vgl. Erwin K. und Ute Scheuch: Cliquen, Klüngel und Karrieren. Über den Verfall der politischen Parteien – eine Studie, Reinbek 1993, S. 72ff)

tung gegenüber Politik und Politikern, die selbst anti-politisch ist.

Wohl gemerkt: Es geht nun nicht darum, die soziale Not und Bedürftigkeit aus dem Aufgabenfeld des Staates hinauszudrängen; es geht vielmehr darum, daß die politische Dimension des Sozialen erschlossen werden muß. Die politische Dimension der Fürsorge des Staates besteht darin, daß dieser seine Bürger in Not unterstützt, weil er sie als Bürger, als *citizen* für das politische Gemeinwesen erhalten will und nicht nur als sozial bedürftige Wesen. Umgekehrt geht es – von der Seite der Bürger aus gesehen – nicht nur darum, daß der Staat ihnen etwas schuldet. Wie oft hört man im privaten Gespräch, daß der Staat nur auszahle, was man vorher selbst eingezahlt hat. Es stünde einem also ohnehin zu, was man bekommt. Dem liegt die Idee eines sozialen Kuchens zugrunde, an dem die Bürger Anteile erwerben würden. Nur ist dieser imaginäre Kuchen auseinandergebrochen. Die Rechnung des «do ut des» (ich gebe, damit du gibst) geht nicht mehr auf. Was übrigbleibt, ist der Sozialstreit der Gruppen untereinander.[23]

Das Problem der Bundesrepublik besteht darin, daß (weniger die Gründungs-Väter und -Mütter von 1949, als vielmehr) die Wirtschafts- und Sozialpolitiker der fünfziger und sechziger Jahre das Demokratieverständnis statt an die neu

23 Ein gutes Beispiel hierfür aus dem Rentenstreit: Wenn in der Öffentlichkeit behauptet wird, die Rentner würden auf Kosten der jungen Generation leben oder: Es gebe keine gesellschaftliche Solidarität mehr oder: Die Westdeutschen lebten auf Kosten der Ostdeutschen oder: Die Ostdeutschen müßten den Westdeutschen dankbar sein, so ist dies mehr oder weniger ein Ausspielen einer sozialen Gruppe durch eine andere, aber keine Politik (vgl. Cora Stephan: Wie stellt sich unsere Gesellschaft und ihre politische Kultur heute dar?, Vortrag auf der Fachtagung «Politische Weiterbildung im vereinten Deutschland» am 21. November 1996 in Schwerin, Ms., S. 6 ff).

gegründete republikanische Tradition an das wirtschaftliche Wohlergehen gebunden haben, daß jene andere Dimension ganz in den Hintergrund gedrängt bzw. zum Feiertagssymbol reduziert wurde. So hat sich jetzt eine Situation hergestellt, in der die Bürger sich selbst und die Republik nur noch als Sozialwesen, quasi als Summe von privaten Individuen ansehen. Bürger des Gemeinwesens sind jedoch nicht nur bedürftige Individuen; Bürger zeichnen sich darüber hinaus dadurch aus, daß sie ein originäres Interesse am Erhalt und an der Stiftung des politischen Gemeinwesens haben. Dieses Interesse mündet in Aktivität und öffentliche Rede auf unterschiedlichsten Ebenen, richtet sich auf den Erhalt und die Pflege der Institutionen. Nicht alle Bürger können immer und überall daran teilnehmen. Entscheidend ist jedoch, daß sie über die Möglichkeiten und die Fähigkeiten dazu verfügen.

Gegenwärtig wird das Gemeinwesen auf den Staat und der Staat auf eine Umverteilungsagentur reduziert. Es scheint so, als ob der Zusammenhalt des Gemeinwesens mehr *ex negativo* über die Bedrohung von außen (Flüchtlingsströme, «ethnische Bedrohung») oder über die wirtschaftliche Bedrohung durch die Globalisierung gestiftet wird. Die politische symbolische Dimension des Gemeinwesens, aus dem die Zusammenhalt stiftenden Impulse kommen sollen, ist kaum auszumachen.

Natürlich ist dies kein Zufall. Ein positives Erbe an Traditionen, zusammenhaltsstiftenden Symbolen, Mythen und Geschichten, all das ist in Deutschland nur sehr bruchstückhaft vorhanden. Oder anders ausgedrückt: Es ist zwar vorhanden, aber oftmals so in Mißkredit gebracht oder ambivalent besetzt worden, daß es nicht wirksam werden kann. Es mangelt der neuen deutschen Republik an republikanischer Würde.

Die beiden Weltkriege, der planmäßige Genozid an den europäischen Juden, die Verarbeitung des Desasters einseitig als moralische Schuld und nicht als politische Verantwortung – all dies hat dazu beigetragen, daß deutsche Geschichte als dunkler Trümmerhaufen erscheint. Eine ganze Generation von Kriegs- oder Nachkriegskindern hat sich gewünscht, nicht als Deutsche geboren worden zu sein. Intellektuelle Protagonisten dieser Generation haben später das Problem der symbolischen und historischen Einbettung des politischen Gemeinwesens für moralisch erledigt erklärt, für bloße «Ideologie». Die deutsche Intelligenz (in Ost und West) kompensierte ihren Minderwertigkeitskomplex lange Zeit durch den Hinweis auf die Besonderheit der deutschen Lage: In ihren Augen war dem deutschen Staat (den beiden Deutschlands) ein für allemal das Recht versagt, als Nationalstaat neben anderen aufzutreten. Die Verbrechen Deutschlands seien so gewaltig, daß keine Einkehr in die Geschichte mehr möglich schien. Nur die radikale Absage an nationalstaatliches politisches Denken und die Hinwendung zur Moral statt zur Politik schienen geeignete Konsequenzen aus dieser Lage zu sein. Dieses Denken weiß auf die Herausforderungen nach 1989 nicht zu antworten.

Bezeichnenderweise sind die meisten Versuche gescheitert, neue Symbole zu stiften. Das galt für den 17. Juni wie für den Volkstrauertag im November. Als Kanzler Helmut Kohl, der SPD-Politiker Willy Brandt, der Außenminister Hans-Dietrich Genscher und andere am 10. November 1989 auf dem Balkon des Schöneberger Rathauses das Deutschlandlied sangen, hatten sie eine spöttische bis wütend grölende Menge gegen sich. Der Tag der Republik wird im Bundestag und in den Auslandsvertretungen der Republik festlich begangen. Daß er «vom Volk» als ernstzunehmende politische Zäsur angenommen wurde, kann man nicht sagen. Es hat eine «Säkularisierung» der symbolischen Ebene stattgefunden, die nichts Vergleichbares hervorbrachte. Die positiven Impulse, die von hier aus auf die neue Republik ausgehen könnten (immerhin hat der Verlust der alten Symbolik auch Freiräume ermöglicht), sind nicht eingetreten. Die Deutschen haben, so scheint es, andere (wirtschaftliche, soziale) Sorgen, die sie daran hindern, ihre neue Republik zu feiern.

Wie stark die in deutschen Landen ausgeprägte Überlagerung des Politischen durch soziale Belange und wirtschaftliche Zwänge und Interessen ist, wird an einem Beispiel besonders deutlich. Aus der französischen Öffentlichkeit kommt (unterstützt von ähnlich lautender Kritik in Italien und England) der Vorwurf, die Deutschen pflegten einen «negativen Nationalismus» (François Furet), oder sie moralisierten die Politik wegen ihres tiefsitzenden «diffusen und obskuren Schuldkomplexes» (Emmanuel Todd).[24] Gemeint ist damit jene Mischung aus technokratischem Sachverstand, wirtschaftlicher Macht, Schuldgefühlen und scheinbarer politischer Ahnungslosigkeit, die auf deutscher Seite in der Debatte um die europäische Einigung (speziell um die Wirtschafts- und Währungsunion) auftritt. «Syndrom Tietmeyer» oder «Idee Bundesbank» heißen die Schlüsselworte des Streits. Die Kritik lautet, die Deutschen hätten ein technik- und wirtschaftsgläubiges, unhistorisches Verständnis von Politik, das im Endeffekt die alte Dominanzpolitik gegenüber Frankreich (und Europa) reproduziere, diesmal nur mit anderen Mitteln: nicht mit Armeen und Panzern, sondern mit den Instrumenten des bundesdeutschen Föderalismus und der harten D-Mark. Hinter der Kritik an der Technokratiegläubigkeit der Deutschen verbirgt sich ein eminent politisches Problem: die unterschiedliche Verfassungsphilosophie, das unterschiedliche Verständnis von Politik selbst. In der «Idee Bundesbank», so ein deutscher Beobachter über die französische Perspektive, «steckt nicht nur eine regelgebun-

24 Emmanuel Todd: Die Welt ist brutaler geworden, in: Frankfurter Allgemeine Zeitung, 16. Dezember 1996.

dene Handlungsanweisung für die Geld- und Währungspolitik. Die *Idee Bundesbank* steht für das Modell der Delegation von Regierungsmacht an eine Bürokratie. Dieses Modell ist dem französischen – und dem englischen – Verfassungsdenken fremd.»[25]

Noch deutlicher brachte der ehemalige sozialistische Verteidigungsminister Jean-Pierre Chevènement den Streit auf den Punkt, als er neben den Ängsten der Franzosen, ihren «service public» – der ein Herzstück des nationalen Selbstverständnisses ist – aufgeben zu müssen, das Bedenken formulierte: «Die Idee der Staatsbürgerdemokratie, die auf einem einheitlichen Raum der öffentlichen Debatte gründet (dem des Nationalstaats – AG), wird untergraben durch die Fortschritte sowohl einer ‹streitfreudigen Demokratie› nach angelsächsischem Muster wie eines zunehmenden Föderalismus nach deutschem Muster... Das Europa der Regionen mag aus Bonner Sicht wie eine Ausweitung des föderativen Systems nach deutschem Muster erscheinen. Aus Pariser Sicht stellt es die Idee der ‹einen und unteilbaren› französischen Republik in Frage.»[26]

Zu den politischen Implikationen der Debatte wäre viel zu sagen. Nur eines soll hier angemerkt werden, daß den französischen Intellektuellen ihr altes Problem immer wieder neu zu schaffen macht, die Staatsnation mit der Republik in eins zu setzen.[27] Daß dies nicht nur «den Deutschen» anzulasten ist,

25 Hans D. Barbier: Münzen und Monstranzen. Kampf um die Idee Bundesbank: Eine Art Religionskrieg, in: Frankfurter Allgemeine Zeitung, 23.1.1997. Vgl. auch Jean-Pierre Chevènement: Wer von Politik nicht reden will, soll vom Euro schweigen, in: Frankfurter Allgemeine Zeitung, 17.1.1997.

26 Jean-Pierre Chevènement, a.a.O.

27 «La nation existe avant tout, elle est l'origine de tout. Sa volonté est toujours légale, elle est la Loi elle-meme... La volontée nationale... n'a besoin que de sa réalité pour etre toujours légale, elle est l'origine de

steht auf einem anderen Blatt. Es ist zum einen auch Ergebnis jener eingangs angesprochenen Ängste aufgrund der Globalisierungsprozesse, von denen auch Frankreich erfaßt wird; zum anderen zeigen sich hier die Folgen der historischen Dominanz der Nation über die politische Republik seit der Französischen Revolution. Unbestritten ist jedoch, daß durch diesen Streit die politischen Dimensionen der europäischen Einigung deutlicher in den Vordergrund rückten. Politik (und die europäische Einigung soll ja das Ergebnis von Politik und nicht nur von Wirtschaft sein) ist eben mehr als wirtschaftliche Interessenpolitik. Klug merkt der französische Diplomat Jean-Marie Guéhenno zu diesem Dilemma des Liberalismus an: «Die Politik besteht nicht als bloßes Endergebnis der Privatinteressen, sondern setzt einen Gesellschaftsvertrag voraus, der allen Einzelverträgen vorausgeht und auch über sie hinausreicht. Wenn man dieses Postulat fallen läßt und die Politik bloß noch als Funktion eines Markts versteht, auf dem der Wert der jeweiligen Interessen ausgehandelt wird, dann gerät der politische Raum zugleich in Gefahr, sich aufzulösen, weil es keinen Markt gibt, auf dem der Wert des nationalen Interesses festgelegt und der Raum der Solidarität umrissen werden könnte... Durch die Professionalisierung der Interessen löst sich die Politik in eine Vielzahl von partikularen Konfrontationen auf.»[28]

Diese Probleme tauchen zu einer Zeit auf, in der die politischen Gemeinwesen selbst von innen und außen unter enormen Druck geraten: von innen durch die sozialen Versorgungslasten, von außen durch den Schwund nationaler Souveränitätsrechte, nationaler Wirtschaftsräume, nationa-

toute légalité.» (Abbé Sièyes: Qu'est-ce que le Tiers État?, zweite Aufl. 1789, zit. nach Hannah Arendt: Über die Revolution, München 1986, S. 203 und 383)

28 Jean-Marie Guéhenno: Das Ende der Demokratie, a.a.O., S. 44f

ler Gesetzgebung. Die politischen Folgen dieser Entwicklung zeigen sich vor allem in den beteiligten Demokratien selbst. «Vor allem... werden die Systeme der repräsentativen Demokratien mehr und mehr zur Irrelevanz verurteilt. Der Parteienpluralismus dient heute in den meisten Unionsstaaten zu wenig mehr als zur Abwechslung jeweils verbrauchten Regierungspersonals durch frischeres, das in denselben Bahnen weitermacht. Die politische Hauptleistung dieses überparteilich uniformen Personals besteht darin, die nationale Anpassung an die neuesten Marktbedingungen dadurch zu regeln, daß es die Umverteilungskonflikte durch ständige Gleisverschiebungen entschärft.»[29] Doch was der Publizist Claus Koch mit erhobenem Zeigefinger beklagt, ist ein Vorgang, der national gar nicht mehr rückgängig gemacht werden kann.

Gerade die Unabwendbarkeit dieser Vorgänge macht die radikale Rückbesinnung auf die republikanischen Dimensionen der politischen Gemeinwesen notwendig – auf jene Dimension, die Guéhenno mit der Erwähnung des «Gesellschaftsvertrags» angesprochen hatte und die über die Sphäre der Interessenkämpfe hinausweist. Nur ein republikanisches Selbstbewußtsein, das über die nationalen Interessen hinausgeht, kann den westlichen Demokratien in einer Situation helfen, in der nationale Gestaltungsräume verschwinden oder sich in Regionalismen auflösen und gleichzeitig hohe Integrationsleistungen gefordert sind (wie in Europa). Dies gilt natürlich auch für die Auseinandersetzung des Westens mit religiös oder kulturell legitimierten Diktaturen.[30] Hier zeigt

29 Claus Koch: Die Methode Monnet und die Idee Tietmeyer, in: FAZ, 11. Februar 1997; vgl. derselbe: Die Gier des Marktes, München, Wien 1995.

30 Ein kulturell orientiertes westliches Modell, wie es Samuel Huntington vorschlägt, ist geradezu vorpolitisch. Nicht zufällig greift Hun-

sich, daß die Probleme zwar in Deutschland aufgrund des fehlenden positiven Geschichtsbezuges besonders deutlich hervortreten, die westlichen Nationen aber alle mehr oder weniger davon betroffen sind.

Eine neue Politik müßte eben dies leisten: nicht an den unterschiedlichen nationalen historischen Konnotationen festzukleben oder sie zu leugnen, sondern sie miteinander in Beziehung zu setzen; eine europäische Debattenkultur zu ermutigen, die jenes gemeinsame Dritte, jene weitergehende Dimension des Gesellschaftsvertrags auf europäischer Ebene thematisieren kann. Im Verlauf dieser Auseinandersetzung könnten die Konturen einer neuen europäischen Republik erscheinen. Die deutsche Öffentlichkeit ist dafür schlecht gerüstet; man versteht hierzulande kaum, was ‹die Anderen› meinen, beruft sich auf den guten deutschen Willen. Und doch ist mehr gefordert: ein kommunikatives Sich-einlassen, das nicht den Administratoren überlassen werden darf; die Suche nach einer Ebene, auf der sich die unterschiedlichen Interessen und historischen Hintergründe treffen können.

Eine neue Politik muß also das scheinbar Unmögliche denken, um neue Perspektiven der politischen Freiheit herauszuschälen. Das Unmögliche ist ja nicht deshalb unmöglich, weil es nicht möglich ist, sondern weil gemeinhin vom Noch-nicht-Möglichen angenommen wird, es sei unmöglich. Die neue deutsche Republik und mit ihr die europäischen Staaten

tington auf Denkweisen zurück, die das deutsche politische Denken seit Mitte des letzten Jahrhunderts bis zum Zweiten Weltkrieg ständig überlagerten und blockierten, die kulturelle Weltanschauungsphilosophie eines Oswald Spengler (vgl. Samuel Huntington: Kampf der Kulturen. The Clash of Civilizations, München, Wien 1996). So zutreffend seine Schilderung der kulturellen Diversifizierung und ihrer Gefahren als Argument gegen die Verharmloser aus den Reihen der Globalisierungseuphoriker ist, so wenig hilfreich ist sein Modell für das Verständnis des Dilemmas der gegenwärtigen westlichen Politik.

müssen einen neuen Sinn für das Noch-nicht-Mögliche wekken und das Mögliche nicht der normativen Kraft des Faktischen überlassen. Es gibt eine Kunst des Verbindens in der Politik, die höher zu bewerten ist als das Beharren auf Kultur und Identität. Sie setzt die Offenheit voraus, das Unverhoffte anzunehmen.

Politik darf sich dabei nicht vom historischen Erbe einengen lassen; sie muß im Gegenteil dessen Herausforderungen annehmen. Diese bestehen aus Kontinuitäten und Diskontinuitäten gleichermaßen. Es wird keine Einkehr in eine unbeschädigte Kontinuität geben; es muß jedoch eine Absage an die «Sonderrolle» Deutschlands geben, ob diese nun positiv oder negativ besetzt ist, ob sie ökonomisch verzerrt oder moralisch überfrachtet ist. Die politische Verantwortung der neuen deutschen Republik besteht darin, die Verpflichtung zur Kommunikation im Zusammenhang der westlichen Staaten anzunehmen. Niemand weiß heute, was im neuen Europa alles möglich sein wird.

Die neue Politik sollte sich nicht vom Übergewicht des Sozialen beiseite drücken lassen. Sie kann die sozialen Folgen des weltwirtschaftlichen Wandels nicht in den Privatbereich zurückdrängen, aber sie kann dessen politische Dimension einfordern. Es gibt nicht nur eine Fürsorgeverpflichtung des Staates gegenüber den Bürgern, sondern auch deren Verantwortung für das Gemeinwesen. Ohne diese Rückbettung kann Politik gar nicht wirksam werden. Verantwortung ist hier weniger als moralisches Verhalten gemeint (etwa: regelmäßiges Zur-Wahl-Gehen oder unbegrenzte wirtschaftliche Verzichtsbereitschaft), sondern vielmehr als Bereitschaft zur Öffnung neuer Horizonte. Die Lähmung, von der gegenwärtig die öffentliche Sphäre befallen ist, spricht dafür, daß hier Blockaden überwunden werden müssen.

Bei allem politischen Handeln sollte Maß gehalten werden; das heißt, es muß auch bei einschneidenden Maßnahmen erkennbar sein, daß Politik von Repräsentanten des Gemeinwesens für die Bürger des Gemeinwesens gemacht wird. Es muß umgekehrt erkennbar sein, daß Bürger ihren Versorgungsanspruch über die individuelle Anspruchshaltung hinaus in Beziehung zum Gemeinwesen setzen. Eine neue Politik der Freiheit kann nicht wirksam werden ohne ein Gemeinwesen, auf das sie sich stützt, dessen Rolle als mitwirkend und nicht nur als legitimierend beschrieben werden müßte.

Politik und Gemeinwesen

Als sich die amerikanischen Gründungsväter in ihrem Streit mit den Anti-Föderalisten blockiert sahen, gingen sie in die Offensive. Von Oktober 1787 bis Mai 1788 erschienen in den wichtigen Zeitungen New Yorks nacheinander 85 polemische Artikel, in denen alle Streitfragen der künftigen Bundesverfassung erörtert wurden. Hinter dem anonymen Verfasser «Publius» verbargen sich drei bekannte Namen der Verfassungsdebatte: Alexander Hamilton, James Madison und John Jay. Ihre Artikel – die sogenannten «Federalist Papers» – sind Herzstücke der politischen Philosophie der Neuzeit. So wie diese drei Verfassungsväter in ihrer Argumentationsnot zu den alten Quellen griffen: zu Platon, Aristoteles und den Schriften der Römer, und dabei auch die zeitgenössischen europäischen Denker (Montesquieu und Locke) in Anspruch nahmen, so sollte die Öde der gegenwärtigen Debatten über Politik dazu ermutigen, den Fundus noch einmal durchzumustern, der damals geschaffen wurde. Der Zeitunterschied von 200 Jahren fällt wenig ins Gewicht, denn es sind zeitlose Fragen, die zur Debatte stehen.

Was ist ein politisches Gemeinwesen?

Die Debatte der Jahre 1787–1788 war im wesentlichen

um drei Komplexe zentriert, die heute – vor ganz anderem Hintergrund – wieder aktuell geworden sind:

▷ Das Gemeinwesen darf nicht durch Machtgruppen (im Original: «factions») zerstört werden, die das Gemeinwohl in ihrem Interesse funktionalisieren wollen; es darf keine Diktatur einer Minderheit über die Mehrheit geben.

▷ Unmittelbare Demokratie wirkt sich nachteilig für das Gemeinwesen aus, weil sie zu wechselnden Mehrheiten führt; immer wieder polemisieren die Autoren gegen die «Diktatur der Mehrheit» und den daraus entspringenden «Populismus»; häufig wird darauf hingewiesen, wie wichtig der Schutz der Minderheiten sei.

▷ Das Gemeinwohl widerspricht dem Wohl des einzelnen nicht, sondern ergänzt sich mit ihm.

Als «Heilmittel» gegen die Fallstricke des politischen Alltagsgeschäfts, gegen individuelle Bösartigkeit und Gruppenpolitik wird das Prinzip der Repräsentation vorgestellt:[31] Repräsentation könne in sich selbst ein System von Gewichten und Gegengewichten schaffen, das auftretende Interessendifferenzen immer wieder ausbalanciere. Über Repräsentation,

31 «Eine Republik, womit ich ein Regierungssystem meine, in dem das Konzept der Repräsentation verwirklicht ist... bietet das Heilmittel, nach dem wir suchen... Die beiden entscheidenden Unterschiede zwischen einer Demokratie und einer Republik sind: erstens, die Delegierung der Herrschaftsgewalt an eine kleine Zahl von den Übrigen gewählter Bürger in letzterer; zweitens, eine größere Zahl von Bürgern und ein größeres Territorium, auf das die Republik ausgedehnt werden kann.» (Publius [James Madison]: Artikel 10, in: A.U.W.P. Adams [Hg.]: Hamilton/Madison/Jay: Die Federalist-Artikel, Paderborn, München, Wien, Zürich 1994, S. 55)

nicht über direkte Teilnahme, könne ein öffentlicher Raum entstehen, in dem aus der öffentlichen Debatte weniger das öffentliche Wohl vieler entstünde.[32]

Den nordamerikanischen Gründungsvätern war vor allem an einer starken Föderation gelegen; diese wollten sie über die Kommunikation der Teilstaaten absichern. Sie haben sich nicht nach dem Modell der Partizipation möglichst vieler gerichtet, sondern nach dem der Repräsentation aller durch wenige.[33] Sie stützten sich dabei auf Montesquieu, der immer wieder die Bedeutung des Balance-Prinzips hervorgehoben hatte (vgl. Kapitel II). Von Bedeutung für das politische Gemeinwesen sind dabei folgende Gedanken Montesquieus:

▷ Die republikanische Demokratie muß die Leidenschaften mäßigen. Dieser Gedanke wirkt auf den ersten Blick eigenartig altertümlich – wer spräche im Zeitalter von Bürokratie und Rationalität noch von politischen Leidenschaften? Wenn man unter Leidenschaften jedoch nicht theatralische Posen versteht, sondern das gewalttätige Durchsetzen von Machtinteressen auf Kosten anderer mit Hilfe populistischer Ideologien und Massenbewegungen, dann birgt dieser Ge-

32 «Eine derartige Regelung (die Repräsentation des Volkes – AG) kann sehr wohl dazu führen, daß die öffentliche Meinung aus dem Munde der Volksvertreter eher dem öffentlichen Wohl entspricht als aus dem Munde des Volkes, sollte es selbst zu diesem Zweck zusammentreten.» (A. a. O., S. 55)

33 Wenn es bei Montesquieu, dem geistigen Verfassungsvater Amerikas, heißt: «Die Liebe zur Demokratie ist die Liebe zur Gleichheit.» (Montesquieu: Vom Geist der Gesetze, 2 Bde., Bd. 1, Fünftes Buch, a. a. O., S. 63), dann ist eben dies angesprochen, daß die absolute Gleichheit eher zu Ungerechtigkeit und Leid führt. Daher plädierte Montesquieu zum Beispiel für eine Mischform von Monarchie, Demokratie und Republik.

danke eine tiefe Weisheit in sich. Wenn man den ‹Erfolg› der beiden großen Systeme der Ideologie und des Terrors im 20. Jahrhundert wirklich verstehen will, dann sollte man Nationalsozialismus (Faschismus) und Kommunismus (Stalinismus/Sozialismus) eben auch als Ausdruck der Ersetzung von Politik durch Mobilisierung von Leidenschaften sehen. Die Gemeinwesen Europas sind von diesen Leidenschaften geformt und für lange Jahre beschädigt worden.[34]

▷ Ein «Heilmittel» gegen das Überhandnehmen der politischen Leidenschaften kann nur die Ausbalancierung der gesellschaftlichen Kräfte und Interessen sein. Das Balance-Prinzip steht vor dem Interessen-Prinzip; damit wird zugleich eine indirekte Kritik am Prinzip der Gleichheit geübt, das absolut durchsetzen zu wollen schon Montesquieu als politische Leidenschaft kritisiert hatte.

▷ Die republikanische Demokratie wird als Prozeß mit jeweils neu entstehenden Konstellationen gesehen, der in Bewegung bleiben muß. Nur so könne Erstarrung in Bürokratie und Hierarchie vermieden werden. Dieses Problem, das zu Montesquieus Zeiten gewiß noch anders gelagert war als gegenwärtig (französischer Zentralismus), ist von erstaunlicher Aktualität. Wenn immer sich heute Politiker über den Zustand der Politik äußern, so klagen sie über die Erstarrung des politischen Gemeinwesens und das Schrumpfen des politischen Gestaltungsraums.

Ein solches Gemeinwesen braucht natürlich Bürger, die es stiften und stützen. Der Verzicht auf Leidenschaft im Sinne von Maßlosigkeit, Eigennutz und persönlichem Interesse gehört zu ihren Eigenschaften ebenso wie «wisdom and vir-

34 Vgl. auch François Furet: Das Ende der Illusion, a. a. O., S. 14 ff

tue» im Sinne von Urteilskraft und Gemeinsinn.[35] Zu den Obliegenheiten der Bürger gehört es ebenso, (öffentliche) Macht auszuüben wie darauf zu verzichten, privates Machtbestreben dem Gemeinwesen aufzuzwingen. Die Verfassungsväter waren realistisch genug zu sehen, daß genau diese Überlagerung des Gemeinwesens durch privates Machtstreben zu den Strukturschwächen jedes politischen Gemeinwesens gehören würde. Eben dagegen sollte das Prinzip der Repräsentation wirken.

Montesquieu, Locke und die amerikanischen Verfassungsväter haben einen Verständniskorpus für die republikanische Demokratie geschaffen, der bis heute eine Quelle des amerikanischen Selbstbewußtseins und ein symbolischer Horizont ist, der die 200 Jahre alte Geschichte der Vereinigten Staaten von Amerika überwölbt. Der Rückbezug auf den Gründungshorizont ist noch heute stark ausgeprägt. Dies wird hierzulande immer wieder erstaunt vermerkt und als «naiv» oder pathetisch abqualifiziert. Wenn der amerikanische Präsident eine seiner «Unionsadressen» hält oder bei anderer Gelegenheit auf diesen Horizont Bezug nimmt, erscheinen in renommierten deutschen Zeitungen regelmäßig spöttische bis bissige Kommentare, die sich über die Ornamentik der präsidentiellen Redeweise, kurz: über das ach so hohle Pathos amüsieren, das doch gar nichts mit dem Ernst der heutigen Lage zu tun habe. Dabei wird schlicht übersehen, daß die historische Ausholbewegung einen Zusammenhalt stiften soll – und tatsächlich auch stiftet –, den diese von tiefen Gräben zerrissene Gesellschaft bitter nötig hat.

Die deutsche Demokratie verfügt über diesen historischen Hintergrund nur in Bruchstücken. Wir blicken nicht auf

35 Vgl. Publius (Hamilton): Artikel 36, a.a.O., S. 207; vgl. auch E. und W.P. Adams: Einleitung zu den Federalist-Artikeln, a.a.O., S. LXXXI.

einen republikanischen Gründungsakt zurück (der Versuch von 1848 hat nie diese historische Brückenfunktion gehabt), sondern auf einen verwickelten demokratischen Gründungsprozeß, der sich ein ganzes Jahrhundert hinzog und von Bürgerkrieg und totalitären Diktaturen unterbrochen wurde. Die westliche Bundesrepublik (1949–1989) hat freilich aus dem amerikanischen Fundus Elemente übernommen und ihre politische Ordnung zu einer «repräsentativen Demokratie» gestaltet. Gemeint ist die Kombination von direkt-demokratischen und repräsentativen Elementen. Dennoch hat sich die republikanische Dimension hierzulande nie recht eingewurzelt. Republikaner sind wir Deutsche hauptsächlich über den Föderalismus. Die in den Vereinigten Staaten so wichtige historisch-symbolische Ebene (der Stolz auf die selbst geschaffene Republik) des Republikanismus fehlt weitgehend. Deutschland steht nach wie vor im Banne der Französischen Revolution und seiner eigenen kontradiktorischen politischen Traditionen.

In der gegenwärtigen Krisensituation, in der die politische Dimension des neuen Gemeinwesens nur schwach ausgeprägt ist, macht es Sinn, noch einmal näher hinzuschauen, welche Dimensionen des Gemeinwesens mehr wahrgenommen werden müßten.

Die Bürger der deutschen Gesellschaft(en) könnten lernen, daß die Republik mehr ist als ein Organisationsprinzip. Sie ist Ausdruck eines Stiftungszusammenhangs, der über den historischen Moment seiner Gründung im Bewußtsein seiner Bürgerinnen und Bürger erhalten bleibt (beispielsweise als Stolz oder als ruhige Gewißheit), aber immer wieder bekräftigt und erneuert (eben gestiftet) werden muß. Dieser symbolische Zusammenhalt ist nicht zu erzwingen. Daß er fehlt, kann nicht geleugnet werden. «Verfassungspatriotismus», wie ihn der Sozialphilosoph Jürgen Habermas für Deutschland und der

Politikwissenschaftler Bruce Ackerman[36] für Mitteleuropa nach amerikanischem Vorbild vorschlugen, kann nicht greifen, wo keine Gründungsdebatte stattfindet. Die Verfassung ist hierzulande nicht so kollektiv positiv besetzt wie in den Vereinigten Staaten. Der Versuch, der neuen Republik eine neue Verfassung zu geben[37], ist seinerzeit auf die Dimension von ‹Verbesserungen› zurechtgeschrumpft worden. Er hatte wenig Öffentlichkeit, da die neue Republik als Ergebnis eines administrativen und wirtschaftlichen Anschlusses, nicht einer politischen Vereinigung angesehen wurde.

Überdies zehrt das amerikanische Gemeinwesen von weit mehr als nur der Verfassung; eben von Traditionen, Symbolen, Geschichtserzählungen, Helden und Mythen, eine Ausformung, die den Deutschen aus verständlichem Grunde nur bedingt und mit Vorbehalt zur Verfügung steht.

Eine wichtige Voraussetzung für die Belebung des symbolischen geschichtlichen Zusammenhalts in der deutschen Republik ist die Erkenntnis, daß der Status der Nation eben nicht «erledigt» oder «verspielt» ist, sondern daß die deutsche Republik sich als demokratischer Nationalstaat neben anderen Nationalstaaten verhalten muß.

Eine andere Voraussetzung ist die Erkenntnis, daß das Gemeinwesen nicht identisch mit dem Staat ist. Die stark hierarchisch geprägte politische Tradition in Deutschland hat auch nach dem Zweiten Weltkrieg das Gemeinwesen an den Staat delegiert. Das Gemeinwesen wurde bestenfalls als die Summe der zur Wahl gehenden Bürgerinnen und Bürger begriffen. Der Dualismus von Gesellschaft und Staat steht dem Verständnis eines politischen Gemeinwesens immer noch

36 Vgl. Bruce A. Ackerman: Ein neuer Anfang für Europa, Berlin 1993, S. 62ff

37 Gemeint sind die Verfassungsdebatten des ‹Runden Tischs› 1990 in Berlin.

entgegen. Das Konzept des liberalen Sozialstaats bzw. der sozialstaatlich orientierten Marktwirtschaft hat diese Tendenz eher noch verstärkt. Unter Bedingungen, unter denen dieses Modell an seine Grenzen stößt, ist jetzt guter Rat teuer, was denn das Gemeinwesen sei, wenn es nicht der Staat ist. Die Antworten schwanken zwischen der Mahnung, daß der Staat nicht vor seiner Umverteilungsaufgabe zurückweichen dürfe[38], Forderungen nach einer neuen Art von sozialer Solidarität jenseits des Staates bis hin zu Argumenten, die das Gemeinwesen nach innen hin in das Belieben privater Fürsorgeinstitutionen stellen möchten. Was hier fehlt, ist die Anerkennung, daß es jenseits des sozialen Bereichs der Bürger als Individuen noch einen politischen Bereich der Bürger als *citizen* gibt. Wenn dieser Bereich nicht wahrgenommen oder auf den Wahlakt beschränkt wird, dann verschwindet er. – Für deutsche Ohren klingt es ganz ungewohnt, daß das Gemeinwesen nicht in erster Linie eine Institution (wie der Staat) ist, daß es vom institutionellen Rahmenwerk geschützt und getragen wird, daß aber der Raum *dazwischen* das eigentlich Wichtige am Gemeinwesen ist. Daß also das Gemeinwesen zum großen Teil etwas Symbolisches ist, ist schwer zu begreifen für ein Denken, das auf hierarchische Institutionalisierung ausgerichtet war – und trotz 40jähriger Demokratisierung immer wieder auf diese Vorstellung zurückkommt.

Hannah Arendt hat den Weg aus diesem Dilemma durch ein horizontales Verständnis von Gemeinwesen gesucht. Sie hat die «Gesellschaft» der Moderne in drei Sphären aufgegliedert:
– die private Sphäre
– die soziale Sphäre
– die politische Sphäre.[39]

38 Das ist die klassische Antwort der gemäßigten Linken.

39 Vgl. Hannah Arendt: Vita Activa, a.a.O., S. 31ff; an anderer

Für unseren Zusammenhang ist das Verhältnis zwischen sozialer und politischer Sphäre bedeutsam, weil eben im Übergang von der sozialen zur politischen Sphäre ein Gemeinwesen erst entsteht. Gemeinwesen ist also nicht eine Gesellschaft, die politische Parolen oder populistische Losungen hervorbringt. Gemeinwesen erschöpft sich auch nicht darin, zur Wahl zu gehen oder sich in Parteien zu organisieren. Wichtig ist das Moment der Gründung, der Akt der Stiftung, der immer wieder in Erinnerung gerufen, symbolisch repräsentiert werden kann. Das Medium dieser Stiftung ist die historische Tiefendimension einer Gesellschaft[40] ebenso wie die aktuelle Suche nach der politischen Verortung in einer Welt, die – zumindest in bestimmten Bereichen – ihre klar unterscheidbaren Grenzen verliert.

Gerade hier liegt die Crux für die neue Bundesrepublik. Und zwar auf mehreren Ebenen:

▷ Die historische Tiefendimension ist noch immer nicht frei zugänglich. Zwar geht der Einfluß der sogenannten «intentionalen Historiographie», die von der politischen Öffentlichkeit lange Jahre gestützt worden ist, langsam zurück. Es entsteht eine differenziertere Wahrnehmung der deutschen

Stelle dort trifft sie eine parallele Unterscheidung zwischen Intimität (das Private), Gesellschaftlichkeit (das Soziale) und Öffentlichkeit (das Politische), vgl. a. a. O., S. 39

40 Zu den völkischen Konnotationen eines Begriffsverständnisses, das «Gemeinwesen» mit «Gemeinschaft» gleichsetzt, vgl. Kapitel III, vgl. auch Helmuth Plessner: Grenzen der Gemeinschaft, a. a. O.; das Tabu, dem der Begriff «Gemeinwesen» in manchen Kreisen noch immer unterliegt (eben weil er an die völkische «Gemeinschafts»-Konzeption erinnert), zeigt an, wie die historischen Tiefendimensionen eines Begriffs als «Totschlags-Argument» für die Tabuisierung eines ganzen Zusammenhangs verwendet werden.

Geschichte als Teil der europäischen; so wird die Geschichte nicht mehr nur als absteigende Linie in Richtung Katastrophe (und von 1945 an als aufsteigende) gesehen. Dennoch wird es keine Rückkehr in eine «Normalität» geben; erstens weil fragwürdig gewordene Traditionen nicht einfach wiederaufgenommen werden können, zweitens weil die geschichtliche Entwicklung selbst über manches schon hinweggegangen ist (der Rückzug auf den alten deutschen Nationalismus würde geradezu peinlich zu einer Zeit wirken, in der Ideen zur europäischen Integration angesagt sind und außerdem de facto ganze Bereiche des Nationalstaats im Zuge der Globalisierung wegbrechen) und drittens weil die Diskontinuität der demokratischen Tradition in Deutschland eine dauerhafte und immer wieder neu in Gang zu setzende Auseinandersetzung mit dem Nationalsozialismus und auch dem Sozialismus erfordert.

▷ Die doppelte Diktaturerfahrung im Osten Deutschlands hat eine so nachhaltige Verstörung eines Großteils der Bürger mit sich gebracht, daß die Dimension des politischen Gemeinwesens gegenwärtig nur sehr schwach erscheint. Das Festklammern am Vergangenen, an den Verlusten, den Demütigungen und der Geborgenheit im diktatorischen Sozialstaat läßt im Osten Deutschlands eine politische Öffnung der Gesellschaft vorerst nicht möglich erscheinen. Dies ist um so begreiflicher, wenn man sich vergegenwärtigt, daß es nahezu 20 Jahre dauerte, bis sich die bundesrepublikanische Gesellschaft nach dem Zweiten Weltkrieg den Demokratien des Westens öffnete.

Das Eröffnen einer symbolischen politischen Dimension scheitert also gegenwärtig auch daran, daß beide Gesellschaften nach unterschiedlichen Maßstäben und Werten leben; es gelten andere Symbole der Verständigung. Dies bedeutet, daß sich die Öffentlichkeiten beider Gesellschaften mehr aufeinander beziehen müssen; dies wäre dann Teil der Entstehung einer politischen Gesellschaft in der neuen deutschen Republik. Es geht also ebensosehr um eine politische Orientierung an der Gegenwart wie eine Klärung der Vergangenheit.

Wenn von der Orientierung der Bürger auf das Gemeinwesen die Rede ist, so nicht im Sinne einer Unterordnung oder Verschmelzung. Begriffsassoziationen dieser Art laufen im deutschen Kontext immer mit. Aber dieser Kontext sollte für das politische Denken nicht so zwingend sein, daß er die Diskussion über das Gemeinwesen blockiert, indem er es mit (gar völkischer) «Gemeinschaft» in eins setzt.

Verschmelzungsphantasien im völkischen Kontext sind nicht eigentlich politisch – im Unterschied zu einem politischen Gemeinwesen, das sich im Spannungsfeld zwischen Differenz und gegenseitiger Bezogenheit bewegt. Eine andere «Falle» der Debatte über das politische Gemeinwesen ist die Vorstellung, als müßten die Bürger sich in den Zustand einer permanenten zivilen Mobilisierung versetzen (oder, in der totalitären Variante: versetzt werden). Außer in Ausnahmefällen wird es keine republikanische Mobilisierung geben; die Arbeit am Gemeinwesen ist freiwillig und oft unentgeltlich. Außerdem muß von der urdemokratischen Vorstellung Abschied genommen werden, als seien alle Bürger für die Mitwirkung über die Wahlbeteiligung hinaus zu gewinnen. Es wird immer einen gewissen Teil der Bürger geben, die ihre Mitwirkung im Latenzzustand belassen. Entscheidend ist jedoch, daß die Möglichkeit zur Mitwirkung besteht, nicht, daß sie immer wahrgenommen wird.

Die Beziehung der Bürger im Gemeinwesen setzt ihre Selbständigkeit und Bezogenheit aufeinander gleichermaßen voraus. Das politische Denken geht seit der Aufklärung von der Autonomie des Individuums (Willensfreiheit) aus. Der

Bürger wird als selbständiges, autonomes Wesen gedacht, sein gesellschaftliches Sein gründet sich auf Identität. Ein politisches Gemeinwesen kann so nur auf der Basis von Pluralität zustande kommen; nur aus der Dialogfähigkeit der Bürger[41] und aus der Öffentlichkeit ihres Bezuges kann es entstehen.[42] Daran – und nicht an Verschmelzungsphantasien – knüpft sich jenes Bild vom «Band» der Bürger untereinander und mit dem Gemeinwesen, das die christliche und jüdische Mythologie und die Gründungsgeschichte der Vereinigten Staaten prägt.[43] Es sind Zusammenhänge von Bürgerinnen und Bürgern, die ihre Interessen in Beziehung zum öffentlichen Wohl setzen. Dieser Zusammenhang hat heutzutage in deutschen Landen meist die Konnotation von Verzicht und «Den-Gürtel-enger-Schnallen». Solcher Argwohn geht davon aus, daß das öffentliche Wohl (zum Beispiel das Staatswohl) zum einen nur wirtschaftlich definiert ist und zum anderen dem Wohl der Bürger entgegengesetzt ist. In der amerikanischen Tradition ist das ganz anders. Das öffentliche Wohl wird als übereinstimmend mit dem Wohl der einzelnen vorausgesetzt. Wirtschaftliches Wohl und politisches Wohlergehen ergänzen sich, sind aber in getrennten Sphären angesiedelt. Dies setzt voraus, daß die Bürger nicht nur teilnehmen an der Definition des «öffentlichen Wohls», sondern auch ein originäres Interesse daran haben, daß sie mit den anderen zusammen überhaupt die Sphäre des

41 Der kanadische Sozialphilosoph Charles Taylor spricht in diesem Zusammenhang vom «dialogischen Charakter menschlicher Existenz» (vgl. Charles Taylor: Multikulturalismus und die Politik der Anerkennung, Frankfurt/M. 1993, S. 21).

42 Darauf verweist Hannah Arendt, wenn sie die zwei Dimensionen des Öffentlichen benennt: die Sichtbarkeit und Hörbarkeit sowie die Bezogenheit zur Welt der Dinge (vgl. Hannah Arendt, Vita Activa..., a.a.O., S. 49ff)

43 Vgl. Hannah Arendt, Vita Activa, a.a.O., S. 52ff.

öffentlichen Wohls teilen, kurz: daß dieses gemeinsame «Andere» existiert.

In der gegenwärtigen Auseinandersetzung über Multikulturalität und ihre politischen Folgen steht genau dies in Frage. Zugleich wird hier deutlich, wie stark die politischen Gemeinwesen von Änderungen in der sozialen Sphäre beeinflußt werden. Die große Frage ist gegenwärtig: Wie kann ein Gemeinwesen bestehen, wenn sich die Gesellschaft immer mehr segmentiert? Es kommt nicht von ungefähr, daß – zumindest in den Vereinigten Staaten – gegenwärtig so viel von Differenz die Rede ist. Es geht darum, wie die Existenz vieler Kulturen innerhalb eines Staatswesens diese Kulturen zu Anteilsnehmern des politischen Gemeinwesens macht und inwieweit dies das Gemeinwesen selbst verändert. Dahinter steht die Frage, wie sich aus den multikulturellen Segmenten ein politisches Gemeinwesen bildet, in dem alle Anerkennung erfahren können. In den Vereinigten Staaten bewegt sich diese Diskussion gegenwärtig in die Richtung eines neuen Typus von Interessenpolitik via Minderheits-, Rassen- und genetischen Merkmalen. Lesben, Homosexuelle, Afroamerikaner, Lateinamerikaner, Asiaten und andere soziale Gruppen klagen materielle Gleichheitsrechte ein und machen die Legitimität des politischen Gemeinwesens von der Gewährung dieser Rechte abhängig.[44] Nun ist dies nicht neu; die Inanspruchnahme und Gewährung der Gleichheitsrechte gehört zur Tradition in einem Einwanderungsland, das nicht umsonst die Metapher vom *melting pot* geprägt hat. Neu ist hingegen, daß das Einklagen sozialer und politischer Rechte mit scharfer Kritik am Universalitätsanspruch der westlichen

44 Ich lasse die feministische Debatte hier beiseite, da sie, insbesondere in den Vereinigten Staaten und in Großbritannien, seit langem unter Beweis gestellt hat, wie groß das Interesse an einer Teilnahme und Gestaltung des politischen Gemeinwesens ist (vgl. auch Seyla Ben-

Kultur verbunden ist. Man muß nicht polemisch argumentieren wie Agnes Heller und Ferenc Fehér[45], um in dieser öffentlichen Debatte gerade das Problem zu erkennen, dessentwegen sie begonnen wurde: den fehlenden öffentlichen Bezug auf das politische Gemeinwesen. Die Gruppen selbst beziehen sich auf den Staat, den sie als Umverteilungsorganisation angehen, dessen Einfluß sie gleichzeitig aber zurückdrängen möchten. Ihr Beitrag zu jener Sphäre «dazwischen», in der das politische Gemeinwesen angesiedelt ist, ist ungeklärt. Die Motive der Gruppen gründen auf der moralisch und rassisch bzw. biologisch legitimierten Suche nach Anerkennung. Eine Beziehung der Beteiligten zum Gemeinwesen findet nur auf der Ebene des Interessenabgleichs mit anderen, privilegierten Gruppen statt. Die dieser Debatte zugrundeliegenden sozialen Probleme bleiben unter Umständen davon völlig unberührt: Die Tatsache, daß über die Quotenregelung anteilig afroamerikanische Studenten an High Schools und Universitäten aufgenommen werden sollen (in der Regel 12 Prozent, was dem afroamerikanischen Bevölkerungsanteil entspricht), heißt weder, daß ihre Berufschancen wirklich vergleichbar wären, noch, daß sich an der sozialen Situation der Mehrheit der Gruppe etwas ändert. Dadurch wiederum fühlt sich der sogenannte «multikulturelle Diskurs» bestä-

habib: The Reluctant Modernism of Hannah Arendt, Thousand Oaks, London, New Delhi 1996; vgl. Anne Phillips: Geschlecht und Demokratie, Hamburg 1995).

45 «Trotz der guten Gründe, sich für diese Option zu entscheiden, und obwohl sie in einen demokratischen Kontext eingebunden ist, signalisiert die plötzliche Wiederkunft der Politik der Rasse den posthumen Sieg Hitlers. Die genetische Selbstdefinition der ‹Rasse› kann zwar verdeckt werden, aber sie bleibt unter der Oberfläche vorhanden, und ihre verdeckte Anwesenheit beschwört das archaische Ritual der Feindschaft gegen den Fremden herauf.» (Agnes Heller und Ferenc Fehér: Biopolitik, Frankfurt/M. und New York 1995, S. 102)

tigt. Der mitlaufende Begriff der Kultur wird seines universalistischen politischen Sinnes entkleidet und mit dem klassischen anti-kolonialistischen Diskurs der sechziger Jahre vermischt: Westliche Kultur ist *out*, «andere Kultur» ist *in*.

Das politische Gemeinwesen könnte aus dieser Debatte Nutzen ziehen, wenn die Dialogfähigkeit der Minderheiten bzw. ihrer Repräsentanten untereinander und zu dem existierenden Gemeinwesen, das heißt zu einem Gesamtinteresse am Selbsterhalt des Gemeinwesens, geklärt wäre. So aber wird alle Politik zu Interessenpolitik von Gruppen verwandelt; in der Konsequenz läuft damit wieder die Sozial(Interessen-)politik der Politik voran und setzt sich an deren Stelle. Die Legitimation der sozialen Auseinandersetzung durch kulturelle Kampfbegriffe kann dies kaum verdecken. Diese Denkweise arbeitet mit der Perspektive des Zerfalls: Wenn das Sich-aufeinander-Beziehen der Bürger nur ihre wirtschaftlichen und sozialen Interessen berührt, zerfällt das politische Gemeinwesen. Die westlichen Gesellschaften befinden sich mitten in diesem Prozeß. Ein solcher Diskurs ist für Europa tödlich, dessen politische Kulturen ohnehin mit ihrem ethnischen Erbe zu kämpfen haben. In den Vereinigten Staaten wirkt er nur deshalb nicht derartig zerstörerisch, weil zum einen die historische Tiefendimension der Gründungszeit noch immer genügend Bürger einbinden kann, weil zum zweiten der Kampf um die Anerkennung neu Hinzukommender als legitim anerkannt wird und schließlich weil sich ein doppelter Sprachgebrauch durchgesetzt hat: Einerseits herrscht die Sprache des Multikulturalismus und der politischen Korrektheit; daneben wirken aber andere Verständigungsweisen, die nicht auf den «herrschaftsorientierten weißen Diskurs» reduziert werden können – zum Beispiel die des basisdemokratischen Diskurses auf kommunaler Ebene –, die diese so zerklüftete und zerrissene Gesellschaft immer wieder auch zusammenführen.

Eine wichtige Schlußfolgerung aus dieser Debatte ist, daß Differenz innerhalb des politischen Gemeinwesens nicht absolut gesetzt werden kann und die Gruppeninteressen den Bezug zu dem politischen Gemeinwesen nicht verlieren dürfen. Die in der Differenz erkennbaren Interessenunterschiede müssen ihre politische Gewichtigkeit im Bezug auf die anderen immer wieder erneut erweisen. Sie können sie nicht ein für allemal legitimieren (beispielsweise mit der historischen Erbschaft der Sklaverei oder der Indianervernichtung). Dies muß öffentlich geschehen, sichtbar und hörbar. Nur daraus «lernt» das Gemeinwesen. Diese Einbindungsstrategie wird natürlich dann schwierig, wenn die Zweifel am Zweck des politischen Gemeinwesens immer mehr zunehmen und in Frage gestellt wird, daß eine Übereinstimmung zwischen dem Verfolg des individuellen Glücks und dem öffentlichen Wohl möglich sei. Es wird noch schwieriger, wenn generelle Zweifel «am Westen», die sich als Zweifel an seiner Kulturhegemonie gerieren, in Wirklichkeit die Sinnhaftigkeit der politischen Ordnung in Frage stellen. Gewiß ist es heute nicht mehr damit getan, Klauseln zum besseren Minderheitenschutz aufzustellen. Solche Klauseln gibt es zur Genüge, ohne daß sich Entscheidendes etwa an der Situation mancher Minderheiten in den Vereinigten Staaten geändert hätte.[46] Aber die Grundlage des westlichen politischen Gemeinwesens mit seinen Prinzipien der Repräsentation und Gewaltenteilung kann bei Strafe der Selbstaufgabe nicht preisgegeben werden. Soziale Bewegungen können das Gemeinwesen ergänzen, sie können sein politisches Regelwerk und seinen «Geist» nicht ersetzen.

46 Im Unterschied zu den Frauen, deren feministischer Diskurs innerhalb der letzten zwanzig Jahre erhebliche atmosphärische und materielle Veränderungen geschaffen hat und deren Organisationen sich zumindest zum großen Teil als Gruppen innerhalb des politischen Gemeinwesen artikuliert haben.

Aus den Sackgassen dieser Diskussion kann man für Europa und für die neue deutsche Republik einiges lernen, so auch, wie zerstörerisch das Beharren auf einer Position der Identität für das politische Selbstverständnis des Gemeinwesens ist. Paradoxerweise beklagen viele Amerikaner an Deutschland die «ewige deutsche Identitätssuche», während sie selbst das Identitätskonzept für den multikulturellen Diskurs in Anspruch nehmen. Ich halte das Festklammern an den vorpolitischen Kategorien der ethnischen oder kulturellen Identität inzwischen für eines der größten intellektuellen Hindernisse bei der Erneuerung des politischen Gemeinwesens. In der Asyldebatte haben die Repräsentanten des politischen Gemeinwesens Bundesrepublik noch vor wenigen Jahren vorgeführt, wie wenig die rein ausgrenzende Debatte auf der Grundlage der ethnischen Zugehörigkeit überhaupt Wirklichkeit aufnimmt, wenn man nicht gleichzeitig auch die integrierende Seite debattiert. Was nützt es, die Rußland- oder Polendeutschen «heimzuholen», wenn sich gleichzeitig zeigt, daß diese überhaupt nicht nachvollziehen können, was «deutsche Gesellschaft» inzwischen meint, wenn sie – oder auch islamische Minderheiten – zu erkennen geben, daß sie nicht gewillt sind, sich in das politische Gemeinwesen einzufügen? Was nützt es, die Ursachen für den Genozid an den europäischen Juden auf die deutsche Identität zurückzuführen, wenn man die ganze Debatte nur moralisch führt und die politische Verantwortlichkeit in der Gegenwart außer acht läßt? Alle sozialen Gruppen müssen Öffentlichkeit anders begründen als nur mit dem Ziel, sie instrumentalistisch für sich zu nutzen. Ihre Interessen müssen politisch sichtbar und hörbar werden.

Es kann in Europa nicht nur um soziale Anerkennung und materielle Gleichstellung von Marokkanern, Algeriern, Türken, Iranern mit Franzosen, Briten, Deutschen, Italienern, Polen, Ungarn, Tschechen (oder von Basken und

Bretonen, Lombarden und Sorben) gehen. Die einzige Chance ist die Integration in ein politisches Gemeinwesen, das Schutz und Möglichkeiten bietet und im Gegenzug einen Beitrag abfordert, der dem Gemeinsamen zwischen den verschiedenen Gruppen zugute kommt: dem Dialog, der Öffnung gegenüber dem demokratischen Universalismus des Westens, der Verpflichtung als politische Bürger.

Wie der Krieg in Bosnien vor Augen geführt hat, schlummert unter der Oberfläche des neuen Europa das alte rassistische Erbe mit seinen ethnisch unklaren Grenzen und seinen verstreuten Minderheiten. Zu spät haben die westlichen Staaten erkannt, daß hier nicht nur die Machtkämpfe eines auseinanderbrechenden sozialistischen Staates ausgefochten werden. Zu spät wurde realisiert, daß darauf nicht nur mit humanitärer Hilfe, sondern auch mit politischer Unterstützung reagiert werden muß. Der Politiker und Publizist Freimut Duve argumentierte: «Es geht nicht allein um Toleranz und *Anerkennung des ‹Anderen›*, es geht weit mehr um die moderne *Akzeptanz des Ähnlichen und Gleichen*. Der Terror richtet sich in Wahrheit nicht gegen den ‹Andersartigen›, er richtet sich gegen die Ähnlichkeit des Anderen in der Moderne.»[47] Wenn das zutrifft, dann sind die Bemühungen der westlichen Staaten um die Trennung der Gegner in Bosnien von sehr begrenzter Reichweite. Dann geht es mehr darum, ob es den Gesellschaften, die dort entstehen, gelingt, politische Gemeinwesen zu gründen, in denen *«die Ähnlichen und Gleichen»* Platz haben. Der politische Friedensschluß muß dem militärischen überhaupt noch folgen. Dies macht erneut deutlich: Es geht unter dem Aspekt des politischen Gemeinwesens nicht nur um Anerkennung, sondern um das, was die,

47 Freimut Duve: Vom Krieg in der Seele. Rücksichten eines Deutschen, Frankfurt/M. 1994, S. 158

die um Anerkennung ringen, miteinander tun, in welches Verhältnis sie sich zueinander setzen.

Diese Frage wird um so dringender in einer Welt, in der die geopolitischen Grenzen der Gemeinwesen sich lockern. Wie verhalten sich die politischen Gemeinwesen dazu? Freimut Duve schreibt: «Jetzt müssen wir Elemente der Zivilität verteidigen in der neuen Lage: Der Rücksturz in die Geschichte durch das Ende des Kalten Krieges und der Weitsprung in die Globalität durch die technische Moderne haben eine paradoxe Lage geschaffen: Es gibt keine homogene Gesellschaft, und parallel dazu gleichen sich die Gesellschaften immer rascher einander an – in ihren Lebensformen, in ihren sozialen Konflikten, in ihren Verelendungszonen ebenso wie in ihren High-Tech-Etagen. Für den Minderheitenschutz unter solchen Bedingungen genügt im ausgehenden 20. Jahrhundert kein einfaches multikulturelles Toleranzedikt.»[48]

Die Überlagerung von Ungleichheit und Angleichung im Weltmaßstab führt zur Frage: Wie kann ein politisches Gemeinwesen sich überhaupt verstehen im Angesicht einer Entwicklung, die permanent Grenzen aufhebt und neue, unvorhergesehene, schafft? Wie kann verhindert werden, daß Gesellschaften zu Treibsand in einem unüberschaubaren Welt-Geschehen werden? Müssen wir uns orientieren auf ein globales Demokratiekonzept?

Benjamin Barbers Plädoyer für eine «globale Bürgergesellschaft» als Antwort auf den Sog der Entgrenzung via Globalisierung zielt auf eine doppelte Strategie: Einerseits sollen die Demokratien ihre historische Tiefendimension beleben, um jenen Zusammenhalt wieder zu stiften, der den politischen Gemeinwesen im Zuge der Erosion verlorenzugehen droht; andererseits sollen sie neue demokratische Institutionen auf globaler Ebene schaffen. Er argumentiert: «Das politische

48 Duve: Vom Krieg in der Seele, a.a.O., S. 164

Gemeinwesen braucht einen Ort; es muß zu einem realen Ort werden, der der abstrakten Idee der Öffentlichkeit einen greifbaren Raum anbietet, der woanders angesiedelt ist als in den aufeinander abgestimmten Landkarten der Regierungen und der Märkte.»[49]

Nun gehört zwar die Idee von einer Weltregierung zu den ältesten Menschheitsträumen, aber die Vorstellung, deren Raum durch Institutionengründung festzuschreiben, führt in die Irre. Wo wäre der Ort der Demokratie in einer Welt ohne Grenzen? Der Globus ist kein Ort. Die große Schwierigkeit schon heute ist, daß der Ort des politischen Gemeinwesens symbolisch ist, nicht sichtbar. Wieviel mehr wird dies zum Problem werden in der Weltgesellschaft? Wieviel mehr wird dies zum Problem, wenn die Gesellschaften weiterhin im Rahmen der Nationalstaaten funktionieren und gleichzeitig durch die ortlose Globalisierung von Wirtschaft, Technologie und Recht ausgehöhlt werden? Barbers Forderung nach Fundierung der neuen globalen Demokratie auf den neuen sozialen Bewegungen in den einzelnen nationalen Bürgergesellschaften wirft zum Beispiel folgendes Problem auf: Eine lebendige Demokratie muß für ihre Bürger immer auch erfahrbar sein. Diese Erfahrbarkeit ist nicht auf Räume übertragbar, die ständig ihre Grenzen verlagern; Abstraktheit (die Abstraktheit globaler Institutionen) kann nicht erfahrbar gemacht werden; gleichwohl werden die Folgen gespürt.[50] Barbers perspektivische Sichtweise versucht, das Problem da-

49 «Civil society needs a habitation; it must become a real place that offers the abstract idea of a public voice a palpable geography somewhere other than in the twin atlases of government and markets.» Diese Passage ist nicht ins Deutsche übersetzt; daher wird hier zitiert nach der amerikanischen Ausgabe (Barber: Jihad vs. McWorld, a. a. O., S. 286).

50 Vgl. Benjamin Barber: Coca Cola und Heiliger Krieg, a.a.O., S. 290

durch handhabbarer zu machen, daß er die vielen privaten und halböffentlichen Initiativen, die der Bürgergesellschaft quasi «den Rücken stärken», auf globale Ebene verlängern will. Diese zivilen Vereinigungen könnten dann zu transnationalen Netzen werden, ähnlich der Vernetzung der Nicht-Regierungs-Organisationen (NGOs), zum Beispiel von Greenpeace im Umweltbereich.[51] Schulen, Stiftungen, freiwillige Vereine, Kirchen, Synagogen und Moscheen wie auch die Medien wären dann Träger eines globalen Gemeinwesens, dessen Mitglieder den globalen Zusammenhalt als ihr ureigenstes, bis ins Private hineinreichendes Interesse ausgeben könnten.[52]

Aber zeigt nicht schon die europäische Einigung, daß dies gerade nicht der Weg ist, daß immer abstraktere Institutionen, wie immer sie mit *good will* ausgestattet sind, eben gerade keinen stiftenden und integrierenden Charakter haben?

Aus Barbers Blickwinkel bleibt weiterhin ungeklärt, wie sich aus den sozialen Bewegungen die politische Dimension der Freiheit entfalten könnte. Wo wäre das Politische, wenn sich politisch und sozial, privat und öffentlich gar nicht mehr trennen ließen? Die Herausforderung besteht darin, die verschiedenen Zeiten und Kulturen zueinander in Beziehung zu setzen, Bezüge herzustellen, Vertrautheiten zu schaffen in der neuen Welt, die über wirtschaftliche Zwänge und unübersehbare Folgen hinausgehen. Denn es sind, wie Barber zu Recht hervorhebt, immer zugleich Globalität und Partikularität, Pluralismus und Diversität, die die Oberflächenstruktur der globalen Gesellschaft bestimmen. Entscheidend ist, daß diese verschiedenen Zeiten, Traditionen, Umgangsformen sich miteinander verständigen müssen; es muß ein Grundrahmen, es müssen gemeinsame Verfahrensweisen und universale

51 Vgl. Barber, a. a. O., S. 294
52 Vgl. Barber, a. a. O., ebd.

Codes gefunden werden, auf die sich alle beziehen können. Auf juristischem und wirtschaftlichem Gebiet gibt es sie schon; die Schwierigkeit wird sein, sie auf politischem Gebiet einzurichten. Das große Problem besteht darin, wie Gemeinwesen mit dem *public spirit* erfüllt werden können, die eigentlich im alten Sinne gar nicht mehr existieren? Gefragt ist deshalb nicht eine auf Totalität gerichtete Freiheitsvision nach dem Muster eines Maßnahmekatalogs für ein fest umgrenztes Gemeinwesen. Zum Verstehen dessen, was politische Freiheit ist, gehört auch anzuerkennen, daß die Zukunft offen und unabsehbar ist. In dieser Situation kann Politik nur gedacht werden mit der Einstellung, irgendwo in diesem komplexen Gebäude von Organisationen, Verträgen und Informationsflüssen eine Handlungskette zu beginnen, die dann weitere Kreise zieht und sich der Öffentlichkeit präsentiert. Dies ist kein Voluntarismus, sondern trägt dem Umstand Rechnung, daß die Welt weniger berechenbar wird, wenn sie es denn je mehr war.

Was bedeutet nun all dies für das Zusammenspiel von Politik und Gemeinsinn an der Schwelle zum 21. Jahrhundert?

Natürlich bleiben die alten Probleme mit der Rente und der Sozialversicherung, mit der Massenarbeitslosigkeit und den Unwägbarkeiten der Globalisierung erhalten. Eine neue Politik ist nicht aus dem Boden zu stampfen. Und doch kann das eingangs erwähnte Innehalten im Strom der Ereignisse dazu dienen, das Gespür für einen neuen Typus von Politik (nicht über einzelne Maßnahmen) zu entwickeln, der dazu beiträgt, den Ort für das Gemeinwesen zu finden, ohne den die Bürgerinnen und Bürger nicht Bürger sein können. Dieser Ort ist nicht sichtbar oder hörbar, wohl aber sind diejenigen, die sich auf ihn beziehen, sichtbar und hörbar. Es sind die Bürgerinnen und Bürger, die diesen Ort ständig schaffen.

Der neue Typus von Politik sollte sich mehr auf die Stiftung des politischen Gemeinsinns orientieren. Da die deutsche Republik nicht über jenen feierlichen Stiftungsakt verfügt, wie ihn etwa die amerikanische Republik hat, und ihn auch nicht herbeizaubern kann, sollten jene Elemente der Stiftung, die ja vorhanden sind, einer kritischen Überprüfung unterzogen und unter Umständen mit neuem Sinn gefüllt werden. Dazu gehören:

▷ das Selbstbewußtsein als demokratische Nation innerhalb des Verbunds der europäischen Nationen. Dieses Selbstbewußtsein ist bitter nötig nach fast fünfzig Jahren demokratischer Erfahrung; Europa erwartet dies mit Recht von der neuen deutschen Republik. Es gibt aber auch etwas zu verteidigen an der politischen Kultur des Westens gegenüber anderen politischen Kulturen. Und dies ist ihre Fähigkeit, sich selbst zu erneuern, Fremdes und Neues aufzunehmen und davon zu lernen. Dies ist kein Plädoyer für einen «Wertefundamentalismus», sondern meint ein Beharren auf der Wertigkeit historischer Erfahrungen und auf der Fähigkeit, sich selbstbewußt und nachdenklich mit der Welt um uns herum auseinanderzusetzen. Die Deutschen nehmen an dieser Kultur des Westens teil und sollten sie wertschätzen;

▷ die Annahme des historischen Erbes im Sinne eines Selbst-Gewahrwerdens. Vom Nationalstolz unterscheidet sich diese Einstellung dadurch, daß man um seine katastrophalen Brechungen weiß;

▷ das Verständnis von Solidarität innerhalb des Gemeinwesens nicht nur in Kriterien der Sozialreform, sondern in Dimensionen eines politischen Zusammenhalts und des Aufeinander-angewiesen-Seins;

▷ ein anderes Verständnis vom Bürger und der Bürgerin: sie sollten nicht länger nur als soziale Subjekte gefaßt werden;

Bürger sein heißt, um jenen symbolischen Zusammenhang zu wissen, der das Gemeinwesen stützt – und sich selbstbewußt auf ihn beziehen;

▷ das Verstehen des Gemeinwesens als offener, kommunikativer Prozeß, an dem jeder und jede, auch Fremde, die «von außen» hereinkommen, teilnehmen können, sofern sie sich darauf beziehen und sich als politische Bürger dieses Gemeinwesens verstehen wollen; die Grenzen eines Gemeinwesens sollten politisch und nicht ethnisch bestimmt werden.

«Der Sinn von Politik ist Freiheit» – auf diesen scheinbar so einfachen und doch so schwierigen Satz von Hannah Arendt könnte sich das neue Gemeinwesen beziehen.

Literatur

ACKERMAN, BRUCE A.: *Ein neuer Anfang für Europa*, Berlin 1993

ADAMS, A. U. W. P. (HG.): Hamilton/Madison/Jay: *Die Federalist-Artikel*, Paderborn, München, Wien, Zürich 1994

ARENDT, HANNAH: *Vita Activa oder Vom tätigen Leben*, München 1989

ARENDT, HANNAH: *Über die Revolution*, München 1986

ARENDT, HANNAH: *Vom Leben des Geistes*, 2 Bde., München, Zürich 1978

ARENDT, HANNAH: *Was ist Politik*, aus dem Nachlaß herausgegeben von Ursula Ludz, München und Zürich 1993

BARBER, BENJAMIN: *Jihad vs. McWorld*, New York 1995; in deutscher Übers.: *Coca Cola und Heiliger Krieg*, Bern, München, Wien 1996

BARBER, BENJAMIN: *Starke Demokratie*, Hamburg 1994

BECK, ULRICH: *Die Erfindung des Politischen. Zu einer Theorie reflexiver Modernisierung*, Frankfurt/M. 1993

BENHABIB, SEYLA: *The Reluctant Modernism of Hannah Arendt*, Thousand Oaks, London, New Delhi 1996

BÖHME, HARTMUT UND GERNOT: *Das Andere der Vernunft*, Frankfurt/M. 1985

BOUCHER, DAVID: *Texts in context. Revisionist methods for studying the history of ideas*, Dordrecht, Boston 1985

BRAUNTHAL, JULIUS: *Geschichte der Internationale*, 2 Bde., Berlin, Bonn 1978

BREDOW, WILFRIED VON UND THOMAS NOETZEL: *Lehren des Abgrunds. Politische Theorie für das 19. Jahrhundert*, 2 Bde., Münster 1991

BREUER, STEFAN: *Anatomie der konservativen Revolution*, Darmstadt 1993

CANETTI, ELIAS: *Die Fackel im Ohr. Lebensgeschichte 1921–1931*, München, Wien 1980

CASTORIADIS, CORNELIUS: *Gesellschaft als imaginäre Institution*, Frankfurt/M. 1990

COHEN, JEAN UND ANDREW ARATO: *Civil Society and Political Theory*, Cambridge/Mass. 1992

DALLMAYR, FRED: *Postmetaphysics and Democracy*, in: *Political Theory*, February 1993

DIDEROT, DENIS: *Artikel «Freiheit»*, in: ders.: *Enzyklopädie. Philosophische Texte aus der «Encyclopédie»*, mit einem Vorwort von Ralph-Rainer Wuthenow, München 1969

DUVE, FREIMUT: *Vom Krieg in der Seele. Rücksichten eines Deutschen*, Frankfurt/M. 1994

EINSTEIN, ALBERT UND SIGMUND FREUD: *Warum Krieg?* Mit einem Essay von Isaac Asimov, Zürich 1972

ELIAS, NORBERT: *Über den Prozeß der Zivilisation*, 2 Bde., Frankfurt/M. 1977

FEST, JOACHIM: *Die schwierige Freiheit*, Berlin 1993

FICHTE, JOHANN GOTTLIEB: *Reden an die deutsche Nation*, hg. von Fritz Medicus, Hamburg 1955

FORTI, SIMONA: *Vita della mente e tempo della polis. Hannah Arendt tra filosofia e politica*, Milano 1994

FURET, FRANÇOIS: *Das Ende der Illusion. Der Kommunismus im 20. Jahrhundert*, München 1995

GAY, PETER: *Die Republik der Außenseiter. Geist und Kultur in der Weimarer Zeit 1918–1933*, Frankfurt/M. 1987

GEBAUER, KURT: *Deutsche Kulturgeschichte der Neuzeit*, Berlin 1932

GEISSLER, HEINER: *Gefährlicher Sieg. Die Bundestagswahl 1994 und ihre Folgen*, Köln 1995

GELLNER, ERNEST: *Bedingungen der Freiheit. Die Zivilgesellschaft und ihre Rivalen*, Stuttgart 1995

GRUNENBERG, ANTONIA (HG.): *Die Massenstreikdebatte*, Frankfurt/M. 1970

GRUNENBERG, ANTONIA: *«Anders sein, anders scheinen...» Wandlungen im Begriff des Politischen*, in: *Politikwissenschaft als Kritische Theorie. Festschrift für Kurt Lenk*, hg. von Michael Th. Greven, Peter Kühler und Manfred Schmitz, Baden-Baden 1994

Grunenberg, Antonia: *«Politik entsteht im Zwischen...». Zur politischen Übertragbarkeit des Arendtschen Denkens.* Festvortrag auf dem Internationalen Symposium «Treue als Zeichen der Wahrheit». Hannah Arendt – Werke und Wirkung, Essen, 12. November 1995, Ms.

Grunenberg, Antonia: *Antifaschismus – ein deutscher Mythos*, Reinbek 1993

Grunenberg, Antonia: *Aspects of intellectual anti-liberalism in the Weimar republic and in post-war Germany*, in: *Critical theory and alternate modernities*, Vortragsmanuskriptband für die gleichnamige Konferenz an der University of Michigan in Ann Arbor, 4.–6. Oktober 1996

Grunenberg, Antonia: *Bürger und Revolutionär. Georg Lukács 1918–1928*, Köln 1975

Grunenberg, Antonia: *Macht kommt von möglich*, in: dies. und Lothar Probst (Hg.): *Einschnitte. Hannah Arendts politisches Denken heute*, Bremen 1995

Guéhenno, Jean-Marie: *Das Ende der Demokratie*, München und Zürich 1994

Gumbel, Emil Julius: *«Verräter verfallen der Feme»*, Berlin 1929

Gumbel, Emil Julius: *Vom Fememord zur Reichskanzlei*, Heidelberg 1962

Habermas, Jürgen: *Faktizität und Geltung*, Frankfurt/M. 1992

Habermas, Jürgen: *Strukturwandel der Öffentlichkeit*, Neuauflage, mit einem Vorwort zur Neuauflage von 1990, Frankfurt/M. 1991

Hegel, Georg Wilhelm Friedrich: *Grundlinien der Philosophie des Rechts*, Hamburg 1962

Heller, Agnes und Ferenc Fehér: *The Postmodern Political Condition*, Cambridge 1988

Heller, Agnes und Ferenc Fehér: *Biopolitik*, Frankfurt/M. und New York 1995

Howard, Dick: *Zur Politik der Urteilskraft*, in: Antonia Grunenberg und Lothar Probst (Hg.): *Einschnitte. Hannah Arendts politisches Denken heute*, Bremen 1995

Jünger, Ernst: *In Stahlgewittern. Ein Kriegstagebuch*, Berlin 1937

KERSHAW, IAN: *Der NS-Staat*, Reinbek 1994

KLINGER, CORNELIA: *Flucht Trost Revolte. Die Moderne und ihre ästhetischen Gegenwelten*, München 1995

KOCH, CLAUS: *Die Gier des Marktes*, München, Wien 1995

KONDYLIS, PANAJOTIS: *Planetarische Politik nach dem Kalten Krieg*, Berlin 1992

KÜENZLEN, GOTTFRIED: *Der neue Mensch. Zur säkularen Religionsgeschichte der Moderne*, München 1994

LEFORT, CLAUDE UND MARCEL GAUCHET: *Über die Demokratie. Das Politische und die Instituierung des Gesellschaftlichen*, in: Ulrich Rödel (Hg.): *Autonome Gesellschaft und libertäre Demokratie*, Frankfurt/M. 1990

LEFORT, CLAUDE: Vorwort zu *Eléments d'une critique de la bureaucratie*, in: Ulrich Rödel (Hg.): *Autonome Gesellschaft und libertäre Demokratie*, Frankfurt/M. 1990

LÜBBE, HERMANN: *Politische Philosophie in Deutschland*, Basel und Stuttgart 1963

LUXEMBURG, ROSA: *Die Krise der Sozialdemokratie* (Junius-Broschüre), in: dies.: *Politische Schriften*, 3 Bde., Bd. 2, Frankfurt/M. und Wien 1966

LUXEMBURG, ROSA: *Ermattung oder Kampf?*, in: *Neue Zeit*, 28. Jg., 2. Bde., 1910

LUXEMBURG, ROSA: *Massenstreik, Partei und Gewerkschaften*, in: dies.: *Politische Schriften*, 3 Bde., Bd. 1, Frankfurt/M. und Wien 1966

LUXEMBURG, ROSA: *Was will der Spartakusbund?*, in: dies.: *Politische Schriften*, 3 Bde., Bd. 2, Frankfurt/M. und Wien 1966

MACHIAVELLI, NICCOLÒ: *Discorsi*, in: ders.: *Politische Schriften*, hg. von Herfried Münkler, Frankfurt/M. 1990

MANN, HEINRICH: *Macht und Mensch. Essays*, Frankfurt/M. 1989

MANN, THOMAS: *Von deutscher Republik*, in: ders.: *Essays*, 2 Bde., hg. von Hermann Kurzke, Bd. 2: *Politik*, Frankfurt/M. 1986

MANN, THOMAS: *Gedanken im Kriege*, in: ders.: *Essays*, 2 Bde., Bd. 2: *Politik*, hg. von Hermann Kurzke, Frankfurt/M. 1988

MARX, KARL UND FRIEDRICH ENGELS: *Manifest der Kommunistischen Partei*, in: Karl Marx: *Die Frühschriften*, hg. von Siegfried Landshut, Stuttgart 1964

MARX, KARL: *Kritik des Gothaer Programms*, in: *Marx Engels Werke (MEW)*, Berlin 1956–1967, Bd. 19

MATZERATH, HORST UND HEINRICH VOLKMANN: *Modernisierungstheorie und Nationalsozialismus*, in: Jürgen Kocka (Hg.): *Theorien in der Praxis des Historikers*, Göttingen 1977

MONTESQUIEU: *Vom Geist der Gesetze*, 2 Bde., hg. von Ernst Forsthoff, Tübingen 1992

MÜNCH, RICHARD: *Die Kultur der Moderne*, 2 Bde., Frankfurt/M. 1986

PALONEN, KARI: *Politics, Rhetoric And Conceptual History. Studies on modern languages of political theory*, Jyväskylä 1994

PHILLIPS, ANNE: *Geschlecht und Demokratie*, Hamburg 1995

PLESSNER, HELMUTH: *Die verspätete Nation*, Frankfurt/M. 1994

PLESSNER, HELMUTH: *Grenzen der Gemeinschaft. Eine Kritik des sozialen Radikalismus*, in: ders.: *Gesammelte Schriften*, 10 Bde., Bd. V

POCOCK, JOHN G. A.: *Die Schule von Cambridge und die schottischen Philosophen. Zum Verhältnis der bürgerlich-humanistischen und der zivilrechtlichen Interpretation des sozialen Denkens des 18. Jahrhunderts*, in: ders.: *Die andere Bürgergesellschaft. Zur Dialektik von Tugend und Korruption*, Frankfurt/M., New York und Paris 1993

POCOCK, JOHN G. A.: *The Machavellian Moment*, Princeton 1975

RICŒUR, PAUL: *Lectures I*, Paris 1991

ROUSSEAU, JEAN-JACQUES: *Gesellschaftsvertrag*, Stuttgart 1977

ROUSSEAU, JEAN-JACQUES: *Bekenntnisse*, Frankfurt/M. und Leipzig 1985

ROUSSEAU, JEAN-JACQUES: *Über den Ursprung und die Grundlagen der Ungleichheit*, in: ders.: *Schriften*, hg. v. Hennig Ritter, 2 Bde., München, Wien 1978

SALOMON, ERNST VON: *Die Geächteten*, Gütersloh 1930

SCHEUCH, ERWIN K. UND UTE: *Cliquen, Klüngel und Karrieren.*

Über den Verfall der politischen Parteien – eine Studie, Reinbek 1993
SCHMIERER, JOSCHA: *Mein Name sei Europa. Einigung ohne Mythos und Utopie*, Frankfurt/M. 1996
SCHMITT, CARL: *Der Begriff des Politischen*, Berlin 1979
SCHMITT, CARL: *Der Hüter der Verfassung*, Berlin 1969
SCHMITT, CARL: *Die geistesgeschichtliche Lage des heutigen Parlamentarismus*, Berlin 1979
SCHMITT, CARL: *Legalität und Legitimität*, Berlin 1968
SCHMITT, CARL: *Politische Romantik*, Berlin 1991
SCHMITT, CARL: *Politische Theologie. Vier Kapitel zur Lehre von der Souveränität*, Berlin 1990
SCHNABEL, FRANZ: *Deutsche Geschichte im neunzehnten Jahrhundert*, 4 Bde., Bd. 2: *Monarchie und Volkssouveränität*, München 1987
SCHWEITZER, CARL CHRISTOPH (HG.): *Die deutsche Nation. Aussagen von Bismarck bis Honecker*, Bibliothek Wissenschaft und Politik, Köln 1976
SLOTERDIJK, PETER: *Eurotaoismus. Zur Kritik der politischen Kinetik*, Frankfurt/M. 1989
SOMBART, WERNER: *«Händler und Helden»*, München, Leipzig 1915
SPENGLER, OSWALD: *Preußentum und Sozialismus*, München 1924
STEPHAN, CORA: *Neue deutsche Etikette*, Berlin 1995

TAYLOR, CHARLES: *Multikulturalismus und die Politik der Anerkennung*, Frankfurt/M. 1993
THEWELEIT, KLAUS: *Männerphantasien*, 2 Bde., Frankfurt/M. 1978
TIMM, HERMANN: *Die heilige Revolution. Schleiermacher – Novalis – Friedrich Schlegel*, Frankfurt/M. 1978
TROELTSCH, ERNST: *Die Fehlgeburt einer Republik, Spektator in Berlin 1918–1922*, zusammengestellt und mit einem Nachwort versehen von Johann Hinrich Claussen, Frankfurt/M. 1994
TUCHOLSKY, KURT: *Führer?*, in: ders.: *Gesammelte Werke in 10 Bänden*, Bd. 2, Reinbek 1960

Verfassung, Die des Deutschen Reichs (Weimarer Verfassung), in: Deutsche Verfassungen, hg. und mit einer Einführung versehen von Rudolf Schuster, München 1994

WALZER, MICHAEL: *Kritik und Gemeinsinn*, Berlin 1990

WALZER, MICHAEL: *Sphären der Gerechtigkeit*, Frankfurt/M. und New York 1992

WALZER, MICHAEL: *Zivile Gesellschaft und amerikanische Demokratie*, Berlin 1992

WEBER, MAX: *Zur Neuordnung Deutschlands. Schriften und Reden 1918–1920*, Studienausgabe der Max-Weber-Gesamtausgabe, Bd. I/16, hg. von Wolfgang J. Mommsen, in Zusammenarbeit mit Wolfgang Schwentker, Tübingen 1991

WEBER, MAX: *Protestantische Ethik I. Eine Aufsatzsammlung*, hg. von Johannes Winckelmann, Gütersloh 1991

WINKLER, HEINRICH: *Weimar 1918–1933. Die Geschichte der ersten deutschen Demokratie*, München 1993

ZAHLMANN, CHRISTEL (HG.): *Kommunitarismus in der Diskussion*, Hamburg 1994

ZUR LIPPE, RUDOLF: *Freiheit die wir meinen*, Reinbek 1991

Antonia Grunenberg

**ANTIFASCHISMUS –
EIN DEUTSCHER MYTHOS**

222 Seiten. Kartoniert.
rororo aktuell essay 13179

Kaum ein Weltbild hat die politischen Moralbegriffe im Osten wie im Westen Deutschlands so nachhaltig geprägt wie das einer antifaschistischen Tradition. In der DDR war Antifaschismus Staatsideologie, begründete den Anspruch, das «bessere Deutschland» zu sein. Westdeutschen Linken war er Grundlage für das Heilsversprechen sozialistischer Utopie. Antonia Grunenberg zeichnet die teils blutige Entstehung eines Mythos nach, der stets dazu diente, die kommunistische Diktatur zu rechtfertigen und die Demokratie anzuklagen. Wir tragen die Denkverbote noch in uns, die dieser Mythos produzierte – wie eine Mauer im Kopf.

Rowohlt

Hans-Peter Martin / Harald Schumann

DIE GLOBALISIERUNGSFALLE

Der Angriff auf Demokratie und Wohlstand
352 Seiten. Klappenbroschur.

Die Globalisierung, die viel zu schnelle, weltweite Verschmelzung der Märkte, gefährdet Demokratie und Wohlstand durch Massenarbeitslosigkeit und strikte Sparbeschlüsse. Denn laut Voraussagen reicht in Zukunft ein Fünftel der Bevölkerung, um die Weltwirtschaft in Schwung zu halten. Hans-Peter Martin und Harald Schumann beschreiben ausführlich die Gefahren und Chancen einer immer engmaschigeren Vernetzung der Welt.

«Vielleicht das wichtigste Buch des Jahres ... Spannend von der ersten bis zur letzten Seite beschreiben die Autoren die Globalisierung als gesellschaftlichen Kollisionskurs.»
Ernst Ulrich von Weizsäcker, *Süddeutsche Zeitung*

«Das Sachbuch aller Sachbücher: ein flammender Aufruf, eine kämpferische Denkschrift, die auf die Macht der Vernunft setzt.»
Peter Turrini, *Die Zeit*

Rowohlt